직업능력개발 훈련 평가

이진구

박영
story

본 저작물은 대학혁신지원사업비를 지원받아 수행한 연구결과입니다.

머리말

일반적인 직업에서 직무수행에 필요한 능력을 갖추기 위하여 실시하는 훈련인 직업능력개발 훈련은 재직자와 실업자가 주 대상이다. 정부는 고용률을 높이고 기업의 생산성을 향상시키기 위하여 매년 적지 않은 예산을 이러한 직업능력개발 훈련에 투자하고 있다. 그러나 직업능력개발 훈련을 실시하는 주체인 직업훈련기관이나 이를 지원하는 정부 기관에서 직업능력개발 훈련의 성과를 체계적으로 평가하는 것은 항상 어려운 과제 중의 하나였다. 또한, 많은 훈련기관의 기관장님이나 직업능력개발훈련교사를 만나면서 훈련 평가를 어떻게 실시해야 하는지에 대한 질문들을 받을 때마다, 좀 더 이론적으로 평가를 소개하면서도 실무에서 바로 활용할 수 있는 교재의 필요성을 느껴왔다. 직업능력개발 훈련 평가는 훈련 이해관계자들과 훈련에 대한 성과를 확인하고 훈련프로그램의 잘된 점과 부족한 점을 파악하여, 다음 훈련프로그램에 대한 개선점을 찾는다는 점에서 매우 중요하다. 특히, NCS를 기반으로 한 역량평가를 통해 훈련생에 대한 직접적인 훈련 성과를 파악하기 위해서도 직업능력개발 훈련 평가는 체계적으로 실시될 필요가 있다.

그동안 직접적으로 직업능력개발 훈련을 제공하는 훈련기관이나 훈련교사의 입장에서 직업능력개발 훈련의 평가를 어떻게 실시해야 하는지에 대해서 이론적, 실무적인 가이드를 해 줄 수 있는 안내서는 많지 않았다. 본서는 이러한 필요성에 기반을 두어 잠재적인 직업능력개발 훈련교사, 현재 직업능력개발 훈련 기관에서 근무하는 다양한 종사자, 또는 직업능력개발 훈련 정책을 수립하고 집행하는 행정가 등이 상시적으로 두고 참고할 수 있기를 바라는 목적으로 준비되었다.

본서는 크게 3부로 구성하였다. 1부 '직업능력개발 훈련 평가와 직업능력 개발 평가제도'에서는 직업능력개발 훈련 평가에 대한 이해와 직업능력개발 정책과 연관된 직업능력개발 평가제도를 이해할 수 있도록 구성하였다. 또한, 직업능력개발 훈련 상황에서 활용할 수 있는 기본적인 평가모형에 대해 소개 하여 직업능력개발 훈련 평가에 관한 기본적인 이론을 이해할 수 있도록 하였 다. 2부 '직업능력개발 훈련프로그램 평가'에서는 훈련기관에서 실시하는 훈련 프로그램을 체계적으로 평가할 수 있는 모델을 제시하고, 해당 모델에 따른 훈련프로그램 평가를 실시하는 구체적인 평가방법을 소개하였다. 특히, 훈련 기관에서 직접적으로 훈련프로그램을 기획하고 운영하는 훈련교사나 행정가 가 쉽게 이해하고 적용할 수 있도록 내용을 구성하였다. 3부 '직업능력개발 훈 련 역량평가'에서는 NCS 역량평가 근거하여 훈련생의 역량을 평가하는 다양 한 평가방법을 역량평가 프로세스를 기반으로 설명하였다. 3부의 내용은 현재 직업능력개발훈련기관에서 가장 많이 활용되는 방법으로 잠재적인 훈련교사 나 현역 훈련교사가 활용할 수 있는 다양한 평가방법과 예시를 제시하고 있 다. 따라서 직업능력개발 훈련 평가에 대한 기초 이론, 훈련프로그램 평가에 대한 이론 및 사례, 역량평가에 대한 이론 및 사례 등 직업능력개발 훈련 상황 에서 필요한 핵심적인 평가 이론과 방법을 담고자 노력하였다.

본서가 나오는 데 있어서 실질적으로 많은 도움을 주신 박영스토리에 감 사드린다. 특히, 책이 나오기까지 인내심을 갖고 기다려준 안상준 대표님과 이 선경 차장님, 그리고 꼼꼼하게 편집해주신 조보나 대리님의 수고에 깊이 감사 드린다. 본 책은 몇 년간에 걸친 연구의 산물이기도 하다. 한국기술교육대학교 HRD센터의 2015년 'NCS에 기반한 교사용 역량평가 매뉴얼 개발 연구'를 통 해 본서의 초석을 잡게 도와준 학문적 동지인 박용호 교수님, 박소연 교수님 에게 감사드린다. 두 분의 교수님 덕분에 역량평가에 대한 연구를 재미있게 시작할 수 있었다. 2016년 '직무능력평가사 양성 프로그램 연구'에서 역량평가에 관한 실무적인 내용들을 훈련프로그램으로 개발하는 데 직접적인 도움을 준 김윤호 박사님, 신현봉, 정일찬, 최현숙, 김지영, 우혜정 선생님께 진심으로 감사드린다. 그리고 이 책을 만드는 데 있어 직접적으로 많은 도움을 준 든든한 박사과정 제자들인 정일찬, 정홍전, 오인용 선생님께 특별한 감사의 마음을 전한다. 마지막으로 항상 묵묵히 참아주고 응원해주는 가족들에게도 사랑과 감사를 보낸다.

2020년 2월 산학협력관 연구실에서
이진구

목 차

1부 직업능력개발 훈련 평가와 직업능력개발 평가제도

2부 직업능력개발 훈련프로그램 평가

제4장
직업능력개발 훈련프로그램 평가모델 및 평가 핵심 요소 ······················ 83

제5장
직업능력개발 훈련프로그램 도구개발: 훈련만족도 평가 ······················ 105

3부 직업능력개발 훈련 역량평가

제9장
역량평가 도구설계 및 개발1-인지 평가 중심 ···················· 223

제10장
역량평가 도구설계 및 개발2-실기 평가 중심 ···················· 251

1부

직업능력개발 훈련 평가와 직업능력개발 평가제도

제 **1** 장

직업능력개발 훈련과 평가

>> 학습목표

1. 직업능력개발 개념 및 직업능력개발 훈련의 정의와 종류에 대해 설명할 수 있다.

2. 직업능력개발 사업 개념, 체계, 주요 제도에 대해 설명할 수 있다.

3. 직업능력개발 평가의 정의, 유사개념, 영역, 분류에 대해 설명할 수 있다.

01
직업능력개발의 이해

가. 직업능력개발 정의와 대상

직업능력개발이란 특정 직업 또는 일반적인 직업에서 일정한 직무를 수행하는 데 필요한 능력을 의미한다. 직업능력개발이란 사업주에게 고용된 사람과 취업할 의사가 있는 사람을 대상으로 직업에 필요한 직업기초능력과 직무수행능력을 습득하고 향상시키기 위하여 실시하는 일체의 교육훈련 활동을 의미한다(한국기업교육학회, 2010).

직업능력개발은 대상에 따라 재직자훈련과 실업자훈련으로 구분된다. 재직자훈련은 정부의 비용 지원으로 사업주가 근로자의 직무능력 향상을 목적으로 훈련을 실시하거나 근로자 스스로 훈련을 받는 것이다. 실업자훈련이란 정부가 비용을 지원하여 훈련기관에 실업자의 직업기초능력이나 취업능력을 향상시키기 위한 목적으로 훈련을 위탁하거나 실업자 스스로가 훈련을 받는 것이다.

나. 직업능력개발 훈련의 정의와 종류

직업능력개발 훈련이라 함은 근로자로 하여금 직업에 필요한 직무수행능력을 습득·향상하게 하기 위하여 실시하는 훈련이다. 여기서 근로자라 함은 사업주에게 고용된 자와 취업할 의사가 있는 자를 말한다. 직업능력개발 훈련은 15세 이상인 자에게 실시하되 15세 이상으로서 훈련대상자의 연령 범위를 따로 정하거나 필요한 학력, 경력 또는 자격을 정할 수 있다. 직업능력개발 훈련은 훈련의 주체에 따라 자체훈련, 위탁훈련으로 구분되고, 훈련의 목적에 따라, 양성훈련, 향상훈련, 전직훈련으로 구분되며, 훈련방법에 따라 집체훈련,

현장훈련, 원격훈련, 혼합훈련으로 구분된다(실무노동용어사전, 2014).

(1) 훈련주체에 따른 구분(자체/위탁훈련)

- 자체훈련: 사업주가 자체적으로 실시하는 훈련
- 위탁훈련: 사업주가 외부 교육기관에 위탁하여 실시하는 훈련

(2) 훈련목적에 따른 구분(양성/향상/전직훈련)

- 양성훈련: 채용예정자, 구직자 등을 대상으로 기초적 직무수행능력을 습득시키기 위하여 실시하는 훈련
- 향상훈련: 근로자 등 양성훈련을 받은 사람이나, 기초적 직무수행능력을 가지고 있는 사람에게 더 높은 수준의 직무수행능력을 습득시키기 위하여 실시하는 훈련
- 전직훈련: 근로자 등에게 종전의 직업과 유사하거나 새로운 직업에 필요한 직무수행능력을 습득시키기 위하여 실시하는 훈련

(3) 훈련실시 방법에 따른 구분(집체/현장/인터넷원격/우편원격/혼합훈련)

- 집체훈련: 훈련전용시설 등 훈련을 실시하기 적합한 시설에서 실시하는 훈련(산업체의 생산시설 및 근무장소 제외)
  - 훈련전용시설은 생산시설과 독립된 시설로서 직업능력개발훈련만을 실시하기 위하여 설치된 시설을 의미
  - 훈련장소 뿐만 아니라 훈련실시를 위하여 제공된 시설이나 장비를 포괄하는 개념
  - 근무시간 외의 시간을 이용하더라도 생산시설이나 근무장소에서 훈련을 실시할 경우, 집체훈련으로 인정되지 않음

- 현장훈련: 산업체의 생산시설이나 근무장소에서 실시하는 훈련
- 원격훈련: 정보통신매체를 활용하거나 인쇄매체로 된 훈련교재를 이용하여 훈련이 실시되고 훈련생 관리 등이 웹상으로 이루어지는 훈련
- 혼합훈련: 집체훈련, 현장훈련, 원격훈련 중 두 종류 이상의 훈련을 병행하여 실시하는 훈련(단, 인터넷원격훈련과 우편원격훈련 병행실시 불가)

02
직업능력개발 사업 체계

가. 직업능력개발 사업의 개념

실무노동용어사전(2014)에 따르면 직업능력개발사업이란 근로자의 직무능력 향상을 위하여 직업훈련 및 교육훈련을 실시하는 사업주와 자기능력개발을 위해 노력하는 근로자에게 훈련비용을 지원해주는 고용보험의 3대사업 중의 하나이다. 고용보험은 근로자들이 직업생활기간 동안 자신의 직업능력을 개발·향상시킬 수 있는 기회를 제공하고 이를 지원함으로써 근로자의 고용을 안정시키고 기업의 경쟁력을 높이는 데에도 목적을 두고 있다.

정부는 고용보험을 통해 재직근로자를 위하여 직업훈련을 행하는 사업주에 대하여 훈련비용을 지원한다. 아울러 새 기술의 변화에 적응할 수 있도록 근로자에게 직업능력의 개발을 위해 유급휴가를 부여하여 교육훈련을 실시하는 사업주에게 훈련비용과 임금의 일부를 지원하고, 기능·기술이 모자라 취업이 어려운 실업자에게도 직업훈련 등을 받을 수 있도록 훈련비용과 훈련수당을 지원하여 재취업을 촉진시키고 사업주나 훈련기관이 직업능력의 개발·향상을 위하여 필요한 장비를 구입하거나 훈련시설을 설치할 경우 필요한 비용을 대부한다. 직업능력개발사업과 고용안정사업의 시행에 있어서는 중소기업을 우선적으로 고려한다.

나. 직업능력개발 사업 체계

재직자훈련사업에는 사업주훈련, 중소기업 특화사업, 근로자 직업능력개발훈련(국민내일배움카드제) 사업이 있으며 중소기업 특화사업은 중소기업 학습조직화, 핵심직무능력향상 지원, 국가인적자원개발 컨소시엄사업 등이 있다.

실업자훈련사업은 실업자등 직업능력개발훈련(국가기간·전략산업직종훈련, 일반 직종계좌적합훈련)으로 운영되고 있으며 동 훈련에 참여하기 위해서는 직업능력개발계좌를 발급받아야 한다.

직업능력개발계좌제란 구직자들에게 일정한 금액을 지원하고, 취업촉진을 위해 실시하는 실업자 훈련의 한 종류로, 구직자(실업자)의 자율적인 직업능력개발을 지원하기 위해 직업능력개발훈련비용과 직업능력개발에 관한 이력을 종합적으로 관리하는 제도이다. 훈련수요자가 구직등록과 동시에 계좌를 신청하면, 체계적이고 구조화된 상담을 받은 후 직업능력개발훈련계좌 카드발급이 되면, 자신에게 적합한 훈련과정을 선택하여 수강하는 절차로 진행된다.

그림 1-1 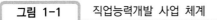 직업능력개발 사업 체계

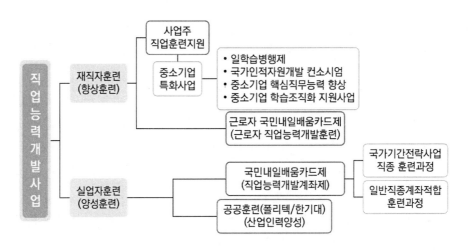

직업능력개발 사업체계는 근로자직업능력개발법을 근간으로 운영되고 있다. 근로자직업능력개발법은 근로자의 생애에 걸친 직업능력개발을 촉진·지원함으로써 근로자의 고용안정 및 사회·경제적 지위 향상과 기업의 생산성 향상을 도모하고 사회·경제의 발전에 이바지함을 목적으로 하는 법이다. 1997.12.24 제정된 근로자직업훈련촉진법이 2005.7.1부터 이 법으로 개정되어 현재까지 시행되고 있다. 그 주요 내용은 직업능력개발훈련의 기본원칙, 직업능력개발훈련정보망의 구축, 직업능력훈련개발의 표준 등의 기본원칙과 각종

직업능력개발훈련 관련 사항에 대한 규정, 직업능력개발사업의 지원제도에 대한 규정, 직업능력개발훈련시설 및 훈련법인에 대한 규정, 직업능력개발훈련 교사 및 훈련기준에 대한 규정, 직업능력개발사업의 평가 등에 대한 규정으로 이루어져 있다.

다. 직업능력개발의 주요 제도

정부는 학벌이 아닌 능력중심사회를 구현하기 위하여, 현장직무수행에 필요한 능력을 산업계로부터 전달받아 국가직무능력표준(NCS) 개발을 완료하였다. 또한, 이 국가직무능력표준을 바탕으로 설계된 일정한 훈련과정을 이수한 자들에게 NCS기반자격을 부여하는 과정평가형 자격제도도 운영하고 있다. 또한, 현장중심의 직업교육훈련을 장려하기 위하여 NCS자격기반 한국형 도제교육훈련으로서 일학습병행제도를 확산시키기 위한 노력도 전개하고 있다.

(1) NCS기반 교육훈련과정

국가직무능력표준(NCS)는 산업현장에서 직무를 수행하기 위해 요구되는 지식·기술·소양 등의 내용을 국가가 산업부분별·수준별로 체계화한 것이다(자격기본법 제2조). NCS의 도입목적은 산업계가 요구하는 능력 있는 인재를 개발하여 국가경쟁력을 향상시키는 것인데, 기업은 NCS를 통해 직무분석을 위한 자료 등 인적자원관리 전반의 도구를 확보할 수 있으며, 인적자원개발 프로그램 및 일자리 정보도 제공받을 수 있다. 또한, 교육훈련기관은 산업현장의 요구에 맞는 맞춤형 교육훈련과정을 개설하여 운영할 수 있는 계기가 된다. NCS도입 이전에는 직업교육훈련 및 자격제도가 산업현장과 불일치하여 인적자원의 효율적인 관리와 운용이 어려웠으나, NCS도입이후에는 일·교육훈련·자격이 NCS를 중심으로 연계될 수 있기 때문에 산업현장에서 요구하는 직무중심의 인적자원개발이 가능해졌다.

NCS기반 교육훈련과정은 NCS를 기반으로 학습자의 학습경험, 특히 산업현장에서 요구하는 지식, 기술, 소양 등의 직무능력을 높이기 위한 학습경험을 계획하도록 조정·지시·안내하는 문서화된 자료라고 볼 수 있다(최동선, 2015). 교육훈련과정은 일반적으로 학습성과, 학습목표, 학습내용, 학습장소 및 학습

기간, 교수·평가방법 등을 규정하게 되는데, 이러한 내용을 NCS가 정하는 기준을 반영하도록 하여, 학습자들이 산업계에서 요구하는 일정수준 이상의 직무능력을 개발할 수 있도록 한 것이 NCS기반 교육훈련과정으로 볼 수 있다. 이때 산업현장에서 요구하는 직무능력을 교육훈련 및 평가가 가능한 기능단위로 도출한 것이 '능력단위(unit of competency)'라는 점에서 NCS기반 교육훈련과정은 관련 NCS능력단위의 조합으로 구성되는 것이 일반적이라고 볼 수 있다.

NCS기반 교육훈련과정의 개발은 NCS에서 명시한 능력들이 교육훈련 현장에서 실제로 어떻게 교수·학습의 형태로 전환되어 성취하도록 할 것인지를 가시화하는 작업이고, 여기에서 NCS기준이 교육훈련으로 전환되는 것은 NCS 능력단위의 활용을 통한 교육훈련과정의 개발을 통해 이루어진다. 따라서, NCS교육훈련과정은 ① 능력단위별로 교육훈련과정을 개발하는 방안, ② 유사 능력단위를 묶은 모듈로 교육훈련과정을 개발하는 방안, ③ NCS능력단위를 포함하고 산업현장에서 요구하는 직무능력단위를 별도로 개발하여 구성하는 방안으로 구분하여 생각해볼 수 있다.

NCS기반 교육훈련과정에서 직무능력평가는 산업현장에서 요구하는 표준에 학습자 개개인의 직무능력이 부합하는지를 진단하는 의미를 가지게 된다. 이는 NCS기반 교육훈련과정을 일종의 성과중심 교육과정으로 볼 때 매우 중요한 의미를 가지게 되는데, 이는 직무능력평가 과정이 타당성과 공정성을 보유하고 있을 때만 NCS를 교육훈련과정에 적용한 취지를 실현할 수 있기 때문이다. 따라서, 직무능력평가는 NCS교육훈련과정에서 NCS와의 정합성을 확보하는 매개체로 볼 수 있다. 실제 직무능력평가는 앞에서 살펴본 능력단위별로 NCS가 제공하는 '수행준거'를 평가준거로 활용하고 있는데, NCS기반 훈련기준에서도 이를 NCS기반 교육훈련과정의 필요조건으로 정하고 있다. 따라서 직무능력평가를 직접 수행하는 교수자 및 평가자는 NCS수행준거를 실제 학습 평가에 적용하고 산업현장에서 요구하는 직무능력이 타당성 있게 평가될 수 있도록 하는 평가역량을 제고할 필요가 있다. 또한, 이를 지원하기 위하여 다양한 평가방법 개발 등 적정한 학습평가를 위한 시스템의 구축, 평가결과에 대한 인증체계 등이 마련될 필요성이 있다.

(2) 일학습병행제

　　일학습병행제는 '한국형 일－학습 듀얼시스템'의 일환으로 철저하게 기업이 중심이 되어 근로자에게 학교 등 교육기관과 함께 일터에서 체계적인 교육훈련을 제공하고, 교육훈련을 마친 자의 역량을 국가(또는 해당 산업계)가 평가하여 자격 또는 연계학교 학력 등으로 인정하는 제도이다(고용노동부·한국산업인력공단·한국직업능력개발원, 2014).

　　일학습병행제를 통해 청년들은 기업 현장에서 실제 활동하는 지식·기술 등을 체계적으로 습득할 수 있으며, 이와 같은 직무능력을 갖추었는지를 국가로부터 인증받을 수 있어 훈련수료 이후에는 해당 산업 분야에서 지속적인 직업능력개발을 통해 경력개발이 가능하다는 장점이 있다. 또한, 고용상태에서 훈련을 받기 때문에, 기업의 유능한 선임자 또는 숙련기술자와 장기간의 상호작용을 통해 직무기술 및 기업 내 조직문화 등을 습득하고 기업현장 적응력을 높여 안정적인 직무수행과 핵심인재로서의 성장가능성을 제고할 수 있다.

　　일학습병행제에 참여하는 기업은 체계적인 훈련프로그램으로 종전의 OJT보다 짧은 기간에 근로자의 직무수행 능력을 높여 생산성 제고를 가져올 수 있으며, 기업이 필요로 하는 인재를 선점하여 실전형 인재로 양성할 수 있다는 장점을 가진다. 또한, 학습근로자의 직무능력 습득에 대한 몰입도를 높이고, 장기근속을 유도할 수 있다는 점에서 기업이 필요로 하는 인재를 효과적으로 육성·확보하면서도 훈련비용을 절감하는 효과를 기대할 수 있다.

　　일학습병행제 사업은 ① 기업모집 및 선정, ② 약정체결, ③ 현장훈련 인프라 구축 및 학습근로자 채용, ④ 일학습병행제 프로그램 개발, ⑤ 일학습병행제 프로그램 훈련실시 인증, ⑥ 훈련(OJT 및 Off－JT 실시), ⑦ 학습근로자 훈련성과 평가, ⑧ 성과평가 결과에 따라 수료증·자격부여, ⑨ 기업 내 일반근로자로 전환 등의 단계로 진행된다(<그림 1－2> 참조).

　　일학습병행제 프로세스에서 직무능력평가는 학습근로자 훈련성과 평가와 자격부여단계에서 중요한 의미를 갖게 된다. 우선, 훈련성과평가는 기업내부평가(1차)와 외부평가를 통해 학습근로자의 직무능력 습득정도를 평가하게 되는데, 자격부여는 외부평가(2차) 결과에 따라 일학습병행제 자격을 부여할 수 있도록 정하고 있다. 기업내부평가는 기업자체적으로 일학습병행제 프로그램에 참여한 학습근로자에 대하여 주기적으로 실시하는 성취도 평가를 의미하고, 외부평가는 지정된 평가기관이 외부전문가 및 기업현장교사 등으로 평가단을 구성하여 실시하는 평가이다.

그림 1-2 │ 일학습병행제 운영절차

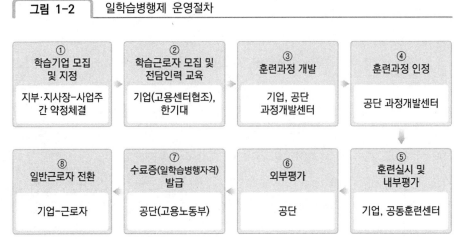

자료: 일학습병행제 매뉴얼(2019).

03
직업능력개발 평가의 이해

가. 직업능력개발 평가의 정의

직업능력개발 평가를 이해하기 위해서는 평가의 정의를 먼저 살펴볼 필요가 있다. 일반적으로 평가는 사물의 가치나 수준 따위를 말함 또는 그 가치나 수준으로 정의된다(국립국어원, 표준어대사전). 배호순(1994)은 평가를 가치나 장점을 기술 및 판단하고, 효과 및 영향을 확인하며, 의사결정에 기여하는 측면을 복합적으로 지니고 있는 합리적이고 체계적인 활동으로 정의하고 있다. 즉, 평가는 가치나 수준, 효과 및 영향 등을 확인하는 체계적인 활동으로 볼 수 있다. 그리고 이러한 평가는 교육훈련의 가치나 효과를 파악하는 데에도 매우 중요하게 작용한다.

교육훈련 분야에서도 많은 학자들이 평가에 대해 다양한 정의를 내려왔다. Tyler(1950)는 평가를 교육 또는 수업활동을 통해 교육훈련의 목표 달성도를 확인하는 행위로 정의하였고, Stufflebeam(1971)은 평가를 교육과 관련된 합리적인 의사결정을 내리는 데 필요한 정보를 수집하는 활동 또는 그 과정으로 정의하였다. 배을규(2012)는 교육훈련 평가를 요구분석, 설계, 개발, 실행 과정을 개선하고, 교육훈련의 효과에 관한 판단을 내리며, 향후 교육훈련을 설계하고 개발할 때 도움이 될 정보를 의도적이고 계획적인 절차에 따라 수집, 분석, 보고, 활용하는 활동으로 정의하였다. 이상을 종합할 때 직업능력개발 평가란 직무수행능력을 습득하거나 향상시키기 위한 목적으로 실시되는 각종 훈련의 목표 달성 여부를 확인하고, 훈련의 기획, 실행, 평가 등의 과정을 개선하기 위한 목적으로 의도적이고 계획적인 절차에 따라 필요한 정보를 수집, 분석, 보고, 환류하는 활동으로 정의할 수 있다.

직업능력개발 훈련 현장에서 학습자를 훈련시키는 교사는 직업능력개발 평가 차원에서 훈련프로그램에 대한 평가와 더불어 학습자 대상 역량평가를 실시하여야 한다. 역량평가는 훈련프로그램 평가의 일환으로 볼 수 있지만, 역량평가 자체의 계획 및 실행이 직업능력개발 훈련에서 차지하는 비중이 높으므로 별도로 떼어내어 준비할 필요가 있다.

나. 직업능력개발 평가 유사 개념

평가는 학제적인 성격을 띠면서 지속적으로 그 외연을 확장해 왔는데, 이는 곧 평가 개념과 특성이 다양화되는 이유가 되었다. 직업능력개발 분야에서는 사정(assessment), 심의(review), 가치 확인(verification), 인정(accreditation), 자격부여(certification), 자격인정(credentialing), 감사(audit) 등의 평가가 이루어지고 있는데, 이들은 모두 가치를 확인, 판단하고 의사결정에 기여한다는 측면에서 평가와 밀접하게 관련되어 있다.

(1) 사정(assessment)

사정은 평가와 측정의 중간 개념으로서, 체계적인 가치판단에 관심을 두기보다는, 측정 활동을 통하여 특정 목적을 달성하기 위하여 근거자료를 수집하는 과정에 중점을 두는 활동을 말한다. 일반적으로 평가와 동일한 개념으로 활용되기도 하나 평가가 타당성과 신뢰성을 중시한 근거자료에 입각한 체계적인 가치판단을 강조하는 한편, 사정은 검사를 실시하거나 조사 활동을 통하여 자료를 수집하고 그를 수량화하거나 지표화하는 데 중점을 두고 수집된 자료를 총합적으로 활용하는 데 보다 많은 관심을 둔다.

(2) 심의(review)

심의는 전문성에 바탕을 둔 체계적인 검토와 분석을 말한다. 전문성 중심의 평가에서는 전문가들의 전문성에 입각한 심의 활동을 일종의 평가 활동으로 대체하여 활용하는 경우가 많다. 특정 전문 분야의 전문가들로 구성된 심의기구를 구성하여 연구계획서에 대한 심의를 거치게 하고 그 결과를 참고로 연구계획서에 대한 재정적 지원 등을 결정하는 경우가 이에 해당된다. 전문가들의 심의 그 자체는 의사결정에 필요한 근거자료로 활용되는 것이 상례이다.

(3) 가치 확인(verification)

가치 확인은 평가대상 자체의 장점이나 가치, 또는 그 실시로 인하여 발생한 효과(변화, 산출물 등)를 중심으로 관련된 가치를 확인하고 명료화함으로써 정당화(또는 타당화)할 수 있는 동시에 그에 대한 평가목적을 달성할 수도 있다. 평가대상이나 그로 인한 산출물의 가치를 확인하는 일 자체가 평가목적을 달성할 수 있다는 가치명료화 전략은 가치 확인을 주된 평가논리로 활용하고 있는 대표적인 경우라고 할 수 있다.

(4) 인정(accreditation)

인정은 교육기관이나 교육 프로그램을 하나의 평가단위로 하여 특정 기준에 비추어 보아 인정(pass) 혹은 불인정(fail)으로 판정함으로써 교육의 질에 대한 사회적 공신력을 부여하는 전문적 평가 활동이다. 평가방법은 기관 스스로 무엇이 문제이고 무엇이 강점인지를 판단하는 자체 평가연구(self-study)가 근간이 되며, 이를 객관적인 관점에서 제3자(peer review)가 서면평가 및 현지 방문평가(on-site evaluation)를 통해 확인하는 절차로 이루어진다.

(5) 자격부여(certification)

자격부여란 법률적으로 자격을 인정해줄 수 있는 권한을 가진 주체가 직무수행에 필요한 개인이나 단체에 대하여 최소한의 능력과 자질을 갖추고 있는지를 검사하고, 그에 상응하는 능력을 소유하고 있다고 판단되는 개인이나 단체에게 법률적으로 자격을 부여하는 행위를 의미한다. 대학졸업장과 교원자격증 등은 모두 법적 권한을 가진 주체가 해당 분야의 전문직 종사자로서 일정 수준의 자격이 있다고 인정하는 개인에게 발급해주는 자격부여의 증명서이다. 예컨대, 교원자격을 부여하는 교원자격증이란 일정한 기준에 도달한 개인에게 교육자로서의 자격을 명시하여 주는 증명서를 의미한다. 우리나라의 교원은 그 종별에 따른 자격을 가진 사람으로 규정하여 법정 자격제도를 채택하고 있는데 이는 자격부여제도의 대표적인 예라 할 수 있다.

(6) 자격인정(credentialing)

자격인정이란 시험이나 검정을 거쳐 일정한 자격이 갖추어졌다고 판단되는 자에게 전문 분야에 종사할 수 있도록 자격증이나 면허증과 같은 자격부여를 통해 법적 신뢰를 부여하는 과정이다. 한 개인이 특정 분야에서 전문적인 업무를 수행하고자 할 경우에 전문적인 능력과 자질을 갖추고 있다고 법적으로 인정되어야 효력 발휘가 가능한데, 그럴 경우 법률적으로 허가된 직무를 수행할 수 있도록 자격증을 부여(certification)하거나 면허증 발급(licensure) 등을 통해 인정해주는 제도적 장치가 바로 자격인정제도이다. 예컨대, 교사, 의사, 판사 등이 되고자 하는 전문 분야의 지원자들에게 전문적 능력과 자질을 검사하여 법률적으로 자격증이나 면허증 등을 부여하고 인정하는 과정이 이에 해당된다.

(7) 감사(audit)

감사는 조직의 운영, 성과, 회계 등에 대한 자료와 기록을 수집하여 분석한 결과를 보고하고 처리하는 일련의 활동을 말한다. 평가 분야에서 감사는 제3자 입장의 평가나 외부 인사에 의한 평가로 사용되고 있다. 또한 감사는 메타 평가와 같은 의미로 사용되기도 한다. 또한 특정 기관이 주어진 회계 지침대로 예산을 집행했는지를 감독 및 점검하거나, 평가의 전반적인 유용도나 평가방법에 관한 감사 활동을 의미하기도 한다. 이는 청문회 활동, 확인감독 활동 등과 같은 의미를 포괄하고 있다.

다. 직업능력개발 평가의 영역

일반적으로 평가의 영역은 인지적 영역, 심동적 영역, 정의적 영역으로 구분할 수 있다. 이무근과 원상봉(2011)에 따르면 평가는 다양한 영역에 걸쳐서 평가되어야 하기 때문에 지적인 영역, 기능적 영역, 일에 대한 태도 등을 폭넓게 평가하는 것이 바람직하다. 따라서 직업능력개발 평가에서도 학습자 평가 시 인지적 영역, 심동적 영역, 정의적 영역으로 평가할 필요가 있다.

(1) 인지적 영역(cognitive domain)

인지적 영역이란 지식을 획득하고 사용하는 방식과 관련된 정신능력을 의미한다. 인지적 영역의 평가는 학습목표 달성을 위해 요구되는 학습내용을 어느 정도 기억하고 이해하고 있는지를 측정하여 평가한다. 주로 지식 평가를 의미하며, 대표적인 인지적 영역의 평가방법으로는 서술형 및 논술형 시험, 평가자 질문, 구두발표 등이 있다.

Bloom은 인지적 영역을 다시 수준에 따라 지식, 이해, 적용, 분석, 종합, 평가로 분류하여 제시하면서 학습목표에 따라 학습방법이 달라져야 함을 강조하고 있다.

그림 1-3 ┃ 인지적 영역의 분류

표 1-1 ┃ 인지적 영역 분류의 개념

구분	인지적 영역
지식	어떤 현상이나 사실 그 자체. 즉, 사실, 개념, 원리, 방법, 유형, 구조 등의 기억
이해	이미 배운 내용에 관한 지식을 받아들이는 것. 단순히 자료를 기억하는 수준을 넘어 그 의미를 파악하고 해석하고 또는 추론하는 능력
적용	이미 배운 내용 즉 개념, 규칙, 원리, 이론, 기능, 방법 등을 일반적인 상황이나 특수상황에 응용하는 지적기능
분석	어떤 사실이나 현상을 구성요소로 분해하고 요소 간의 관계와 조직 방법을 해석
종합	주어진 자료의 내용 및 요소를 종합하고 체계화하는 능력
평가	어떤 특정한 목적과 의도를 근거로 하여 주어진 자료 또는 방법이 갖고 있는 가치를 판단하는 능력

(2) 심동적 영역(psychomotor domain)

심동적 영역이란 운동기능의 발달 정도나 숙련 정도, 신체의 운동기능을 사용하고 조절하는 능력과 관련된 행동능력을 의미한다. 심동적 영역의 평가는 신체의 일부 또는 전신을 움직여서 성취할 수 있는 학습목표의 달성 여부와 그 정도를 측정하여 평가한다. 일반적으로 동작을 요구하는 학습내용에 대한 평가를 의미하며, 대표적인 심동적 영역의 평가방법은 작업장 평가, 역할연기, 포트폴리오 등이 있다.

(3) 정의적 영역(affective domain)

정의적 영역이란 인간의 흥미, 태도, 감상, 가치관, 감정능력 등에 관련되는 영역을 말한다. 정의적 영역의 평가는 협동성, 책임감, 준법성, 사회성, 흥미, 태도, 가치 등과 같은 특성에 있어서 학습목표가 달성된 정도를 확인하는 태도 측면의 평가이다. 정의적 영역의 일반적인 평가방법은 작업장 평가, 구두 발표, 평가자 질문 등이 있다.

라. 직업능력개발 평가의 분류

(1) 평가 기준에 따른 분류

일반적으로 평가는 평가 기준에 따라 준거지향 평가(norm-referenced evaluation)와 규준지향 평가(criterion-referenced evaluation)로 구분할 수 있다. 직업능력개발 평가에서는 직업능력의 보유 유무를 확인하는 것이 목적이므로 주로 준거지향 평가를 활용하고 있다.

① 준거지향 평가
- 학습목표를 평가 기준으로 하여 목표달성 여부 또는 그 정도를 확인하는 평가방법
- 오직 학습목표를 기준으로 개별 학습자의 목표달성 여부를 판정하는 절대평가방법
- 학습자의 선발이나 개인차에 초점이 있는 것이 아니라, 가능한 모든 학습자가 의도한 학습목표를 달성할 수 있도록 교수학습의 기회를

제공하는 데 초점

- 역량평가, 국가기술자격, 의사자격, 교사자격 등 자격부여를 위한 평가방법으로 사용

② 규준지향 평가
- 학습자의 성취 결과를 그가 속해 있는 집단에 비추어 상대적인 위치를 알아보기 위한 평가방법
- 절대적인 기준이 없고 집단의 평균 혹은 특정 비율에 따라 성취수준이 결정되는 상대평가방법
- 학습자가 무엇을 얼마만큼 알고 있느냐 보다는 개인의 성취수준을 비교집단의 규준에 비추어 상대적 서열을 판단하는 데 초점
- 선발을 목적으로 하는 평가에 유용

> 규준(norm): 원점수(raw score)의 상대적 위치를 설명하기 위하여 쓰이는 척도로, 모집단을 대표하기 위해 추출된 표본에서 산출된 평균과 표준편차로 만들어짐

표 1-2   규준지향 평가와 준거지향 평가

구분	규준지향 평가(Norm-referenced)	준거지향 평가(Criterion-referenced)
목적	• 상대적 우열의 판정 • 승진, 합격 등 경영학적 입장	• 목표 달성도 파악 • 교육의 성과를 높이는 교육학적 입장
기능	• 종합적 비교	• 구체적 진단
기준	• 집단의 평균	• 교육목표
득점분포	• 정규분포 가정	• 부적편포 기대
평가문항	• 정규분포를 위한 적절한 곤란도 강조 • 개인차 변별을 위한 변별도 강조	• 교과내용의 필수개념과 원리 • 난이도 및 변별도 강조 안함
평가시간	• 평가시간 엄격히 통제	• 충분한 평가시간 제공
기타	• 평가의 신뢰도 강조	• 평가의 타당도 강조

(2) 평가시기에 따른 분류

직업능력개발 평가는 평가시기에 따라 진단평가, 형성평가, 총괄평가로 구분할 수 있으며, 각 평가는 특정한 목적을 가지고 실시된다.

① 진단평가

진단평가는 훈련프로그램 시작 전 또는 훈련프로그램이 시작되는 초기 단계에 학습자의 기초능력을 진단하여 훈련의 효과성과 효율성을 증진하기 위한 목적으로 실시하는 평가다. 교사는 진단평가를 통해 학습자의 지적 수준, 선수학습 정도, 흥미, 동기 등을 파악하여 학습목표의 설정, 학습계획, 평가계획 수립 등의 기초자료로 활용한다.

② 형성평가

형성평가는 훈련이 진행되고 있는 도중에 학습자의 이해 정도나 습득 수준을 확인하고 이를 향상시키기 위한 목적으로 실시하는 평가다. 교사는 학습자의 이해 정도를 점검하고 학습자의 수업능력, 태도, 학습방법 등을 확인하여 개선하는 등 학습목표의 효과적인 달성을 목적으로 형성평가를 실시할 수 있다.

③ 총괄평가

총괄평가는 훈련프로그램이 종료된 후 학습목표 달성 정도를 종합적으로 판단하기 위하여 실시하는 평가이다. 총괄평가에서는 학습자가 의도한 학습목표를 어느 정도 성취하였는지에 관심을 가지며 수업 종료 시점에 실시한다. 총괄평가 결과는 다음 훈련프로그램 기획 및 운영의 개선점을 파악하는 환류 활동으로 이어져야 한다.

표 1-3 진단평가, 형성평가, 총괄평가 비교

구분	진단평가	형성평가	총괄평가
시기	훈련 시작 전	훈련 진행 도중	훈련 완료 후
목적	적절한 수업전략 투입	교수·학습 개선	성취 수준 도달여부 판정
평가방법	비형식적, 형식적 평가	수시평가	형식적 평가
평가주체	교사, 교육내용 전문가	교사	교육내용 전문가
평가기준	준거	준거	준거
평가문항	준거에 맞는 문항	준거에 맞는 문항	준거에 맞는 문항, 다양한 난이도

04 활동지
직업능력개발과 평가

학과: 학번: 이름:

1. 내가 지금까지 받아본 평가 중 가장 기억에 남는 사례를 작성해 보세요.

2. 그 평가가 좋았던 평가였는지 또는 나쁜 평가였는지 판단해보고, 이유까지 작성해 보세요.

3. 그 평가가 끼친 영향은 무엇이었나요?

4. 어떤 평가가 좋은 평가라고 생각하는지, 그리고 평가가 왜 중요한지 작성해 봅시다.

제**2**장

국가직무능력표준(NCS) 및 직업능력개발 평가제도

>> 학습목표

1. 국가직무능력표준(NCS) 개념, 분류체계, 능력단위 구성요소, 수준체계, 분류번호 체계에 대해 설명할 수 있다.

2. 직업능력개발 평가와 관련된 주요 제도인 훈련이수자 평가, 과정평가형 자격, 일학습병행 학습근로자 역량평가 제도에 대해 설명할 수 있다.

01
국가직무능력표준(NCS)의 이해

가. NCS의 개념 및 도입 배경

(1) NCS의 개념

국가직무능력표준(NCS: National Competency Standards)은 산업현장에서 직무를 수행하기 위해 요구되는 지식·기술·소양 등의 내용을 국가가 산업부문별·수준별로 체계화한 것으로, 산업현장의 직무를 성공적으로 수행하기 위해 필요한 능력(지식, 기술, 태도)을 국가적 차원에서 표준화한 것을 의미한다.

| 그림 2-1 | 국가직무능력표준 개념도 |

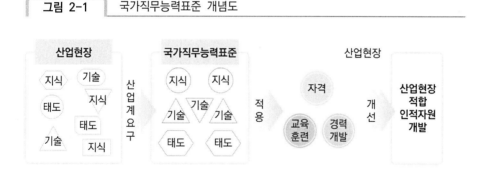

(2) NCS 도입배경

NCS 도입 이전에는 직업교육－훈련－자격이 연계되지 않은 상태로 산업현장에서 요구하는 직무수행능력과 괴리되어 실시됨에 따라 인적자원개발이 비효율적이라는 비판을 해소하기 위해 NCS를 도입하게 되었다. 기존의 국가인력양성의 문제점은 일터 차원에서는 직무의 미스매치 현상이 심화되어 필요한 인력의 공급이 원활하지 않았다는 것이었다. 교육훈련 차원에서는 산업현장에서 요구하는 능력을 갖춘 인력의 육성이 미흡하였다. 자격제도 차원에서는 공급자 중심의 제도 운영으로 자격의 현장성이 미흡하고 공신력이 부족한 측면이 있었다. NCS는 이러한 기존의 일터, 교육훈련, 자격제도의 문제점을 극복하고자 산업현장의 요구를 명료화하고 이에 기반한 교육기회를 확대하여 기술 및 노동시장의 변화를 반영하여 필요한 인력을 적기에 공급하고자 도입하게 되었다.

그림 2-2   NCS 도입배경

국가인력양성의 문제점

일터
- Job Mismatch, Skill Mismatch 현상심화
- 핵심/고급인력 부족

교육훈련
- 산업현장 요구능력 갖춘 인력육성 미흡
- 교육훈련의 실효성 부족

자격제도
- 공급자 중심의 제도 운영
- 자격의 현장성 미흡
- 자격의 공신력 부족

국가인력양성 선진화

일터
- 산업현장 요구 명료화 및 반영체계 마련

교육훈련
- 산업 및 인력구조 변화 반영
- 현장성 있는 과정 개발
- 교육기회 및 접근성 확대

자격제도
- 기술 및 노동시장 변화 반영
- 자격기관별 소관자격의 체계화

나. NCS 구성 및 분류체계

(1) NCS의 구성

NCS는 직업기초능력과 직종에 따른 직무수행능력을 종합하여 개발되었다. 직업기초능력이란 모든 직업인이 공통으로 갖추어야 할 능력으로 의사소통능력, 문제해결능력 등을 포함한 10개 영역과 34개 하위영역으로 구성되어 있다. 직무수행능력은 해당 분야의 전문능력으로 NCS대분류 24개, 중분류 79개, 소분류 253개, 세분류 100개로 되어 있다. 여기서 일반적으로 직업기초능력은 인성을 의미하며, 직무수행능력은 일하는 능력을 의미한다.

그림 2-3 ｜ NCS 구성

능력 = 직업기초능력 + 직무수행능력

직업기초능력	직무수행능력
• 직업인이 공통으로 갖추어야 할 능력 • 10개 영역 34개 하위영역(의사소통능력, 문제해결능력 등)	• 해당 분야 전문능력 • NCS대분류 24개, 중분류 79개, 소분류 253개, 세분류 1,001개

직업기초능력=인성, 직무수행능력=일하는 능력
인성 + 능력 → 성과

(2) NCS 분류체계

NCS에서는 체계적인 개발과 활용을 위해 산업현장 직무를 유형별로 분류하고, 수준을 설정하였다. 일터 중심의 체계적 NCS개발을 위해 산업현장 전문가의 직종구조 분석결과를 반영하여 산업현장의 직무를 한국고용직업분류(KECO)에 부합하게 분류하였다. 현재의 분류체계는 대분류(24개)－중분류(79개)－소분류(253개)－세분류(1,001개)이다(2019년 1월 기준).

표 2-1 ｜ NCS 분류체계

대분류 번호	대분류 (24)	중분류 (79)	소분류 (253)	세분류 (1,001)
01	사업관리	1	2	5
02	경영 · 회계 · 사무	4	11	27
03	금융 · 보험	2	9	36
04	교육 · 자연 · 사회과학	2	3	8
05	법률 · 경찰 · 소방 · 교도 · 국방	2	4	16
06	보건 · 의료	1	2	11
07	사회복지 · 종교	3	6	17
08	문화 · 예술 · 디자인 · 방송	3	9	61
09	운전 · 운송	4	8	31

10	영업판매	3	8	18
11	경비 · 청소	2	3	6
12	이용 · 숙박 · 여행 · 오락 · 스포츠	4	12	46
13	음식서비스	1	3	10
14	건설	8	27	128
15	기계	11	33	134
16	재료	2	8	39
17	화학	4	12	40
18	섬유 · 의복	2	7	24
19	전기 · 전자	3	33	103
20	정보통신	3	15	88
21	식품가공	2	4	21
22	인쇄 · 목재 · 가구 · 공예	2	4	25
23	환경 · 에너지 · 안전	6	18	55
24	농림어업	4	12	52

그림 2-4   NCS 분류체계도(예시)

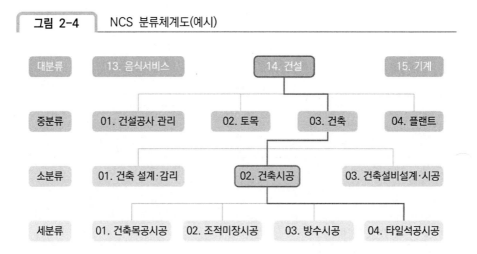

다. NCS 수준체계

NCS 수준체계는 산업현장 직무의 수준을 체계화한 것으로, '산업현장 – 교육훈련 – 자격'을 연계, 평생학습능력 성취수준 및 자격의 등급체계 구성에서 활용한다. NCS 개발 시 8단계의 수준체계에 따라 능력단위 및 능력단위요소별 수준을 평정하여 제시한다. NCS 수준체계는 다음의 <표 2–2>와 같다.

| 표 2-2 | NCS 수준체계 |

수준	구분	내용
1수준	정의	• 구체적인 지시 및 철저한 감독 하에 문자이해, 계산능력 등 기초적인 일반 지식을 사용하여 단순하고 반복적인 과업을 수행하는 수준
	지식기술	• 문자이해, 계산능력 등 기초적인 일반 지식을 사용할 수 있는 수준
	역량	• 구체적인 지시 및 철저한 감독 하에 과업을 수행하는 수준
2수준	정의	• 일반적인 지식 및 감독 하에 해당 분야의 일반 지식을 사용하여 절차화되고 일상적인 과업을 수행하는 수준
	지식기술	• 해당 분야의 일반 지식을 사용할 수 있는 수준 • 절차화되고 일상적인 과업을 수행하는 수준
	역량	• 일반적인 지시 및 감독 하에 과업을 수행하는 수준
	경력	• 1수준에서 6~12개월 정도의 계속 업무 후 도달 가능한 수준
3수준	정의	• 제한된 권한 내에서 해당 분야의 기초이론 및 일반 지식을 사용하여 다소 복잡한 과업을 수행하는 수준
	지식기술	• 해당 분야의 기초이론 및 일반 지식을 사용할 수 있는 수준 • 다소 복잡한 과업을 수행하는 수준
	역량	• 제한된 권한 내에서 과업을 수행하는 수준
	경력	• 2수준에서 1~3년 정도의 계속 업무 후 도달 가능한 수준
4수준	정의	• 일반적인 권한 내에서 해당 분야의 이론 및 지식을 제한적으로 사용하여 복잡하고 다양한 과업을 수행하는 수준
	지식기술	• 해당 분야의 이론 및 지식을 제한적으로 사용할 수 있는 수준 • 복잡하고 다양한 과업을 수행할 수 있는 수준
	역량	• 일반적인 권한 내에서 과업을 수행할 수 있는 수준
	경력	• 3수준에서 1~4년 정도의 계속 업무 후 도달 가능한 수준

5수준	정의	• 포괄적인 권한 내에서 해당 분야의 이론 및 지식을 사용하여 매우 복잡하고 비일상적인 과업을 수행하고, 타인에게 해당 분야의 지식을 전달할 수 있는 수준
	지식기술	• 해당 분야의 이론 및 지식을 사용할 수 있는 수준 • 매우 복잡하고 비일상적인 과업을 수행할 수 있는 수준
	역량	• 타인에게 해당 분야의 지식을 전달할 수 있는 수준 • 포괄적인 권한 내에서 과업을 수행할 수 있는 수준
	경력	• 4수준에서 1~3년 정도의 계속 업무 후 도달 가능한 수준
6수준	정의	• 독립적인 권한 내에서 해당 분야의 이론 및 지식을 자유롭게 활용하고, 일반적인 숙련으로 다양한 과업을 수행하고, 타인에게 해당 분야의 지식 및 노하우를 전달할 수 있는 수준
	지식기술	• 해당 분야의 이론 및 지식을 자유롭게 활용할 수 있는 수준 • 일반적인 숙련으로 다양한 과업을 수행할 수 있는 수준
	역량	• 타인에게 해당 분야의 지식 및 노하우를 전달할 수 있는 수준 • 독립적인 권한 내에서 과업을 수행할 수 있는 수준
	경력	• 5수준에서 1~3년 정도의 계속 업무 후 도달 가능한 수준
7수준	정의	• 해당 분야의 전문화된 이론 및 지식을 활용하여, 고도의 숙련으로 광범위한 작업을 수행할 수 있으며 타인의 결과에 대하여 의무와 책임이 필요한 수준
	지식기술	• 해당 분야의 전문화된 이론 및 지식을 활용할 수 있으며, 근접 분야의 이론 및 지식을 사용할 수 있는 수준 • 고도의 숙련으로 광범위한 작업을 수행하는 수준
	역량	• 타인의 결과에 대하여 의무와 책임이 필요한 수준
	경력	• 6수준에서 2~4년 정도의 계속 업무 후 도달 가능한 수준
8수준	정의	• 해당 분야에 대한 최고도의 이론 및 지식을 활용하여 새로운 이론을 창조할 수 있고, 최고도의 숙련으로 광범위한 기술적 작업을 수행할 수 있으며 조직 및 업무 전반에 대한 권한과 책임이 부여된 수준
	지식기술	• 해당 분야에 대한 최고도의 이론 및 지식을 활용하여 새로운 이론을 창조할 수 있는 수준 • 최고도의 숙련으로 광범위한 기술적 작업을 수행할 수 있는 수준
	역량	• 조직 및 업무 전반에 대한 권한과 책임이 부여된 수준
	경력	• 7수준에서 2~4년 정도의 계속 업무 후 도달 가능한 수준

라. NCS 기본 구성(능력단위)

NCS의 능력단위는 다음의 기준에 의거하여 설정한다.

- 한 사람이 수행 가능해야 함
- 명확한 성과(outcome)를 도출해야 함
- 교육훈련 및 평가가 가능해야 함
- 일정한 기능(function)을 해야 함
- 수행하는 직무가 독립적이어야 함

이렇게 설정된 능력단위는 능력단위요소, 적용범위 및 작업상황, 평가지침, 직업기초능력으로 구성되며, 능력단위요소는 다시 수행준거와 지식·기술·태도로 구성되어 있다.

그림 2-5 │ NCS 능력단위 구성

NCS를 구성하는 능력단위에 관한 요소들에 대한 설명은 아래 <표 2-3>과 같다.

| 표 2-3 | NCS 능력단위 구성항목 및 내용 |

구성항목	내용
능력단위명칭 (competency unit title)	능력단위의 명칭을 기입한 것
능력단위분류번호 (competency unit code)	능력단위를 구분하기 위하여 부여되는 일련번호로서 14자리로 표현
능력단위정의 (competency unit description)	능력단위의 목적, 업무수행 및 활용범위를 개략적으로 기술
능력단위요소 (competency unit element)	능력단위를 구성하는 중요한 핵심 하위능력을 기술
수행준거 (performance criteria)	능력단위요소별로 성취여부를 판단하기 위하여 개인이 도달해야 하는 수행의 기준을 제시
지식·기술·태도 (knowledge·skill·attitude)	능력단위요소를 수행하는 데 필요한 지식·기술·태도
적용범위 및 작업상황 (range of variable)	• 능력단위를 수행하는 데 있어 관련되는 범위와 물리적 혹은 환경적 조건 • 능력단위를 수행하는 데 있어 관련되는 자료, 서류, 장비, 도구, 재료
평가지침 (guide of assessment)	능력단위의 성취여부를 평가하는 방법과 평가 시 고려되어야 할 사항
직업기초능력 (key competency)	능력단위별로 업무 수행을 위해 기본적으로 갖추어야 할 직업능력

그림 2-6 ｜ NCS 예시

20.정보통신_01.정보기술_02.정보기술개발_02.응용SW엔지니어링_01.요구사항확인

○ 분류번호: 2001020201_16v3

○ 능력단위명칭: 요구사항 확인

○ 능력단위 정의: 요구사항 확인이란 업무 분석가가 수집 분석 정의한 요구사항과 이에 따른 분석모델에 대해서 확인하고 현행 시스템을 분석하는 능력이다.

능력단위요소	수행준거
2001020201_16v3.1 현행 시스템 분석하기	1.1 개발하고자 하는 응용소프트웨어에 대한 이해를 높이기 위해, 현행 시스템의 적용현황을 파악함으로써 개발범위와 향후 개발될 시스템으로의 이행방향성을 분석할 수 있다. 1.2 개발하고자 하는 응용소프트웨어와 관련된 운영체제, 데이터베이스 관리시스템, 미들웨어 등의 요구사항을 식별할 수 있다. 【지식】해당 산업 분야에 대한 지식, 해당 플랫폼에 대한 지식, 프로젝트 환경 및 특수성 … 【기술】내부 및 외부 환경 분석 기술, 운영체제 구성 및 관리 능력, 저장장치 구성 및 관리능력 … 【태도】기술 관련 각종 정보 수집에 대한 적극성, 용어정의 정확성과 완전성을 기하고자 하는 의지, 분류 및 정리 태도 …
2001020201_16v3.2 요구사항 확인하기	2.1 소프트웨어 공학기술의 요구사항 분석 기법을 활용하여 업무 분석가가 정의한 응용소프트웨어의 요구사항을 확인할 수 있다. 2.2 업무 분석가가 분석한 요구사항에 대해 정의된 검증기준과 절차에 따라서 요구사항을 확인할 수 있다. 【지식】해당 산업 분야에 대한 지식, 업무 특성에 대한 이해, 프로젝트 환경 및 특수성 … 【기술】유즈케이스 작성 능력, UML 작성 기술, 분석 자동화도구 도구 사용 능력 … 【태도】요구사항의 정확성과 안전성을 확보하려는 자세, 정확한 유스케이스를 이해하고 분석하려는 자세

○ 적용범위 및 작업상황

▷ 고려사항

• 이 능력단위의 적절한 수행을 위해서는 최신 기술에 대한 지속적인 수집 및 습득을 위한 훈련에 적용한다.

- 이 능력단위는 업무 분석가가 분석한 요구사항 및 분석모델에 대해서, 응용소프트웨어 개발에 필요한 내용을 확인하는 데 적용된다.
- …

▷ 자료 및 관련 서류
- 각 제조사 운영체제의 시스템 및 네트워크 관리자 매뉴얼
- 각 제조사 보안 장비의 관리 및 운영 매뉴얼
- …

▷ 장비 및 도구
- 각 제조사별 서버 관리 도구
- IT자산관리 시스템
- SMS(Server Management System)
- …

▷ 재료
- 해당사항 없음

○ 평가지침
▷ 평가방법
- 평가자는 능력단위 요구사항 확인의 수행준거에 제시되어 있는 내용을 평가하기 위해 이론과 실기를 나누어 평가하거나 종합적인 결과물의 평가 등 다양한 평가방법을 사용할 수 있다.
- 피평가자의 과정평가 및 결과평가방법

평가방법	평가유형	
	과정평가	결과평가
A. 포트폴리오		
C. 서술형 시험	✔	✔
F. 평가자 질문	✔	✔
G. 평가자 체크리스트	✔	✔
H. 피평가자 체크리스트	✔	✔
K. 구두발표	✔	✔
M. 기타		

▷ 평가 시 고려사항
- 수행준거에 제시되어 있는 내용을 성공적으로 수행할 수 있는지를 평가해야 한다.

- 평가자는 다음 사항을 평가해야 한다.
  - 산업 분야에 대한 분석
  - 요구사항 명세화의 정확성 여부
  - 서버 하드웨어 용량 산정 방법 숙지 및 수행 내역...

○ 직업기초능력

순번	직업기초능력	
	주요영역	하위영역
1	의사소통능력	경청 능력, 기초외국어 능력, 문서이해 능력, 문서작성 능력, 의사표현 능력
2	문제해결능력	문제처리 능력, 사고력
3	자기개발능력	경력개발 능력, 자기관리 능력, 자아인식 능력
4	대인관계능력	갈등관리 능력, 고객서비스 능력, 리더십 능력, 팀워크 능력, 협상 능력
5	정보능력	정보처리 능력, 컴퓨터활용 능력

그림 2-7 | NCS 능력단위 분류번호 체계

- 능력단위분류번호 : 능력단위 구분을 위해 부여되는 14자리로 표현되는 일련번호
- NCS를 활용하여 교육·훈련과정을 편성하는 경우 능력단위명과 함께 능력단위 분류번호를 반드시 제시
- 훈련과정 편성 시 능력단위 적정 반영 여부를 확인하는 기초정보로 활용

02
직업능력개발 평가제도

가. 훈련이수자 평가제도

(1) 훈련이수자 평가제도의 개념과 목적

훈련이수자 평가의 목적은 국가직무능력표준(NCS)기반의 훈련과정을 이수한 훈련생의 능력 획득 여부를 검증하고, 이를 훈련기관에 환류함으로써 직업능력개발 훈련의 질제고 및 훈련이수자의 경력개발을 지원하는 데에 있다.

훈련이수자 평가는 NCS를 기반으로 훈련과정이 목표한 성과를 달성했는지를 평가하고 그 결과를 훈련과정성과 및 기관 평가 시에 반영하는 평가이다. 신청대상이 되는 훈련과정은 NCS적용 훈련과정이다. 이러한 훈련이수자 평가는 <표 2-4>와 같은 근거법령에 의거하여 실시된다.

표 2-4	훈련이수자 평가의 근거법령

- 「근로자직업능력 개발법」 제53조(직업능력개발훈련시설 등에 대한 평가
- 「근로자직업능력 개발법 시행령」 제48조(직업능력개발훈련시설 등에 대한 평가 및 그 결과의 공개
- 「실업자등 직업능력개발훈련 실시규정」 제31조의2(훈련생 수강관리 및 평가 등)

근로자직업능력 개발법 제53조(직업능력개발훈련시설 등에 대한 평가)

① 고용노동부장관은 직업능력개발훈련의 질적 수준을 높이기 위하여 다음 각 호에 해당하는 자에 대하여 훈련실시 능력, 훈련성과 등 대통령령으로 정하는 사항에 대한 평가를 실시할 수 있다.
  1. 제16조에 따라 직업능력개발훈련을 위탁받아 실시한 자
  2. 제19조 또는 제24조에 따라 직업능력개발훈련과정의 인정을 받아 직업능력개발훈련을 실시한 자
  3. 제1호 및 제2호의 자 외에 중앙행정기관의 장 또는 지방자치단체의 장이 위탁한 직업능

력개발훈련을 실시한 자(고용노동부장관이 사전에 해당 중앙행정기관의 장 또는 지방자
치단체의 장과 협의하여 평가하기로 정한 자에 한정한다.)

근로자직업능력 개발법 제48조(직업능력개발훈련시설 등에 대한 평가 및 그 결과의 공개)
① (생략)
② 법 제53조 제1항에서 "훈련실시 능력, 훈련성과 등 대통령령으로 정하는 사항"이란 다음
  각 호의 사항을 말한다.
 1. 훈련시설·장비, 교사·강사의 확보·운영 등 직업능력개발훈련의 실시 능력에 관한 사항
 2. 훈련 수요 조사 및 훈련계획 수립의 체계성 등 직업능력개발훈련과정의 개발 및 운영에
   관한 사항
 3. 훈련생의 수료실적·취업실적 및 자격취득 실적 등 훈련 성과에 관한 사항
 4. 취업 지도 및 상담 등 훈련생 관리에 관한 사항
 5. 해당 직업능력개발사업과 산업 현장과의 연계에 관한 사항
 6. 그 밖에 직업능력개발사업의 질을 높이기 위하여 평가가 필요한 사항으로서 고용노동부
   령으로 정하는 사항
③ (생략)
④ 고용노동부 장관은 직업능력개발훈련시설 등 평가를 실시한 경우에 그 평가가 끝난 날부
  터 3개월 이내에 평가 결과의 전부 또는 일부를 법 제6조에 따른 직업능력개발정보망에
  게시하거나 책자로 발간하는 등 적절한 방법으로 공개할 수 있다.

실업자등 직업능력개발훈련 실시규정 제31조(훈련생 수강관리 및 평가 등)
① 훈련기관은 훈련과정별로 숙련 목표를 명확하게 정하고, 해당 훈련과정을 수강하는 훈련
  생에 대하여 훈련내용의 이해도를 주기적으로 평가를 하여야 하며, 평가결과 훈련목표 달
  성이 미흡한 훈련생에 대해 보충학습 실시 등 다양한 방법으로 숙련도를 높이도록 노력해
  야 한다.
② ~ ③ (생략)

나. 훈련이수자 평가의 절차

NCS기반 훈련이수자 평가는 평가의 시기와 목적에 따라 크게 진단평가,
형성평가, 총괄평가로 구분될 수 있으며, 세부적인 절차는 ① 훈련 및 평가계
획 수립, ② 진단평가 실시, ③ 훈련 및 평가계획 수정, ④ 형성·총괄평가 실
시, ⑤ 평가환류의 단계에 따라 실시된다.

그림 2-8 | 훈련이수자 평가절차

(1) 훈련 및 평가계획 수립

본 단계에서는 진단평가, 형성평가, 총괄평가에 대한 평가 추진 개요 작성, 평가 대상 및 내용 설정, 평가 기준 설정, 평가방법 설정, 평가 추진 일정 설정, 평가자료관리 방안 및 평가결과 활용 방안 수립, 평가도구개발 등의 계획을 수립한다.

① 평가 추진 개요 작성
- 평가목적: 훈련목표에 따라 훈련생의 교육훈련목표 달성 정도를 확인하는 것으로 설정
- 평가방침: 평가대상의 교과, 평가방법 및 평가 일정과 평가 관련 참여자, 평가결과의 활용 및 평가절차에 대한 기본적인 방침 제시
- 평가절차: 평가계획 수립, 평가 진행, 평가 회의 개최, 결과 환류 등 평가절차별 평가 관련 세부 수행 활동 제시

② 평가 대상 및 평가내용 설정

평가 대상별 세부 평가 대상과 평가내용, 평가자료를 작성, 교육훈련기관의 환경을 고려하여 평가 대상 및 평가내용을 설정한다. 평가단계별로 사전평가, NCS 소양교과, NCS 전공교과, 비NCS 교과, 만족도 평가 등에 따라 평가 참여자, 기본적 평가내용 등을 설정한다.

③ 평가 기준 설정

교육훈련목표 달성 여부를 판단하기 위한 기준으로 교과목별 수행평가의 성취수준을 기반으로 설정, 훈련생(학생)이 교육훈련목표를 도달하지 못했을 경우의 보완 방안도 제시한다.

④ 평가방법 설정

교과목에 따른 교수학습방법, 평가방법, 평가 시기 등을 설정한다.

⑤ 평가 추진 일정 설정

전 단계에서 설정된 내용을 기반으로 훈련시간, 교과목 수준 등을 고려하여 평가 추진 일정을 설정한다.

⑥ 평가자료관리 방안 및 평가결과 활용 방안 수립

평가 대상별 자료관리의 방법, 보고관리 방법, 평가 환류 절차, 평가 결과의 활용 사항을 훈련기관의 상황을 고려하여 수립한다.

⑦ 평가도구개발

평가도구개발은 평가과제개발, 평가과제별 점수 배정, 모범답안 작성, 문제지 편집, 문제지 검토, 문제지 인쇄의 절차로 이루어진다.

표 2-5	평가 대상별 평가자료관리 방법 예시
평가대상	자료관리 방법
사전평가	• 훈련생 관리카드, 입학면접평가, 입학평가시험은 훈련과정이 종료된 후 편철하여 보관 • 훈련시작 전 개인정보수집 및 활용동의서를 받고 정보가 유출되지 않도록 보관
NCS 소양교과	• 직업기초능력별 선택영역에서 이루어진 자료(사진, 활동지 등)를 별도로 보관하고 훈련과정이 종료된 후 편철하여 보관
NCS 전공교과/ 비NCS 교과	평가방법에 따라 자료관리 방법이 상이함 ① 필답형/서술형: 훈련생이 작성한 시험지 자체 보관 ② 포트폴리오: 컴퓨터로 작업한 문서의 경우 모두 출력하지 않고 샘플 자료를 제외한 자료는 파일로 보관 ③ 사례연구: 개인별, 소규모 그룹으로 구성된 사례 발표 시 이용한 자료나 활동지 등을 보관하고 과정 특성상 자료 확보가 어려운 경우 사진이나 훈련 교사 피드백, 사례연구 목적과 성과, 참가자 명단을 적은 회의록으로 대체하여 보관 ④ 평가자 체크리스트: 작업형 과정의 경우에는 개인별/소규모 그룹으로 나누어 진행하며 훈련과정 특성에 맞춘 체크리스트를 작성하고 성과물에 대한 사진자료나 결과물을 보관
만족도 평가	• HRD-Net을 통해 직접 확인 • 기관에서 자체적으로 실시하는 만족도는 별도 보관 및 자체 분석 실시

* 자료: 한국기술교육대학교 능력개발교육원(2015)

(2) 진단평가 실시

훈련생이 훈련을 받기 전 단계에서 NCS 직업기초능력 및 NCS 능력단위 (능력단위 요소, 수행준거, KSA 포함)에 대해 어느 정도의 역량을 보유하고 있는 지를 확인하기 위하여 진단평가를 실시한다. NCS 직업기초능력은 훈련과정 특성에 따라 요구되는 직업기초능력을 선정하여 평가를 실시한다. NCS 능력 단위는 훈련생이 참여하고자 하는 훈련과정에서 다루는 능력단위, 능력단위 요소, 수행준거 및 해당 KSA를 근거로 사전에 어느 정도의 역량을 보유하고 있는지에 대해 평가를 실시한다.

(3) 훈련 및 평가계획 수정

진단평가의 결과에 따라 사전에 수립한 훈련 및 평가계획을 수정한다. 훈련생의 역량 보유정도를 분석하여 평가목표, 평가기준, 평가방법 등을 조정한다.

(4) 평가 실시(형성·총괄평가)

평가 실시는 평가 전/중/후 시점으로 구분된다. 평가 실시 전에는 훈련생에게 교육훈련프로그램에 대한 전반적인 안내(목적, 구성 내용, 교수학습방법, 평가방법 등) 및 평가의 구성요소, 평가배점, 평가기준, 평가시점에 대해 설명함으로써 훈련생이 평가에 대비할 수 있도록 한다. 평가 실시 중에는 시험시간 및 종료 시간을 명확히 공지하고, 답안지, 문제지의 순으로 배포하고, 훈련생의 질문에 대해 대답하는 경우에는 반드시 질문의 성격을 확인해야 한다. 시험 종료 후에는 시험지와 답안지를 모두 제출하도록 한다. 평가 실시 후에는 모범 답안에 따라 채점 후, 학습성취도 평가 결과 보고서를 작성한다.

(5) 평가 환류

평가 환류 단계에서는 평가결과를 분석하고 평가결과에 대한 피드백을 실시한다. 평가결과 분석 시에는 ① 평가결과 채점 및 입력, ② 문항의 적절성 (문항의 변별도, 문항의 난이도) 검토, ③ 평균 및 표준편차 산출, ④ 사전점수와 사후점수 비교의 절차대로 진행한다. 이후 분석 결과를 활용하여 훈련생 및 훈련프로그램 등에 대한 환류를 실시한다. 훈련생에 대한 평가 환류는 보충수업, 성적우수자 포상, 취업처 추천 등이 있다. 훈련프로그램에 대한 평가결과 활용은 프로그램의 난이도 조절 및 교재, 평가도구, 교수학습방법 개선, 차기 훈련과정 훈련생 선발 기준 개선, 차기 훈련과정 전반에 대한 개선, 교육내용 보강의 필요성 여부 확인 등의 의사결정 내용이 포함되어야 한다.

03
과정평가형 자격제도

가. 개념과 목적

과정평가형 자격제도란 국가직무능력표준(NCS)에 근거하여 일정한 조건을 충족하는 교육·훈련 과정을 충실히 이수한 뒤, 내부·외부 평가를 거쳐 일정의 기준을 충족한 훈련생에게 국가자격을 수여하는 것이다. 이를 국가기술자격법 제10조 제1항에서는 다음과 같이 규정하고 있다. "국가기술자격을 취득하려는 사람은 해당 국가기술자격에 관한 사항을 관장하는 중앙행정기관의 장이 시행하는 국가기술자격 검정에 합격하거나, 정책심의회의 심의를 거쳐 주무부 장관이 다음 각 호의 기관 중에서 지정하는 교육·훈련과정을 이수하고 대통령령으로 정하는 합격기준을 충족하여야 한다."

| 그림 2-9 | 과정평가형 자격제도 개념 |

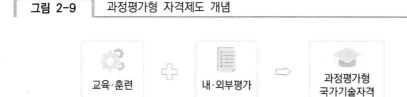

과정평가형 자격제도는 기존의 자격제도와 비교할 때 여러 가지 면에서 차이가 있다. 검정형 자격은 응시자격을 학력, 경력요건 등 응시요건 충족자를 대상으로 하고 지필평가, 실무평가 등의 평가방법을 활용하고 필기와 실기 모두 60점 이상이고 자격증 기재내용은 자격종목과 인적사항이다. 반면에 과정평가형 자격은 응시자격은 해당 과정을 이수한 누구나이며 평가방법은 내부평가와 외부평가를 사용한다. 합격기준은 내부평가와 외부평가 결과를 1:1로

반영하여 평균 80점 이상일 때이다. 자격증의 기재내용은 검정형 기재 내용에다가 교육훈련기간 및 이수시간, NCS능력단위명을 기재한다.

| 표 2-6 | 기존 자격제도와 과정평가형 자격제도의 차이 |

구분	검정형 자격	과정형 자격
응시자격	학력, 경력요건 등 응시요건 충족자	해당 과정을 이수한 누구나
평가방법	지필평가, 실무평가	내부평가, 외부평가
합격기준	• 필기: 평균 60점 이상 • 실기: 60점 이상	내부평가와 외부평가 결과를 1:1로 반영하여 평균 80점 이상
자격증	기재내용: 자격종목, 인적사항	검정형 기재내용+교육·훈련기간 및 이수시간, NCS 능력단위명

나. 기대 효과

이러한 과정평가형 자격제도 도입을 통해서 세 가지 효과를 기대할 수 있다.

첫째, 직업교육·훈련의 정상화이다. 그동안 직업교육·훈련과 자격제도는 서로 긴밀하게 연계되어야 함에도 그렇지 못한 측면이 있었다. 직업교육·훈련을 통해 가르치는 내용이 자격제도에서 요구하는 내용과 동일해야 하지만, 실제로는 괴리가 존재하여 훈련 따로 자격 따로 현상으로 훈련생에게 이중적 부담을 주어 왔다. 따라서 과정평가형 자격제도를 통해 직업교육·훈련과 자격을 연계한다면 시장에서의 통용성 제고 및 훈련생의 이중 부담을 줄일 수 있을 것이다.

둘째, 산업현장의 수요를 반영한 직업교육·훈련 체계의 개편이다. 독일, 영국, 프랑스, 호주 등의 국가를 보면 산업체 현장에서 요구하는 내용이 직업교육 및 자격에 반영되어, 현장에서 원하는 인력을 체계적으로 양성해 나간다. 따라서 산업계 주도로 과정평가형 자격제도가 도입된다면 괴리감 없이 실제 산업계에서 요구하는 인력을 양성해 나갈 수 있다.

셋째, 현장에서 일을 잘하는 인재를 평가하고 양성하는 틀을 구축할 수 있다. 기존 검정형 자격제도는 시험 위주의 평가 방식으로 기계적으로 시험을 잘 보는 사람은 만들 수 있지만, 실질적으로 사람의 능력을 평가하기에는 한계가 있었다. 하지만 과정평가형 자격제도는 교육·훈련 기간 동안 훈련생의 학습결과물을 교수자가 지속적으로 평가하고 피드백함으로써 훈련생의 실질적인 능력향상에 초점을 맞출 수 있다. 따라서 과정평가형 자격제도는 평생직업능력개발의 현장성과 통용성을 제고하여 산업현장에서 요구하는 인재를 배출할 수 있는 제도라 할 수 있다.

04
일학습병행제 학습근로자 역량평가

가. 학습근로자 역량평가의 개념 및 목적

학습근로자 역량평가란 일학습병행 프로그램 이수자의 교육훈련목표 달성정도를 평가하여 적절한 자격이나 학력을 부여할 수 있도록 지원하기 위하여 실시되는 평가이다. 일학습병행 기업의 자격과의 연계를 위하여 NCS 능력단위 또는 능력단위로 구성된 교과목으로 평가를 실시하며, 일학습병행제 외부평가 관련 내규 이외의 사항에 대해서는 국가기술자격검정(국가기술자격법) 준용한다. 일학습병행제 역량평가는 내부평가와 외부평가로 구성된다. 내부평가는 기업현장의 다양하고, 창의적 훈련평가방법을 최대한 수용할 수 있도록 최소 인정요건만 설정한다. 외부평가는 교육훈련 편성기준에서 제시된 종목별 NCS 능력단위 중 필수능력단위 내용을 중심으로 외부평가 문제를 출제한다.

| 그림 2-10 | 학습근로자 역량평가 제도 운영 절차 |

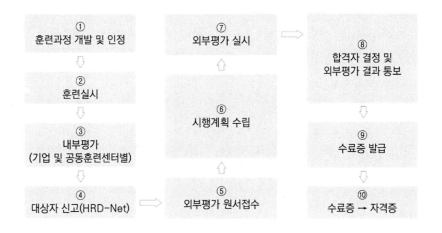

문제는 문제해결형, 서술형, 논술형, 단답형, 도면제작, 작품제작, 작업수행평가, 면접, 시뮬레이션 등의 방법 중 해당 능력단위 평가에 적합한 다양한 유형으로 출제한다. 학습근로자 역량평가는 산업별 인적자원개발위원회(ISC) 등 해당 산업계를 대표하는 협회 또는 단체가 평가위원으로 참여하여 자격의 공신력을 확보할 수 있도록 한다.

나. 학습근로자 역량평가 절차

일학습병행제 학습근로자 역량평가는 내부평가인 학습근로자 1차 평가와 외부평가인 학습근로자 2차 평가로 실시된다.

(1) 학습근로자 1차 평가(내부평가)

일학습병행 학습근로자 1차 평가는 평가 대상자 확정, 평가계획수립 및 내부평가, 이수자 결정 및 이수증 발급, 평가 결과 제출 등의 절차로 이루어진다.

| 그림 2-11 | 학습근로자 1차 평가절차 |

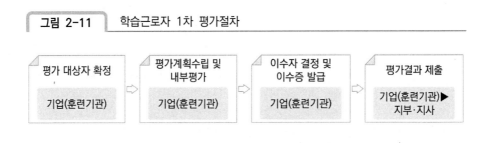

① 평가대상
  • 인정받은 훈련과정에 따라 참여한 학습근로자

② 평가/판정시기
  • 능력단위 또는 교과목별 훈련 진도율80%이상 시점부터 해당 능력단위 훈련 종료 시까지 실시
  • 여러 개의 능력단위 또는 교과목을 동시에 평가하는 경우 전체훈련과정 진도율40%시점과 80%시점에는 반드시 평가하여야 함

③ 평가방법
- 훈련과정의 능력단위 수행준거 및 문제원형을 참고하여 평가방법, 평가 시간 등을 기업(훈련기관)에서 자율 결정

④ 이수자 결정기준
- 전체 훈련시간의 80%이상 출석, 필수능력단위개수 기준 70%이상 내부평가에 통과(pass)하면 이수자로 결정

(2) 학습근로자 2차 평가(외부평가)

일학습병행 학습근로자 2차 평가는 대상자 신고 및 응시자격 확인, 외부평가 원서접수, 외부평가 시행계획 수립, 외부평가 실시, 외부평가 결과 통보 및 합격자 결정, 최종수료자 발표 등의 절차로 이루어진다.

그림 2-12   학습근로자 2차 평가절차

① 평가대상
- 80%이상 출석, NCS기반 자격 종목의 필수능력단위 개수 기준 70% 이상에 대해 내부평가 통과

② 평가범위
- NCS기반 자격 종목에 제시된 모든 필수능력단위

③ 평가방법
- 능력단위별 종합평가(지필식＋작업형＋면접) 실시

표 2-7　일학습병행 학습근로자 역량평가 출제 및 평가방법

평가방식	출제유형
1. 객관식 필기	2지, 3지, 4지 및 5지 택일, 4지 선다형, 연결형
2. 지필평가	단답식, 서술식, 계산식 등
3. 작품제작	재료, 도구 등을 활용한 제작 또는 가공하고, 작품에 대해 평가
4. 도면제작	규정된 용지에 도면 작성, 미완성 도면 완성 또는 도면 내 오류부분 해결 등의 능력을 평가
5. 포트폴리오	계획서 작성, 디자인 설계 등 수험자의 창의적이고, 주관적 능력에 대하여 평가하는 방법
6. 작업 수행평가	실험, 작업 등의 전반적인 작업수행 과정 및 결과를 평가
7. 시뮬레이션	실제의 사건이나 과정을 영상자료 등을 이용하여 평가하는 방법
8. 면접평가	1:1 또는 1:多 면접 방식으로 쌍방 또는 일방형 구두질문 형식으로 평가(구술테스트, 프리젠테이션 등)

④ 이수자 결정기준

• 훈련과정 이수자(외부평가 응시자격 취득자)가 외부평가(능력단위별 종합평가)에 응시하여 해당 NCS기반자격 필수능력단위 개수 기준 70% 이상을 Pass한 경우 합격자(수료자)로 결정

그림 2-13　능력단위별 종합평가(Ver 2.0 과정)

필수능력단위	능력단위별 내용	평가유형	평가결과	합격여부
능력단위1	지식 평가	지필	Pass	
능력단위2	지식 평가	지필	Fail	필수능력단위 6개 중 5개를 Pass하였으므로 합격 인정
능력단위3	기술 평가	작업	Pass	
능력단위4	기술 평가	작업	Pass	
능력단위5	기술 평가	작업	Pass	
능력단위6	태도 평가	면접	Pass	

그룹활동

NCS 홈페이지 활용하기

www.ncs.go.kr

1. NCS 홈페이지에서 전공관련 관심 채용정보 확인하기
2. NCS 및 학습모듈 검색에서 NCS 능력단위 확인하기
3. NCS 능력단위 구성항목 중 평가지침 확인하기

05 활동지
직업능력개발 평가의 종류

학과: 학번: 이름:

※ NCS 홈페이지 평가에 활용하기 (www.ncs.go.kr)

1. NCS 홈페이지에서 전공 관련 채용정보 중 관심 지원처를 선정하고 요구능력 단위 확인하기

2. NCS 및 학습모듈 검색에서 NCS 능력단위 확인하기
   (채용공고에서 요구하는 능력단위 중 하나를 선택, NCS 구성 항목 전체 내용 확인)

(뒷면에 계속)

※ NCS 홈페이지 평가에 활용하기(www.ncs.go.kr -블라인드 채용- 채용정보센터-직무 및 직무기술서 또는 채용공고)

1. NCS 홈페이지에서 전공 관련 채용정보 중 하나 선정하여 요구능력단위 확인하기

[NCS기반 채용 직무 설명자료: SW개발 및 운영]								
채용 분야	SW 개발 및 운영	분류 체계	대분류	20. 정보통신				
			중분류	01. 정보기술				
			소분류	01. 정보기술전략 · 계획		02. 정보기술개발		03. 정보기술운영
			세분류	01. 정보기술 전략	03. 정보기술 기획	02. 응용SW 엔지니어링	07. UI/UX 엔지니어링	01. IT시스템관리
요구 능력 단위	◦ (정보기술전략) 01. 정보기술 전략 기획, 04. 정보기술 프로세스관리 전략 수립, 05. 정보기술 아키텍처 계획 수립, 06. 정보기술 협업관리 전략 수립, 08. 정보기술 성과관리, 09. 정보기술 전략 통합관리, 10. 정보기술 전략 실행관리 ◦ (정보기술기획) 02. 정보기술 환경분석, 03. 정보기술 R&D 전략 수립, 04. 정보기술 예산 수립, 05. 정보기술 모형 설계, 06. 정보기술 아키텍처 설계, 07. 정보기술 운영방안 수립, 08. 운영자원 투입계획 수립, 10. 실행계획수립 ◦ (응용SW엔지니어링) 01. 요구사항 확인, 02. 데이터 입출력 구현, 03. 통합 구현, 04. 정보시스템 이행, 05. 제품소프트웨어 패키징, 09. 프로그래밍 언어 활용, 15. 애플리케이션 설계, 19. 화면구현, 21. 애플리케이션 테스트 수행, 22. 소프트웨어공학 활용 ◦ (UI/UX엔지니어링) 01. UI/UX 환경 분석, 02. UI/UX 계획 수립, 03. UI/UX 요구 분석, 05. UI/UX 콘셉트 기획, 06. UI 아키텍처 설계, 07. UI 디자인, 08. UI 구현, 09. UI 테스트, 10. UI/UX 가이드 제작 ◦ (IT시스템관리) 01. IT시스템 운영 기획, 02. IT시스템 자원획득관리, 04. 응용SW 운영관리, 05. HW 운영관리, 06. DB 운영관리, 08. 보안 운영관리, 10. IT시스템통합 운영관리							

자료: 한국특허정보원 채용공고

2. 위의 요구능력단위 중 하나를 선택하여 NCS 및 학습모듈 검색에서 NCS 능력단위 확인하기(구성 항목 전체, 특히 평가지침의 평가방법과 평가 시 고려사항 체크)

분류번호: 2001020201_16v3	
능력단위 명칭: 요구사항 확인	
능력단위 정의: 요구사항 확인이란 업무 분석가가 수집 분석 정의한 요구사항과 이에 따른 분석모델에 대해서 확인과 현행 시스템에 대해 분석하는 능력이다.	
능력단위요소	**수행준거**
2001020201_16v3.1 현행 시스템 분석하기	1.1 개발하고자 하는 응용소프트웨어에 대한 이해를 높이기 위해, 현행 시스템의 적용현황을 파악함으로써 개발범위와 향후 개발될 시스템으로의 이행 방향성을 분석할 수 있다. 1.2 개발하고자 하는 응용소프트웨어와 관련된 운영체계, 데이터베이스 관리 시스템, 미들웨어 등의 요구사항을 식별할 수 있다. 1.3 현행 시스템을 분석하여, 개발하고자 하는 응용소프트웨어가 이후 적용될 목표시스템을 명확하고 구체적으로 기술할 수 있다.
	【지식】 • 해당 산업 분야에 대한 지식　• 해당 플랫폼에 대한 지식 • 프로젝트 환경 및 특수성　• 플랫폼에 따른 기능 및 성능 특성 • 가상화 관련 지식　• 클라우드 컴퓨팅 관련 지식
	【기술】 • 내부 및 외부 환경 분석 기술　• 운영체제 구성 및 관리 능력 • 저장장치 구성 및 관리 능력　• 네트워크 구성 및 관리 능력 • DBMS 구성 및 관리 기술　• 가상화 관련 기술

[평가방법]
- 평가자는 능력단위 요구사항 확인의 수행준거에 제시되어 있는 내용을 평가하기 위해 이론과 실기를 나누어 평가하거나 종합적인 결과물의 평가 등 다양한 평가 방법을 사용할 수 있다.
- 피평가자의 과정평가 및 결과평가 방법

평가방법	평가유형	
	과정평가	결과평가
A. 포트폴리오		
B. 문제해결 시나리오		
C. 서술형시험	✔	✔
D. 논술형시험		
E. 사례연구		
F. 평가자 질문	✔	✔
G. 평가자 체크리스트	✔	✔
H. 피평가자 체크리스트	✔	✔
I. 일지/저널		
J. 역할연기		
K. 구두발표	✔	✔
L. 작업장평가		
M. 기타		

[평가시 고려사항]
- 수행준거에 제시되어 있는 내용을 성공적으로 수행할 수 있는지를 평가해야 한다.
- 평가자는 다음 사항을 평가해야 한다.
  - 산업 분야에 대한 분석
  - 요구사항 명세화의 정확성 여부
  - 서버 하드웨어 용량 산정 방법 숙지 및 수행 내역
  - 운영체제의 주요 기능, 구조, 특성에 대한 분석
  - 미들웨어(DEMS/WAS)의 주요 기능, 구조, 특성에 대한 분석

제3장

직업능력개발 훈련 평가모형

≫ 학습목표

1. 직업능력개발 훈련프로그램 평가의 결과중심 평가모형
   2가지를 설명할 수 있다.

2. 직업능력개발 훈련프로그램 평가의 과정중심 평가모형
   2가지를 설명할 수 있다.

3. 직업능력개발 훈련프로그램 평가의 통합적 평가모형 2가지를
   설명할 수 있다.

01
평가의 접근 모형

직업능력개발 훈련 평가를 위해서는 전통적인 관점에서의 교육 평가모형에 대한 이해가 필요하다. 직업능력개발 훈련 평가는 여러 가지 교육 평가모형을 훈련 상황에서 접목한 것이라 할 수 있다. 이러한 의미에서 직업능력개발 훈련 평가모형은 전통적인 교육 평가모형과 같은 맥락 하에서 결과중심 평가모형, 과정중심 평가모형, 통합적 관점 평가모형으로 구분할 수 있다.

가. 결과중심 평가모형

결과중심 평가모형은 목표지향적 평가로서 교육목표가 교육과정과 교수 프로그램에 의해 실제로 어느 정도 구현되고 있는지를 결정하는 평가이다. 결과중심 평가모형에서는 다양한 평가단계를 통해 선택된 해결방안이 본래의 기대치에 어느 정도 부응하는지를 종합적으로 결정하게 된다. 대표적인 결과중심 평가모형은 Kirkpatrick의 4단계 평가모형, Jack Phillips의 5단계 평가모형이다.

나. 과정중심 평가모형

결과중심 평가모형의 단점은 교육을 평가할 때, 초점을 지나치게 목표에 두게 되면 목표 이외의 교육에 대한 전반적인 활동을 과소평가할 수 있다는 점이다. 따라서 이를 방지하고 평가의 본질을 교육경험 또는 활동의 가치를 판단하는 데 두는 것이 과정중심 평가모형이다. 과정중심 평가모형에서는 과정 전체를 관찰과 반응에 기초해 가치판단을 내린다. 대표적으로 CIPP 모형과 논리주도 모형이 있다.

다. 통합적 관점 평가모형

통합적 관점의 평가체계 모형은 결과중심 관점이나 과정중심 관점 평가
모형들이 각 준거 간의 인과관계를 설명하기 어렵다는 단점을 극복하고자, 교
육성과에 영향을 미치는 여러 가지 요인과 하위 요인을 설정하여 각 요인 및
하위 요인 간의 인과관계를 설명하는 모형이다. 대표적인 모형으로는 HRD 연
구와 평가모형, 메타평가모형이 있다.

그림 3-1　평가 접근 관점

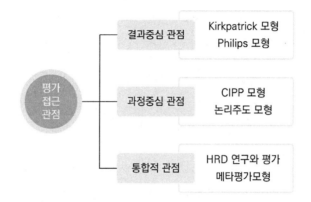

02
결과중심 평가모형

가. Kirkpatrick 모형

직업능력개발 훈련프로그램 평가에서 적용할 수 있는 가장 널리 알려진 평가모델은 Kirkpatrick의 4단계 평가모형이다(Kirkpatrick, 1959). Kirkpatrick은 60년 전 처음으로 4수준 평가모델을 제시하였는데, 오래된 모델임에도 불구하고 현재까지 대부분의 인적자원개발 실무자들이 주로 활용하고 있는 평가모델이다. 상기 모델에서 Kirkpatrick은 네 가지 수준의 평가 유형을 제시하였다(Kirkpatrick, 1998). 여기서 네 가지 수준은 반응평가(reaction evaluation), 학습평가(learning evaluation), 행동평가(behavior evaluation), 결과평가(result evaluation)를 말한다.

1수준 반응평가(reaction evaluation)란 교육 프로그램에 참가한 교육생들이 느끼는 반응 또는 만족도를 평가하는 것이다. 교육 프로그램 전반적인 만족도는 어떠하였는지? 교육내용이나 강사에 대한 만족도는 어떠하였는지? 교육환경에 대한 만족도는 어떠하였는지? 등에 대한 내용을 파악하여, 교육 전반적으로 잘된 점과 미흡한 점을 파악하여 다음 교육 프로그램 기획 및 운영 시 교육 프로그램을 개선하고자 하는 목적으로 주로 활용된다. 반응평가는 주로 교육 참가자들이 감정적으로 느끼는 만족도에 초점을 맞추기 때문에, 직접적인 교육의 효과와는 관련이 없을 수도 있다는 한계를 가진다.

2수준 학습평가(learning evaluation)란 교육 프로그램에 참가한 교육생들이 새롭게 습득한 지식, 스킬, 태도, 역량의 변화 정도를 측정한다. 학습내용에 대한 평가로 제시된 학습목표에 따라 실제적인 학습이 이루어졌는지를 파악하는 전통적인 교육평가를 의미한다. 앞에서 지식, 스킬, 태도, 역량 등의 변화라고는 했지만, 대부분의 학습평가는 지필시험과 같은 형태로 이루어지며 참가자들의 인지적인 능력을 평가한다. 학습평가는 일반적으로 교육 프로그램이 마무리되는 시점에서 실시되며, 프로그램 시작 전과 끝에서 사전, 사후로 실시함으로써 실질적인 학습내용의 습득이 어느 정도 이루어졌는지를 평가하기도 한다. 그러나 학습평가는 학습내용의 습득이 직접적인 업무에의 적용을 통한 업무 성과향상으로 이어지지는 않는다는 한계를 지닌다.

3수준 행동평가(behavior evaluation)란 교육 프로그램에 참가한 교육생들이 프로그램에서 습득한 지식, 스킬, 태도, 역량 등을 교육이 끝난 후 실제 현업에서 적용한 정도를 평가한다. 또 다른 말로는 현업적용도 평가라고 한다. 일반적으로 현업적용도 평가는 교육이 종료된 후 3개월 이후의 시점에서 교육생 및 교육생의 직속 상사를 대상으로 실시한다. 이러한 현업적용도 평가는 학습전이(transfer of learning) 개념과 연계되어 있다. 학습전이란 교육생들이 교육 프로그램이 종료된 후 교육 프로그램에서 학습한 지식, 스킬, 태도, 역량 등을 실제 업무에서 적용하여 활용하는 것을 의미한다. 그러나 교육생들은 여러 가지 이유로 적용하지 않는 경우가 발생한다. 이를 학습전이의 문제라고 한다. Kirkpatrick은 이러한 이유로 3단계 행동평가를 강조한 수정된 모형을 최근에 제시하였다.

4수준 결과평가(result evaluation)란 교육 프로그램이 실질적으로 조직의 성과에 어느 정도 영향을 미쳤는지를 평가하는 것이다. 조직의 생산성의 향상이 있었는지? 매출이나 수익성이 증대되었는지? 품질이 향상되었는지? 고객의 만족도가 향상이 되었는지? 등 교육 프로그램을 통해 실질적으로 조직의 성과가 향상이 되었는지를 측정한다. 즉, 교육 프로그램을 실시하게 된 궁극적인 목적이 달성되었는지를 평가하는 것이다. 일반적으로는 교육 프로그램이 종료된 6개월 이후에 실시한다.

이러한 Kirkpatrick의 4수준 평가를 종합적으로 정리하면 아래의 <표 2-1>과 같다.

Kirkpatrick과 Kirkpatrick(2016)은 기존 Kirkpatrick의 4수준 평가모델을 보완한 새로운 Kirkpatrick 모델(The new world Kirkpatrick model)을 제시하였다. 본 모델은 기존의 모델과 비교할 때 몇 가지 특징을 지니고 있다.

첫째, 새로운 Kirkpatrick 모형은 이전 모델이 설명 형식으로 되어 있던

표 3-1
Kirkpatrick의 4수준 평가

구분	1수준(반응)	2수준(학습)	3수준(행동)	4수준(결과)
평가목적	• 반응도 평가 • 프로그램 개선	• 목표달성도 • 효과성 판단	• 현업 적용도 • 학습 전이도 및 근무 환경 판단	• 경영성과 기여도 • 교육투자 가치 확보
평가시기	• 교육 중, 직후	• 교육 전, 중, 직후	• 교육 종료 후 (3개월)	• 교육 종료 후 (6개월)
평가대상	• 학습자 • 강사 • 교육 진행자 • 교육 프로그램	• 학습자의 지식, 스킬, 태도, 역량 습득 정도	• 학습전이를 위한 근무환경요인 • 적용된 지식, 스킬, 태도, 역량	• 경영성과 중에서 교육이 기여한 부분
평가방법	• 설문지 • 면접 • 관찰	• 설문지 • 필기시험 • 사례연구 • 역할연기	• 설문지 • 관찰 • 인터뷰	• 투자회수율 • 설문지 • 재무 자료 • 인사 기록

출처: Kirkpatrick(1998). Evaluating training programs: The four levels (2nd ed.)재구성

것과 달리 그림으로 제시하여 한 눈에 들어올 수 있도록 하였다.

둘째, 기존의 수준별 평가의 내용을 세분화하고 추가하여 제시하였다. 구체적으로 기존의 1수준 반응평가에서는 고객 만족도(customer satisfaction) 평가만 있었는데, 교육생이 어느 정도 학습에 몰입했는지에 관한 몰입(engagement) 평가와 교육 프로그램에서 배운 내용을 현장에서 적용할 기회가 어느 정도 있는지에 대한 관련성(relevance) 평가가 추가되었다. 2수준 학습평가와 관련해서는 기존에는 지식, 스킬, 태도에 대한 평가만 있었는데 자신감(confidence)과 헌신(commitment)[1] 평가가 추가되었다. 3수준 행동평가와 관련해서는 기존의 모델에서는 구체적으로 제시된 내용이 없었지만, 새로운 모델에서는 업무 현장에서의 지속적인 학습을 위해 학습한 내용을 적용하는지 모니터링(monitor)하고 강화(reinforce)하고 적용을 통한 행동변화에 대해 격려(encourage)하고 보상(reward)하는 프로세스가 추가되었다. 4수준 결과평가와 관련해서도 기존의 모델에서는 바람직한 성과물(desired outcome)만을 제시하였지만, 새로운 모델에서는 바람직한 결과 창출에 긍정적인 영향을 미치는 핵

---

1) 여기서 헌신은 학습한 것을 업무현장에 돌아가서 적용하고자 하는 의도를 의미한다.

심행동과 관련한 단기적 성과측정 지표(leading indicators)를 추가하였다.

셋째, 새로운 모델에서는 3수준 행동평가를 가장 강조하면서 학습한 내용들이 업무현장에서 전이되도록 모니터링하고 적용하는 것이 중요하다는 점을 부각시키고 있다.

그림 3-2   The new world Kirkpatrick model

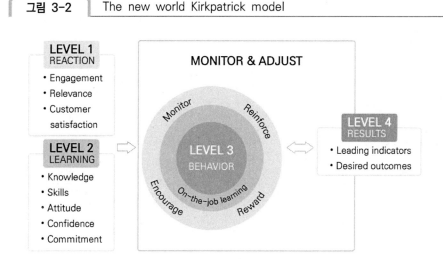

일반적으로 Kirkpatrick 평가모형은 다음과 같은 장점과 단점을 가지고 있다.

장점으로는 ① 평가모형이 단순하고 활용이 쉽다는 점, ② 평가에서 필요로 하는 다양한 수준과 요소를 포함하고 있다는 점(Holton, 1996), ③ 적용방식이 간단하고 결과에 대한 해석이 용이하기 때문에 많이 활용한다는 점, ④ 4수준 마지막단계 평가를 통해 교육을 사업 성과로 연계시킨 점(Newstrom, 1995) 등이 있다.

장점이자 한계점으로는 ① 평가모형을 뒷받침 할 이론의 취약성(Holton, 1996), ② 결과지향 평가모형으로 자료 수집에 비용과 노력이 많이 들고, 결과의 수치에만 초점을 맞춤으로써 프로그램 실제적 성과 사이에 괴리 발생(Brinkerhoff, 2005), ③ 성공 및 실패 원인을 명확하게 파악하기 어렵고, 의도하지 않은 목적 달성여부를 확인하기 어려움(배을규, 김대영, 2014), ④ 평가비용, 기간, 인력, 명확한 평가지표 확보 등의 어려움 때문에 주로 1, 2단계만 평가에서 활용(민경석, 최대현, 문경환, 2015)한다는 점을 들 수가 있다.

나. Jack Phillips 모형

Phillips(1997)는 Kirkpatrick의 4수준 평가모델에 5수준 평가를 더한 교육투자수익률(Returen on Investment, ROI) 평가모델을 <표 3-2>와 같이 제안하였다. 교육 투자수익률 평가는 교육 프로그램의 개발 및 운영에 들어간 프로그램의 비용 대비 교육 프로그램을 실시한 이후에 발생한 프로그램의 편익을 평가하는 것이다. Phillips(1997)는 본 모델에서 1수준을 반응 및 계획된 행동(reaction & planned action) 평가, 2수준을 학습(learning)평가, 3수준을 직무적용(job application) 평가, 4수준을 비즈니스 결과(business results), 5수준을 투자수익률(ROI: return on investment) 평가라고 명명하였다. 여기서 1에서 4수준은 Kirkpatrick의 4수준 평가모형에서 제안한 각 수준의 개념과 동일하다.

1수준은 반응 및 계획된 행동 평가로 교육과정에 대한 교육 참가자들의 반응을 측정하고 결과를 실행하기 위한 구체적인 계획을 수립하는 단계의 평가이다. 2수준은 학습평가로 교육 참가자들의 지식, 기술, 태도변화를 측정하는 단계이다. 3수준은 직무적용 평가로 훈련결과에 대한 현업의 행동변화를

표 3-2　　Jack Phillips 5수준 평가모형

구분	정의
1수준: 반응 및 계획된 행동 (reaction & planned action)	교육과정에 대한 교육 참가자들의 반응을 측정하고 결과를 실행하기 위한 구체적인 계획을 수립하는 단계의 평가
2수준: 학습평가 (learning)	교육 참가자들의 지식, 기술, 태도변화를 측정
3수준: 현업적용 평가 (job application)	훈련결과에 대한 현업의 행동변화를 측정하는 단계
4수준: 사업결과 평가 (business results)	교육결과가 사업에 미치는 영향을 측정하는 단계
5수준: 투자 회수율 평가 (return on investment)	교육 과정에 대한 재정적인 결과의 가치와 소요된 비용을 보통 %를 사용하여 측정하는 단계

측정하는 단계이다. 4수준은 비즈니스 결과 평가 단계는 교육결과가 사업에 미치는 영향을 측정하는 단계이다. 마지막 5수준 투자수익률 평가는 교육 과정에 대한 재정적인 결과의 가치와 소요된 비용을 보통 %를 사용하여 측정하는 단계이다.

Phillips(1997) 모델의 핵심은 교육에 대한 투자수익률을 평가하는 것이다. 교육 투자수익률 평가는 교육 프로그램의 개발 및 운영에 들어간 프로그램의 비용 대비 교육프로그램을 실시한 이후에 발생한 프로그램의 편익을 평가하는 것이다. 이러한 투자수익률(ROI)은 프로그램이 창출한 순이익(이익－비용)에 100을 곱한 것을 프로그램에 투입된 비용으로 나누어 산출한다.

※ ROI 계산

$$ROI(\%) = \frac{\text{프로그램이 창출한 순이익(이익 － 비용)}}{\text{프로그램에 투입된 비용}} \times 100$$

이러한 ROI를 통해 교육이 조직의 성과에 얼마나 기여했는지를 확인할 수 있고, 교육 프로그램 투자비용에 대한 판단을 내릴 수 있다. 또한, ROI는 교육 프로그램에 대한 경영진의 이해와 의사결정의 근거를 제공한다. 궁극적으로는 Phillips는 HRD 부서를 비용이 드는 조직에서 이익을 내는 조직으로 전환시키는 것이 중요하다고 강조한다.

ROI를 체계적으로 산출하기 위해서는 ROI 프로세스 모형에 따라 평가를 실시하는 것이 필요하다. ROI 프로세스는 평가계획 수립, 자료수집, 자료분석, 전체 효과분석 등의 단계로 구성되어 있다. 여기서 가장 중요한 프로세스는 자료분석 단계에서 HR 프로그램의 효과를 분리하여 금전적 가치로 자료를 전환하는 것이다. ROI에서는 이를 위해 다양하게 금전적 효과를 분리하는 방식을 제안하고 있다. 그러나 ROI는 과거 가시적인 성과에 초점을 맞추기 때문에 교육의 미래 가치를 간화하는 측면이 있으며, 실제로 이러한 방법을 활용하여 금전적 효과를 분리하고 ROI를 산출하는 일은 어렵기 때문에 높은 전문성과 조직의 설득이 필요하다. 이러한 이유로 교육의 ROI 평가를 실제 기업 등에서 많이 활용하고 있지는 않다.

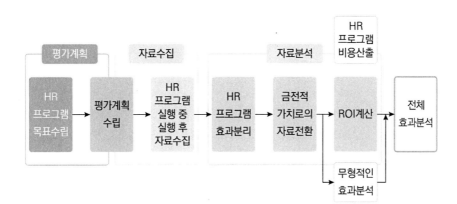

그림 3-3 　투자수익률 프로세스 모형(Phillips, 1997)

03
과정중심 평가모형

가. CIPP 모형

CIPP 평가모형은 대표적 의사결정 또는 과정모형으로 교육프로그램의 수요분석, 계획, 실행, 결과 등 전체적 국면을 종합적으로 평가하여 의사결정자에게 대안선택의 유용한 정보를 제공하는 포괄적인 평가 틀로 활용된다 (Stufflebeam, 1971). CIPP 평가모형은 관리자들이 네 가지 상이한 국면 즉, 상황(Context), 투입(Input), 과정(Process), 산출(Product) 측면에서 보다 '합리적인 의사결정'을 할 수 있도록 도와주는 평가모형이다. <표 3-3>과 같이 CIPP 모형은 계획 단계에서 추구해야 하는 목표를 설정하고 구성하는 것과 관련된

표 3-3   CIPP 모형 평가내용 및 평가질문 예시

구분	평가내용	평가질문 예시
C: 상황평가 (context evaluation)	목표와 우선순위를 정하고, 요구, 문제 그리고 기회를 평가함	프로그램은 어떤 목표와 미션을 가지고 수행되고 있는가?
I: 투입평가 (input evaluation)	프로그램을 설계하고 자원을 배분하기 위한 수단으로서 필요에 부합하는 대안적인 방안을 평가함	프로그램에 투입되는 자원은 적절한가?
P: 과정평가 (process evaluation)	계획에 대비하여 활동들을 이끌 수 있는 실행 수준을 평가함	프로그램이 의도대로 실행되고 있는가?
P: 산출평가 (product evaluation)	의도되거나 의도하지 않은 결과물이 무엇인지 그리고 효과적인지를 평가함	프로그램 산출 결과물은 무엇인가?

상황평가(Context evaluation), 설정된 목표와 요구를 성취하는 데 필요한 수단을 구체화하기 위한 투입과 관련된 투입평가(Input evaluation), 설계한 데로 실행하고 있는지를 평가하는 과정평가(Process evaluation), 그리고 프로그램을 존속할지 아닐지를 결정하는 산출평가(Product evaluation)의 네 가지 영역을 평가하여 원하고자 하는 정보를 얻고자 하는 평가의 틀이다(황정규, 2000).

CIPP 평가모형은 의사결정의 내용과 성격에 관심을 두고 그에 부합하는 다양한 정보와 자료를 수집하고 제공하는 데 초점을 맞추고 있어서, 교육활동과 관련된 최적의 의사결정을 하는데 적합한 평가진단 모형이다.

본 평가의 가장 중요한 목적은 "판단이나 입증"이 아닌 "개선"에 있다. 따라서 이해당사자들에 대해 개인의 감정과 무관하게 객관적인 입장을 유지할 것을 주문한다. 평가 대상은 프로그램, 프로젝트, 개인, 사물 등 넓은 범위로 적용 가능하며, 실제 평가는 상황, 투입, 과정, 산출 평가의 순서로 이루어지지 않는다(순서로 진행되었을 경우, 평가가 과장되거나 비효율적, 낭비적 역효과 가능성 있음).

CIPP 모형을 적용하고자 할 때, 평가자 입장에서 다음의 사항을 고려하여야 한다.

- 어떤 종류의 평가가 미래의 중요한 사안에 대한 의사결정을 내리는 데 도움이 되는가?
- 또한 과거에 내린 결정에 대한 적절한 검증을 위해서 이러한 평가가 필요한가?
- 필요한 평가는 기존의 정보로 충분한가?

또한, CIPP 모형에서 평가를 할 때 평가자와 의뢰인은 다음의 사항들을 결정해야 한다.

- 핵심 사용자는 누구인가? 또한 청중은 누구로 볼 수 있는가?
- 평가질문은 어떻게 정하는가?
- 평가 대상은? 관련된 가치와 기준은 무엇인가?

• 평가 시간과 장소, 재원 등 기타 여건은 무엇인가?

CIPP 평가를 진행할 때에는 평가 초기 정확한 합의 하에 평가를 진행해야 하지만, 필요시 평가 중간에 의뢰인과 협의해 연구를 수정하고 평가를 대상에 맞게 수정할 필요가 있다. 그리고 CIPP 평가는 전문적인 책무성과 개선을 필수적으로 동반하는 평가이다. 따라서 프로그램에 대한 약점과 강점을 알아야 구성원들이 프로그램, 서비스, 산출물 등을 개선할 수 있다.

국립환경인력개발원의 CIPP 모형 적용 사례

공공 인력개발원 중 국립환경인력개발원은 공무원 교육에 대한 효과성을 파악하기 위하여 CIPP 모형에 근거하여 환경교육에 대한 평가를 실시하였다(서우석, 김진모, 전영욱, 2007). 본 연구에서는 환경 관련 공무원에 대한 교육을 책임지는 국립환경인력개발원의 교육에 대해 필요한 의사결정을 내리기 위한 정보를 수집하고자 하는 목적으로 이루어졌다.

공무원 환경교육의 조사를 위해 활용한 CIPP의 평가지표는 다음과 같다. 상황요인에서는 공무원 환경교육의 문제점 및 정부의 교육요구를 평가하였다. 투입요인에서는 정책지원, 리더십, 네트워크, 시설 및 기자재, 예산, 교육담당자, 강사, 교육정보를 평가하였다. 과정요인에서는 요구분석, 설계, 개발, 실행, 평가를 평가하였고, 마지막 산출요인에서는 만족도와 효과성을 평가하였다. 이를 표로 나타내면 다음 <표 3-4>와 같다.

표 3-4   국립환경인력개발원 교육관련 평가지표

영역	평가지표
상황평가	• 공무원 환경교육의 문제점 • 정부의 교육요구
투입평가	• 정책지원(교육활동을 효과적으로 수행하기 위한 정책지원의 적절성) • 리더십(조직의 목적과 목적 달성을 위한 전략의 연계성) • 네트워크(외부 기관과 연계 및 협력적인 관계 형성 여부) • 시설 및 기자재(교육장소 및 시설, 기자재의 충분성)

	• 예산(교육프로그램 운영에 필요한 재원의 충분성) • 교육담당자(교육담당인력 수의 충분성) • 교육담당자(교육훈련 담당자들의 전문성 수준) • 강사(강사의 전문성) • 교육정보(프로그램 정보의 적절성) • 교육정보(강사정보의 충분성 및 적절성)
과정평가	• 요구분석 　- 요구분석 및 그 결과 활용 • 설계 　- 프로그램 목적과 목표의 명확한 기술 　- 교육프로그램 목적 및 목표에 학습자들이 학습해야할 내용과 학습 후의 행동변화에 대한 내용이 포함되도록 개발되는지 여부 　- 학습목표, 강사의 능력, 학습자, 학습상황을 고려하여 교수학습방법을 선정 　- 학습전이 계획 수립 여부 　- 학습전이를 위한 방법 사용 정도 　- 홍보계획 수립을 위한 학습자 분석 실시 여부 • 개발 　- 학습목표, 학습내용을 가장 잘 반영할 수 있는 학습자료(교재)를 선정하고 개발하는 여부 　- 학습자들에게 유용한 학습자료 선정 및 개발 여부 • 실행 　- 긍정적인 학습분위기 조성 　- 학습자 및 강사의 요구 등에 대한 즉각적인 피드백 시스템 보유 여부 　- 교육 후 지원 여부 • 평가 　- 학습자들의 학습을 신장시킬 수 있는 평가요소 선정 및 평가 여부 　- 프로그램 개선안을 마련 여부
산출평가	• 만족도 　- 프로그램 참여자들의 만족도 • 효과성 　- 프로그램 참여자들의 실생활 및 업무전이 효과성 　- 프로그램 참여자들이 받은 교육이 자신들의 업무에 기여 여부

나. 논리주도 모형

논리주도 평가(theory-driven evaluation)는 기존의 방법 위주의 평가 (method-driven evaluation)에서 벗어나 개별 프로그램에 내재하여 작용하는 프로그램 논리에 기초한 평가방법이다(김주후, 2003). 논리주도 평가는 프로그램이 작동하는 고유의 논리를 파악하고, 논리에 입각하여 평가를 실시할 때 보다 타당하고 유용한 평가 된다는 주장에 기초에 기초한다(Donaldson, 2002).

논리주도 평가는 프로그램의 목표와 산출 사이의 인과관계를 종합적으로 고려하고자하는 보다 상황 중심적이고 체계적인 접근이다. 논리주도 평가에서는 평가자가 프로그램 전반에 대한 선명한 그림을 그리도록 도와 평가를 효율적으로 진행한다. 프로그램의 투입요소, 프로그램 실시상의 구체적인 활동들, 중간 산출물, 최종 산출물 사이의 관계를 알게 되면 평가설계에 관련한 의사 결정을 용이하게 내릴 수 있기 때문이다. 논리주도 평가에서는 무엇을 목표로 평가를 실시해야 하는가, 언제 어떤 종류의 데이터를 수집해야 하는가에 대한 정보를 준다.

논리주도 평가는 기존의 평가에 비해 전체적 접근(holistic approach), 상황 대응성(contingency), 포괄성(inclusiveness), 민감성(sensitiveness)의 특징을 가진다(Donaldson, 2002). 논리주도 평가는 결과에만 초점을 맞춘 '블랙박스 접근'의 평가와 다르게 프로그램을 평가함에 있어 과정과 결과, 그리고 맥락을 고려한 전체적 접근이 가능하게 하며, 프로그램 논리를 활용하여 특정한 프로그램을 평가함에 있어 그에 맞는 특정한 일련의 평가 접근과 방법이 있는 환경을 이해하는 데 도움을 준다(Chen, 1990, 2005). 또한, 프로그램 관련자들과 협동함으로써 프로그램에 대한 요구, 주장, 관심(이해관계) 등을 포괄적으로 파악할 수 있게 해 주며, 구조, 과정, 성숙도, 환경, 이해관계자의 다양한 요구에 따라 평가방법을 유연하게 적용할 수 있는 지침을 제공한다(Chen, 2005).

논리주도 평가는 아래와 같이 평가의 준비, 프로그램 논리의 개발, 평가의 시행, 프로그램 논리의 검증 및 타당화, 평가결과의 종합 및 활용: 프로그램 논리의 일반화라는 5단계를 거쳐 실행된다.

① 평가의 준비
- 평가요구를 파악하기: 평가의뢰인 및 평가 관련자의 요구 파악하기
- 평가목적을 확인하기: 평가적 질문을 확인하기

② 프로그램 논리의 개발
- 평가 대상 프로그램에 대하여 파악하기: 프로그램 목표, 구조, 자원 등
- 프로그램 논리를 개발하기
- 평가가능성 사정하기(프로그램 논리의 명료화)

③ 평가의 시행
- 명료화된 프로그램논리에 따른 평가질문 형성하기 및 우선순위 정하기
- 평가질문에 답변하기: 프로그램 논리의 검증 및 타당화를 위한 설계
- 평가준거 설정하기: 근거자료 수집 계획

④ 프로그램 논리의 검증 및 타당화
- 평가자료 수집하기, 자료 분석 및 처리하기
- 평가기준 설정하기, 기준에 입각한 평가적 판단

⑤ 평가결과의 종합 및 활용: 프로그램 논리의 일반화
- 평가결과의 정리 및 보고

그림 3-4	논리주도 평가모형 예시

위스콘신 대학교(UW)의 논리주도 평가모형

- 미국 위스콘신 대학의 LOGIC 모형은 농촌지도사업 평가모형으로 1971년까지 활용된 USAID의 논리모형(Log Frame), 위계적 프로그램 효과 모형(the hierarchy of program effectiveness), 국가단위 장기 농촌지도사업 평가모형 등을 토대로 개발된 것임.

- 이 모형은 투입(input), 산출(outputs), 결과 및 효과(outcomes-impact)로 구성되어 있으며, 미국의 창업농 사업 및 4-H 리더 육성프로그램 평가 등에 활용되고 있음.

자료: Taylor-Powell, et al. 2008. Planning a Program evaluation.

04
통합적 평가모형

가. HRD 평가와 연구모델

Holton(1996)은 Kirkpatrick의 4수준 평가모델이 학문적으로 검증된 모델이라고 보기에는 치명적인 결함이 있다는 사실을 지적하면서 종합적인 평가모델로 HRD 평가와 연구모델(HRD evaluation and research model)을 제시하였다 (Holton, 2005). 상기 모델에서 Holton은 HRD의 성과를 학습(learning), 개인의 성과(individual performance), 조직의 성과(organizational performance)의 세 가지로 설정하였다. Holton에 따르면 HRD의 1차적 성과는 학습이고 이러한 학습 성과는 개인의 성과향상에 영향을 주고, 다시 개인 성과향상은 조직의 성과향상에 영향을 준다.

Holton(1996)은 또한 각 성과에 영향을 미치는 요인을 2차적 영향(secondary influence)요인, 동기(motivation)요인, 환경(environment)요인, 능력(ability)요인의 범주로 설정하였다. 2차적 영향요인이란 직접적이지는 않지만 주로 동기요인에 영향을 미치면서 HRD의 성과에 간접적으로 영향을 미치는 요인을 말한다. 이러한 2차적 영향요인에는 학습자 특성(learner characteristics), 직무태도(job attituds), 학습준비도(learner readiness) 등과 같은 요인이 있다. 동기요인이란 학습과 성과를 창출하고자 의도적으로 노력하는 요인으로 학습동기(motivation to learn), 학습전이동기(motivation to transfer), 성과전이노력(transfer effort‑performance) 등이 있다. 환경요인이란 학습과 개인의 성과에 영향을 주는 업무 환경적 요인을 뜻하는 것으로 구체적으로는 피드백(feedback), 동료지원(peer support), 상사지원 (supervisor's support), 변화개방성(openess to change), 개인의 긍정적인 성과(performance outcomes‑positive), 개인의 부정적인 성과(performance outcomes‑negative), 상사의 제재(supervisor sanctions) 등이 있다. 마지막으로 능력요인이란 학습과 성과를 창출할 수 있는 HRD의 능력과 관련된 요인으로 학습콘텐츠의 유효성(content validity), 전이를 위한 학습설계(transfer design), 전이를 위한 개인적 역량(personal capacity for transfer), 학습으로 습득한 지식의 활용기회(opportunity to use) 등이 있다. (<그림 3-5> 참고)

그림 3-5   Holton의 HRD 평가와 연구모델

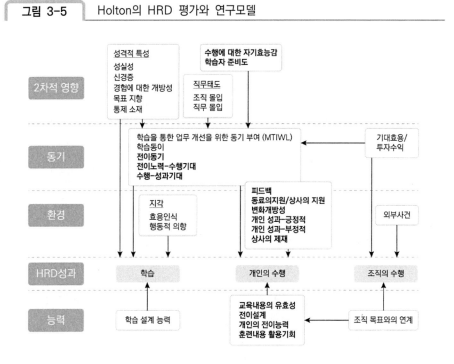

Carnes(2010)는 학습전이와 관련하여 학습 전, 학습 중, 학습 후의 학습전이와 관련한 요인들을 잘 관리하는 것이 학습의 성과를 창출하는 데 중요하다는 점을 강조하였다. 학습 전에 학습과 관련된 요인은 크게 학습자 특성 영역과 환경 및 지원의 영역이다. 학습 전에는 교육의 내용과 조직의 전략, 미션, 목표 등을 교육 프로그램과 연계하여 제시해 주는 것이 필요하다. 또한, 이전 참가자들의 교육 프로그램에 대한 긍정적인 느낌 등을 수업시작 전에 공유하는 전략 또한 필요하다. 그리고 학습은 잘 된 교수전략과 함께 시작하는 것이 중요하다. 학습 중에는 학습목표를 명확하게 제시하고 교육 프로그램 마지막에 학습한 내용을 요약해 주는 것이 필요하다. 또한, 학습자들에게 현업에 적

용할 수 있는 것이 무엇인지 성찰하게 만들고 필요시에는 무엇을 배웠는지, 그것을 어떻게 활용할 것인지 고민해보도록 만드는 것이 중요하다. 학습 후에는 트레이너 등을 활용하여 학습 후에 배운 내용들을 리마인드할 수 있도록 하는 것이 필요하다. 또한, 교육 후 업무에 적용할 것이 무엇인지 체크리스트를 만들고, 상사에게 복사본을 보내는 등 상기를 시키고 이를 잘 지키면 보상을 해 줄 수 있도록 하는 전략이 필요하다.

나. 메타평가

메타평가(meta evaluation)는 평가에 대한 평가(evaluation of evaluation)로 (Orata, 1940; Scriven, 1991), 현재 행해지고 있거나 이미 행해진 평가에 대한 재평가를 의미한다. Davidson(2005)은 메타평가를 평가 주체가 실시한 일차적인 평가에 대해 평가 자체의 강점과 약점은 물론 그 평가의 전반적인 유용성, 정확성, 타당성, 실행가능성 등에 대한 비평적인 평가로 정의하기도 하였다.

메타평가를 실시하는 주된 목적은 평가의 품질을 확보하는 것이다. 따라서 메타평가는 평가의 질 관리를 위해 형성적 기능, 총괄적 기능을 총괄적으로 수행하는 평가 체제라 할 수 있다(Stufflebeam, 1981). 메타평가를 통해 얻고자하는 바가 무엇인지에 따라, 메타평가 기준과 범위를 설정할 수 있으며, 이에 따라 최종적으로는 평가품질 제고의 목적을 달성하게 되는 것이다.

메타평가의 대상은 평가 체제, 평가 자체, 평가 결과 등으로 구분할 수 있다. 평가 체제에 대한 평가는 평가의 투입, 과정, 산출물, 피드백 등 평가 체제의 전 구성요소를 분석하고 기능의 효율성을 평가하는 것을 말한다(Larson & Berliner, 1983; 제갈돈, 송건섭, 2008).

김병철(2009)은 평가환경(Environment), 평가투입(Input), 평가수행(Process), 평가활용(Utilization)으로 구성된 메타평가모형을 제시하였다. 평가환경은 평가근거, 평가목적, 평가주기를 항목으로 포함하고 있는데, 이는 일부 평가기획 과정의 평가설계 요소와, 평가수행환경의 법적, 제도적 기반을 점검하기 위함이다. 즉, 평가의 법적근거가 명료하게 구성되어 있는지, 시행지침, 가이드라인이 합리적으로 규정되어 있는지가 이에 해당한다. 또한 평가목적 부분에서는 이해관계자들이 평가를 쉽게 이해할 수 있도록 평가목적이 명료한지, 성과향상 등

표 3-5 김병철(2009)의 메타평가모형

영역	평가항목	평가지표
평가 환경	평가근거	평가법적 근거의 명료성/평가관련 법규내용의 합리성
	평가목적	평가목적의 명료성/평가목적의 합리성
	평가주기	평가주기의 합리성/평가지표별 평가주기의 신축성
평가 투입	평가역량	평가추진체계의 기능적 적정성/평가단 구성의 적절성/평가이해관계자 파악의 적절성
	평가자료	평가자료의 양적, 질적 적절성
	평가시간	서면평가 및 실사평가 시간의 충분성/평가편람 배포시기의 적절성
평가 수행	평가내용	평가항목 및 지표 구성의 적절성/평가항목의 연차별 일관성 유지정도/평가배점 선택의 신축성
	평가절차	평가절차의 합리성/평가기준 설명의 적절성/평가자와 대상자 간 의사소통의 충분성
	평가방법	평가기준 판단 근거의 명료성/평가방법의 적절성
	평가보고서	평가보고서 구성 및 내용의 합리성/평가보고서 결론 및 제언의 적정성
평가 활용	평가결과 확정	평가결과 확정 절차의 적절성/평가등급 산정의 합리성
	평가결과 보고	평가결과 보고체계의 명료성/평가보고서 배포의 적절성/평가결과 공개범위 및 수준의 적절성
	평가결과 활용	평가활용에 대한 법, 제도적 근거의 명료성/평가자 측면의 평가결과 활용의 충분성/평가 대상자 측면에서 평가결과 활용의 충분성
	평가시스템 개선	평가시스템에 대한 평가 및 개선활동의 적절성

조직의 발전에 부합하도록 합리적으로 제시되어 있는지를 포함한다. 평가주기는 피평가자가 피로감을 느낄 정도인지, 또는 평가의 목적을 달성할만한 시기를 합리적으로 선별하였는지를 포함하고 있다. 평가투입요소는 평가자의 역량, 구성, 전문성 항목과 함께, 평가자료의 질적·양적 적절성, 평가시간의 충분성 등을 포함하고 있다. 평가수행 부분은 평가설계(Design)와 가장 밀접하게 연관이 되는 평가항목, 지표 등을 포함한 평가내용, 평가절차, 평가방법, 평가보고서 구성 및 내용을 포함하고 있다.

평가의 활용부분은 평가환류(Feedback)체계를 종합적으로 판단할 수 있는 근거가 되는 항목들로 구성되어 있는데, 먼저 평가결과 확정 절차 및 등급산정의 합리성을 포함하는 평가결과 확정, 결과보고체계 및 배포의 적절성, 공개범위 등을 포함하는 평가결과보고(Reporting)부분, 평가결과의 활용측면, 평가시스템 개선활동 측면 등을 포함하고 있다.

✔ 그룹토의

 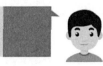

대표 평가모형 알기

결과중심 평가모형인 Kirkpatirck 모형과 Phillips 모형을 비교 설명하시오.

05 활동지
직업능력개발훈련프로그램 평가의 이론

학과:　　　　　　학번:　　　　　　이름:

※ 대표적인 평가모형인 Kirkpatrick 모형과 Phillips 모형에 대해 비교 설명하시오.

2부

직업능력개발 훈련프로그램 평가

제**4**장

직업능력개발 훈련프로그램 평가모델 및 평가 핵심 요소

≫ 학습목표

1. 직업능력개발 훈련프로그램 평가의 모델에 대해 설명할 수 있다.

2. 직업능력개발 훈련프로그램 평가절차에 대해 설명할 수 있다.

3. 직업능력개발 훈련프로그램 평가영역을 설정할 수 있다.

4. 직업능력개발 훈련프로그램 평가계획을 수립할 수 있다.

5. 직업능력개발 훈련프로그램 평가자료 수집 방법 및 도구를 설명할 수 있다.

01
훈련프로그램 평가모델

　　직업능력개발 훈련프로그램 평가는 훈련의 특성 및 훈련의 성과를 고려할 때 다음과 같은 5단계 수준으로 제시할 수 있다. 이러한 5단계 평가모델은 기존의 교육 프로그램 평가모델에다가 훈련의 특성을 감안하여 모형을 구성하였다. 5단계 프로그램 평가의 평가영역 및 평가수준은 다음과 같다(<표 4-1> 참고).

- 1수준은 훈련만족도 평가로 훈련에 참가한 이해관계자들이 훈련에 어느 정도 만족하고 있는지를 평가한다.
- 2수준은 훈련성취도 평가로 훈련에 참가한 훈련생들이 실제적으로 훈련에서 요구되는 역량(지식, 기술, 태도)을 습득하였는지의 여부를 판단하는 평가다.
- 3수준은 훈련성과 평가로 훈련프로그램과 직접적으로 연계된 성과를 의미한다. 일반적으로 훈련으로 인해 얻은 훈련기관, 훈련생의 성과를 말한다. 즉, 훈련생들이 훈련프로그램과 관련하여 중도탈락 없이 성공적으로 프로그램을 이수를 하였는지? 훈련의 결과로 요구되는 자격증을 취득하였는지? 훈련의 성과로 취업에 성공하였는지? 그리고 취업 기업에서 탈락 없이 취업을 지속적으로 유지하고 있는지? 등의 내용을 판단하는 평가이다.
- 4수준은 훈련전이도 평가로 훈련생이 취업한 이후에 취업 기업에서 훈련에서 습득한 역량(지식, 기술, 태도)을 지속적으로 잘 사용하고 있는지를 판단하는 평가이다. 즉, 훈련결과를 실제 현업에서도 잘 활용하고 있는지의 여부 및 어느 정도 수준으로 활용하고 있는지를 판단한다. 이러한 훈련전이도 평가를 통해 훈련기관을 훈련프로그램의 수정 및 변경을

위한 요구분석을 실시할 수 있다.

- 5수준은 사업성과 평가로 훈련생이 취업한 이후에 해당 취업 기업에서 어떠한 성과를 창출하였는지를 평가한다. 즉, 훈련의 조직에의 기여도를 판단한다. 훈련생이 취업 기업에 입사한 후 생산성, 매출, 품질, 효율성 등이 어떠한 수준으로 변화되었는지를 평가한다. 취업한 기업에서 새로운 훈련생의 취업으로 이러한 지표들에 긍정적인 변화가 있었다면, 훈련기관을 통해 훈련생을 지속적으로 채용할 가능성이 높아진다.

표 4-1 직업능력개발 훈련프로그램 평가모델

훈련수준	1수준 (훈련만족도)	2수준 (훈련성취도)	3수준 (훈련성과)	4수준 (훈련전이도)	5수준 (사업성과)
평가영역	• 훈련만족도 • 훈련의 활용의도 및 가치	• 훈련 내용의 성취도 • 훈련 내용의 활용능력	• 훈련의 결과 • 훈련으로 인해 얻은 훈련기관, 훈련생 성과	• 훈련 결과의 현업활용여부 및 수준 • 훈련 결과 활용의 촉진 및 장애요인	• 훈련의 조직 기여도
평가지표	• 관련성 • 중요성 • 유용성 • 적절성 • 활용의도 및 가치	• 지식 • 기술 • 태도	• 훈련이수율 • 중도탈락율 • 자격취득율 • 취업률 • 취업유지율	• 활용범위 • 과업완수 • 활용빈도 • 완수행동 • 활용 성공 정도 • 활용 장애/촉진 요인	• 생산성 • 매출액 • 품질 • 시간 • 효율성 • 고객만족도 • 종업원 참여
평가이해 관계자	• 훈련 참가자 • 훈련 담당자 • 강사	• 훈련 참가자 • 직속 상사 • 부서 관리자	• 훈련 참가자 • 훈련 담당자 • 강사 • 인사 담당자	• 직속상사 • 현업부서 관리자 • 훈련 담당자	• 직속상사 • 관리자 • 현업 부서 임원

02
훈련프로그램 평가의 핵심 요소

가. 평가의 개념과 핵심 요소

직업능력개발 훈련프로그램 평가란 훈련목표 달성 여부를 확인하기 위하여 훈련목표를 상세화하고, 일정한 평가절차에 따라 평가영역, 평가계획, 평가도구를 결정하고 실행하는 과정이다. 따라서 일반적인 훈련프로그램 평가의 핵심 요소는 평가절차, 평가영역, 평가계획, 평가도구이다.

그림 4-1　훈련프로그램 핵심 요소

03
훈련프로그램 평가절차

가. 훈련프로그램 평가절차 개요

일반적인 교육 프로그램을 평가하기 위한 절차는 학자마다 다르게 제시하고 있다. Basarab과 Root(1992)는 프로그램 평가절차를 평가계획, 평가 개발, 평가자료 획득, 평가자료 분석, 평가결과 보고의 5단계로 제시하고 있다. Russ-Eft와 Preskill(2001)은 프로그램 평가절차를 평가계획 및 평가목적 개발, 평가설계 선정, 자료수집 방법 선택(관찰, 조사, 인터뷰 등), 평가자료 분석의 4단계로 제시하고 있다. 훈련프로그램의 투자회수율을 강조한 Phillips와 Stone(2001)은 프로그램 평가절차를 교육훈련목표 수립, 평가계획과 기준선자료 개발, 교육훈련 중 자료수집, 교육훈련 후 자료수집, 교육훈련 효과 분리, 자료의 화폐가치 전환, 교육훈련 비용파악, ROI 계산, 무형의 수익(측정치) 파악, 효과 연구 산출 등의 10단계로 구성하여 제시하고 있다.

배호순(1994) 교육 프로그램 평가절차를 평가근거 및 목적 확인(평가의 정당화), 평가대상 및 내용 확인(평가준거의 설정), 평가전략의 결정(평가활동의 기획 및 설계), 평가자료 수집 계획(자료수집 및 방법의 준비), 평가자료 수집활동 전개, 자료의 분석 및 판단(평가기준 및 규칙의 설정과 평가적 판단 실시), 평가결과보고 등의 순서로 제시하고 있다. 배을규(2012)는 교육 프로그램 평가절차를 요구분석, 교육훈련목표 구체화, 교육훈련평가 전략(계획)수립, 교육훈련평가 도구개발, 교육훈련평가자료 수집, 교육훈련평가자료 분석, 교육훈련평가 결과 해석 및 보고 등의 7단계로 나누어 제시하고 있다. 다음의 <표 4-2>는 여러 학자들이 제시한 교육 프로그램 평가절차이다.

표 4-2   교육 프로그램 평가절차

연구자	절차
Basarab & Root(1992)	평가계획, 평가 개발, 평가자료 획득, 평가자료 분석, 평가결과 보고
Muraskin(1993)	평가소비자 확인, 평가질문의 선정, 평가실행계획서 작성, 평가 자원 확보, 평가 실제 문제 도출, 외부자문 요청, 자료수집 방법 과 도구 선정, 평가결과 분석과 보고
Fink & Koseoff(1998)	신뢰할 수 있는 평가질문의 설정, 평가설계의 구성, 정보수집 계획, 평가정보의 수집, 정보분석의 계획과 실행, 평가정보의 보 고, 평가활동의 관리
Russ-Ef & Preskill(2001)	평가계획 및 평가목적 개발, 평가설계 선정, 자료수집방법 선택 (관찰, 조사, 인터뷰 등), 평가자료 분석
Phillips & Stone (2001, 2002)	교육훈련목표 수립, 평가계획과 기준선 자료 개발, 교육훈련 중 자료수집, 교육훈련 후 자료수집, 교육훈련 효과 분리, 자료의 화폐가치 전환, 교육훈련 비용 파악→ROI 계산 ←무형의 수익 (측정치) 파악, 효과연구 산출
배호순(1994)	평가근거 및 목적 확인(평가의 정당화), 평가대상 및 내용 확인 (평가준거의 설정), 평가 전략의 결정(평가활동의 기획 및 설 계), 평가자료 수집 계획(자료수집 및 방법의 준비), 평가자료 수집활동 전개, 자료의 분석 및 판단(평가기준 및 규칙의 설정 과 평가적 판단 실시), 평가결과 보고
변창진외(1996)	평가계획 수립, 평가목표 진술, 평가설계 설정, 평가도구 제작, 평가자료 수집, 평가결과 분석, 평가결과 보고, 평가결과 활용
김진규(2002)	준비, 기획, 자료수집, 자료분석, 결과보고
배을규(2012)	요구분석, 교육훈련목표 구체화, 교육훈련평가 전략(계획)수립, 교육훈련평가도구개발, 교육훈련평가자료 수집, 교육훈련평가자 료 분석, 교육훈련평가결과 해석 및 보고

이상을 종합할 때 직업능력개발 훈련프로그램에서도 평가절차의 핵심 요소는 훈련목표 구체화, 평가계획 수립, 평가도구개발, 평가자료 수집, 평가자료 분석, 결과해석 및 보고 등의 7가지 절차로 볼 수 있으며, 이를 기반으로 직업능력개발 훈련프로그램 평가절차를 설정하였다.

| 그림 4-2 | 직업능력개발 훈련프로그램 평가절차 |

| 훈련목표
구체화 | 평가계획
수립 | 평가도구
개발 | 평가자료
수집 | 평가자료
분석 | 결과해석
및 보고 |

직업능력개발 훈련프로그램 평가의 첫 번째 단계는 훈련목표 구체화이다. 본 단계에서는 직업능력개발 훈련의 목표를 확인하고 설정한다. 두 번째 단계는 평가계획 수립이다. 평가계획 수립에서는 직업능력개발 훈련의 목표와 연계된 평가영역 및 지표를 확인하고 평가에 관한 세부 계획을 수립한다. 세 번째 단계는 평가도구개발이다. 평가도구개발 단계에서는 평가와 관련된 자료를 수집하기 위하여 적절한 도구가 어떤 것인지를 확인 후 평가도구를 선정하여 제작한다. 네 번째 단계는 평가자료 수집이다. 평가자료 수집 단계에서는 프로그램 평가와 역량평가의 단계 등을 고려하여 평가자료를 수집한다. 다섯 번째 단계는 평가자료 분석이다. 본 단계에서는 수집한 평가자료를 평가목적에 맞게 정리하여 분석한다. 마지막 여섯 번째 단계는 결과해석 및 보고이다. 결과해석 및 보고 단계에서는 직업능력개발 훈련 평가결과를 이해관계자들에게 알리고 환류를 실시한다.

나. 훈련프로그램 평가절차 세부 내용

(1) 훈련목표 구체화

훈련프로그램 훈련목표 구체화 단계에서는 각각의 직업능력개발 양성과정 또는 향상과정의 훈련목표를 확인하고, 구체적인 직업능력개발 프로그램 평가의 목적을 확인한다. 특히, NCS 과정인 경우에는 NCS 학습모듈에서 설정한 능력단위, 능력단위 요소, 수행준거 등에 근거해서 설정한 훈련목표를 확인한다.

(2) 평가계획 수립

훈련프로그램 평가계획 수립 단계에서는 훈련의 평가영역 및 평가지표를 선정한다. 직업능력개발 훈련을 위한 평가모형의 1수준과 5수준 사이에서 몇 수준을 대상으로 평가를 실시할지 결정하고, 평가영역별 평가지표 및 기대수준을 결정한다. 직업능력개발 훈련프로그램 평가를 대비해 이수자 평가와 NCS기반 역량평가를 참고하여 평가계획을 수립한다.

평가계획을 수립할 때에는 훈련 평가설계, 평가도구개발, 자료수집 계획 및 절차, 결과분석 방법, 필요자원 등을 탐색한 후, 최종적으로 검토한 사항을 정리하여 평가계획을 수립하고 구체적인 계획서를 작성한다. 평가계획 수립에는 평가 실시 일정을 포함하여 수립한다.

(3) 평가도구개발

훈련프로그램 평가도구개발 단계에서는 평가목적과 내용에 비추어 여러 평가방법들 또는 측정도구들 중에서 어느 것을 활용하여 필요한 정보, 데이터를 수집할 것인가를 먼저 검토한다. 이후 최종적으로 평가방법을 결정한 후 가장 적합한 평가도구를 선정하고 제작한다.

평가도구개발 단계에서는 훈련이수자 평가 및 NCS기반 역량평가에 바탕을 두고 훈련 평가영역 및 지표별로 설문지, 시험, 인터뷰, 역량평가 등의 평가도구를 개발한다.

(4) 평가자료 수집

훈련프로그램 평가자료 수집 단계에서는 평가계획 수립 단계에서 설정한 계획에 근거하여 훈련 평가자료를 수집한다. 주로 훈련만족도, 훈련성취도(역량평가), 훈련전이도, 훈련성과 등과 관련된 평가자료를 수집한다.

(5) 평가자료 분석

훈련프로그램 평가를 통해 수집된 훈련프로그램 평가자료를 대상으로 체계적인 분석을 실시한다. 수집단계에서 수집한 양적 자료, 질적 자료 등을 평가목적에 맞게 정리하고 분석한다. 가장 많이 쓰이는 양적 자료는 백분율(%), 평균, 빈도, 표준편차, 집단 간 차이 등이다. 질적 자료는 질적 분석을 실시한다.

(6) 결과해석 및 보고

훈련프로그램 평가의 마지막 단계는 훈련프로그램 평가자료 분석에 대한 결과를 해석하고 이를 보고서로 만들어 보고하는 것이다. 훈련프로그램의 평가결과는 훈련과 관련된 여러 이해관계자에게 알려야 하며, 훈련 결과를 바탕으로 환류를 위해 시사점을 도출하고 다음 차수의 훈련프로그램 설계 및 운영을 위한 개선 방안을 제안한다.

04
훈련프로그램 평가영역

　　직업능력개발 훈련프로그램의 평가를 설계할 때에는 훈련프로그램 평가모델에 기초하여 1수준에서 5수준의 평가영역 중에서 몇 수준까지 평가를 실시할 것인지를 설정하여야 한다.

　　현재 1수준 훈련만족도 평가는 훈련프로그램이 끝나면 HRD-Net에서 모든 훈련생을 대상으로 실시하고 있다. 그러나 훈련기관은 자체적인 훈련의 만족도를 평가하기 위해 별도로 훈련생을 대상을 1단계 평가를 실시하는 것이 바람직하다. 2수준 훈련성취도 평가는 NCS과정의 경우 역량평가를 통해 모든 과정에서 실시하고 있다. 그러나 비NCS과정의 경우에도 역량평가를 기반으로 한 훈련성취도 평가를 실시하는 것이 필요하다. 3수준 훈련성과는 모든 훈련기관에서 중요하게 생각하고 있고, 고용과 관련된 정부 사업에서는 필수적으로 평가해야 하는 부분이다. 모든 훈련기관 및 훈련생이 평가해야 하는 1차 목표는 우선적으로 훈련성과 평가라 할 수 있다. 4수준의 훈련전이도 평가는 훈련생이 취업한 기업에서 어느 정도 훈련에서 배운 것을 적용해서 일을 하고 있는지 평가하는 것이므로 훈련프로그램을 개선할 때 유용한 자료로 활용될 수 있다. 따라서 되도록 4수준 평가를 통해 훈련프로그램의 실효성을 주기적으로 평가해 볼 필요가 있다. 5수준 사업성과 평가는 훈련의 궁극적인 목적이라 할 수 있다. 훈련생을 대상으로 직업능력개발 훈련프로그램을 만들어 제공하는 이유는 개인과 기업의 성과향상이다. 훈련생은 습득한 직업능력을 바탕으로 취업을 통해 개인의 삶을 풍요롭게 영유함과 동시에 지속적으로 역량을 발휘하여 개인의 성과를 높여야 할 것이다. 기업은 이러한 인적자원을 바탕으로 조직의 성과를 창출하여야 하며, 이러한 것이 유기적으로 접목될 때, 훈련의 궁극적인 성과는 극대화될 것이다.

05
훈련프로그램 평가계획

가. 평가계획 수립의 목적

직업능력개발 훈련프로그램의 평가계획을 수립하는 목적은 훈련을 실시하기에 앞서 훈련 평가의 목적, 용도, 이해관계자(평가결과보고 대상), 훈련 평가의 수준·영역·지표, 평가설계, 평가도구, 평가 시점, 평가 담당자를 결정하여 훈련 평가 실시의 효율성과 효과성을 향상시키기 위함이다.

나. 평가계획 수립 주요 내용

직업능력개발 훈련프로그램의 평가계획을 수립할 때에는 다음의 내용들이 평가계획 안에 포함되어야 한다.

| 그림 4-3 | 직업능력개발 훈련프로그램 평가계획안 |

- 훈련 과정명
- 훈련 평가영역 및 지표
  (1, 2, 3, 4, 5 수준평가 결정, 수준/영역별평가지표 및 기대수준결정)

- 훈련 평가목표, 평가설계, 평가도구, 자료수집 방법 및 절차, 평가자료 분석

- 평가 실시 일정

평가계획안
과정명:
교육훈련목표:
Ⅰ. 평가영역 및 지표
1. 평가영역
2. 평가지표
Ⅱ. 평가계획
1. 평가목표
2. 평가설계
3. 평가도구
4. 자료수집 방법 및 절차
5. 평가자료 분석
Ⅲ. 평가 실시 일정

06
훈련프로그램 평가도구

가. 평가도구

훈련프로그램의 평가를 위한 자료 수집 방법은 실로 다양하다. 기본적으로 NCS기반의 훈련프로그램은 역량평가를 실시하기 때문에 역량평가에서 제시하는 평가자료 수집방법 및 도구를 활용하여 훈련에 대한 평가자료를 수집할 수 있다. 그러나 직업능력개발 훈련을 포함한 일반적인 교육에서는 설문지, 인터뷰, 관찰, 포커스 그룹 인터뷰, 시험, 사례연구 등의 평가도구를 활용하여 평가자료를 수집한다. 다음은 일반적인 교육훈련 상황에서 많이 활용되는 평가도구에 대한 설명이다.

(1) 설문지

설문지는 가장 광범위하게 사용되는 평가자료 수집 방법 및 도구 중 하나이다. 설문지는 최대한 많은 사람들로부터 비교적 용이하게 필요한 자료 수집 가능하고, 수집된 자료를 빠른 시간 내에 분석할 수 있다는 장점이 있다.

직업능력개발 훈련에서는 훈련생으로 하여금 훈련내용, 방법, 환경, 강사 등에 대한 만족도, 훈련 내용의 중요성, 활용 가치에 대한 인식도, 훈련 내용의 활용 의도 등을 평가하는 데 사용가능하다.

직업능력개발 훈련프로그램에서는 설문지를 보통 1수준(훈련만족도) 평가, 4수준(훈련전이도) 평가에서 많이 사용한다.

(2) 인터뷰

인터뷰는 설문지만큼 널리 활용되며, 설문지보다 상황에 따라 유연하고

용이하게 사용 가능하다. 인터뷰는 수집하고자 하는 정보가 모호하거나 더 깊이 있는 정보가 요구될 때, 구체적 상황과 심층적인 의미를 파악하는 데 유익하다.

인터뷰는 대개 4수준(훈련전이도) 평가에서 훈련생의 훈련결과가 현업직무에 활용되는 정도를 평가하기 위해 훈련생의 직속상사를 대상으로 사용한다. 필요한 경우에는 1수준(훈련만족도) 평가를 위해 훈련생을 대상으로도 사용될 수 있다.

(3) 관찰

관찰이란 일련의 과업을 수행하는 사람들을 지켜봄으로써 자료를 수집하는 방법이다. 관찰은 상세한 정보가 필요할 때, 습득한 기술사용의 정확성과 효과성을 측정할 필요가 있을 때 사용한다.

관찰에는 구조화된 관찰과 비구조화된 관찰이 있다. 구조화된 관찰이란 특정 행동이 정확하게 수행되었는지를 확인하고자 체크리스트를 활용하는 것이다. 반면에 비구조화된 관찰이란 정해진 체크리스트를 활용하지 않는다. 대신에 관찰된 것을 세부적인 설명과 함께 기록한다. 이러한 관찰은 4수준(훈련전이도)평가에 사용될 수 있다.

(4) 포커스 그룹 인터뷰

훈련 요구분석에서 가장 많이 사용되는 기법 중의 하나가 포커스 그룹 인터뷰이다. 포커스 그룹 인터뷰는 개인들로 구성된 집단으로부터 질적 정보를 수집하는데 용이하다. 포커스 그룹은 보통 8~12명의 비교적 동질적(교육수준, 권위 등)이지만 서로를 모르는 개인들로 구성한다. 포커스 그룹 촉진자는 집단 내 참가자로부터 제기된 아이디어나 이슈를 사용해 집단 내 다른 참가자로부터 반응을 얻어낸다. 포커스 그룹 인터뷰에서는 논의의 방향이 항상 인터뷰 진행자에서 인터뷰를 받는 사람으로 이어지기보다 집단 내 참가자들끼리의 대화가 자주 일어난다.

포커스 그룹 인터뷰는 훈련프로그램에 대한 개인의 반응 정보, 훈련생이나 기업의 요구나 환경을 좀 더 알고자 할 때, 요구사정이나 형성평가를 위한 모니터링에 유용하다. 포커스 그룹 인터뷰에서 참가자는 훈련에 대한 반응 뿐 아니라 새로운 방법을 제안하거나 현존 프로그램에 대한 문제를 제기할 수도 있다. 일반적으로 4수준(훈련전이도) 평가와 5수준(사업성과)평가에 사용할 수 있다.

(5) 시험

시험은 가장 오래된 훈련 평가방법이다. 시험은 훈련이 의도한 지식, 기술, 태도가 얼마나 변화했는지 측정할 수 있는 가장 효과적인 방법이자 도구이다. 시험은 지필시험, 구두시험, 퀴즈, 수행평가, 프로젝트/포트폴리오 평가 등의 형태로 다양하게 실시할 수 있다. 일반적으로 시험은 훈련생을 대상으로 한 2수준(훈련성취도) 평가에 사용된다.

(6) 사례연구

사례연구는 가장 오래된 평가방법 중 하나이다. 사례연구는 훈련의 장점과 단점을 파악하여 훈련이 훈련생, 훈련기관, 기업 등에 어떤 성과를 산출하였는지 파악하는 데 용이하다. 사례연구는 훈련생과 훈련생의 직속상사를 대상으로 4수준(훈련전이도) 평가와 5수준(사업성과) 평가를 위해 사용할 수 있다. Brinkerhoff(2002)는 사례연구를 평가에 체계적으로 접목시킨 성공사례평가방법(Success Case Method, SCM)을 개발하기도 하였다.

다음의 <표 4-3>은 각 평가자료 수집 도구의 장단점을 기술한 것이다.

| 표 4-3 | 평가자료 수집 도구의 장단점 | |

평가자료 수집도구	장점	단점
설문지	• 다양한 이슈를 다룰 수 있고, 평가자가 의도하는 자료를 쉽게 얻을 수 있도록 설계 가능 • 자료 수집 과정과 수집 자료 분석의 실시가 용이 • 정확한 자료 수집과 자료 분석이 가능	• 타당한 자료 수집이 불가능한 상황에서 오용 및 과용할 가능성 • 설문조사 참여율이 낮음에도 분석결과를 일반화시킬 수 있는 문제 발생 가능성 • 타당하고 신뢰할 만한 자료를 획득할

	• 많은 응답자를 확보 가능	• 수 있는 문항 개발의 어려움 • 응답자가 이해하지 못하는 부적절한 질문으로 부적절한 답변이나 미응답 문항 발생 가능성
인터뷰	• 평가하고자 하는 문제에 대한 심층적인 자료 확보 가능, 인터뷰 상황과 대상자에 따라 유연하게 활용 가능 • 사람의 행동을 유발하는 정서와 태도 파악 가능 • 인터뷰 대상자와 라포 형성으로 진솔한 자료 획득 가능 • 인터뷰 대상자의 관점에서 내면의 생각 파악 가능	• 인터뷰 진행자와 대상자 간의 라포 형성에 시간 소요 • 시간, 질문, 환경 등 인터뷰 준비가 철저하지 못할 경우, 부적절하거나 미비한 자료를 얻게 될 가능성 • 인터뷰 대상자가 솔직한 의견을 제시하기보다 진행자가 청취하고자 하는 것만을 제공할 가능성 • 인터뷰 자료를 전사하고 검토하는 데 많은 시간이 소요, 인터뷰 자료 자체의 주관적 특성으로 자료 분석과 결론 도출의 어려움
관찰	• 설문지나 표준화 검사에서 측정할 수 없는 개인의 내면적 특성 파악 가능 • 자기보고서에 의해서 얼을 수 있는 자료보다 더 정확한 자료를 얻을 수 있음	• 관찰자의 주관이 개입될 가능성이 높음 • 참여 관찰의 경우, 특히 관찰자에 의해 관찰 상황이 변화될 수 있음 • 많은 시간이 소요되는 편임
포커스그룹 인터뷰	• 개별 인터뷰보다 효율적 • 참가자들 간의 상호작용 촉진과 시너지 유발로 개별 인터뷰보다 풍부하고 질높은 자료를 획득할 가능성 • 중요한 훈련 이해관계자를 참여시킴으로써 해당 훈련과 훈련평가 활동에 대한 지지자를 확보할 가능성 • 겉으로 드러나지 않고, 평가자가 단독으로 접근이 불가능한 문제나 자료의 파악 가능	• 인터뷰 진행자의 전문성과 유연성이 요구됨 • 불충분한 계획으로 자칫 불평을 토로하는 자리가 되거나 주제와 상관없는 모임으로 전락할 가능성 • 참가자들이 평가 대상 모집단을 대표하지 못할 경우, 인터뷰 결과가 일반화되지 못할 가능성 • 참가자 중 특정 개인이 발언시간을 독점하거나 침묵하는 경우, 풍부하고 타당한 자료 획득이 어려울 가능성
시험	• 엄밀한 통계과학기법에 의한 시험 문항 개발, 실시, 분석이 가능 • 훈련이 개인 역량 증대에 미친 영향을 과학적으로 증명 가능 • 훈련 설계와 실시의 효과성을 객관적으로 판단 가능	• 타당하고 신뢰할 만한 문항 개발의 어려움 • 훈련 참가자(학습자)의 시험 불안, 시험평가 점수가 개인의 인사 관련 의사결정에 반영될 경우 발생 가능한 불만과 근심

	• 훈련 참가자 성취도 비교를 위한 준거 및 기준 개발이 가능	• 시험에 의한 학습자 변화 정도를 측정할 때, 엄밀한 평가설계가 어려움 (통제집단 확보, 사전시험의사후시험에 대한 영향 등)
사례 연구	• 실제적이고 생생한 경험 자료의 수집이 가능 • 오랜 역사를 가진 평가도구로서 관련 참고문헌이 많기 때문에 체계적이고 효과적인 실시가 가능 • 훈련의 효과를 심층적으로 조사하고 이해하는 데 필요한 훈련 참가자 개인들 간의 차이를 밝히는데 유용 • 훈련의 효과는 물론 훈련의 효과에 영향을 미치는 긍정적 요인과 부정적 요인 파악 가능	• 훈련 참가자들이 자신의 이야기를 자세하고 솔직하게 이야기하기 위해서는 적극적인 참여가 전제되어야 함 • 재생 불가능한 여러 상황적 변수에 크게 영향을 받기 때문에 평가결과를 일반화하는 데 한계 존재 • 사례연구 자체가 평가자의 주관에 영향을 받고 연구 대상자의 개별적인 경험을 탐색하기 때문에, 사례연구 자료가 조작·변형될 가능성 있음(평가자가 불리한 자료는 무시하고 은폐, 자신의 입장을 증명하는 사례만 채택할 가능성 존재)

나. 평가자료 수집 전 평가자 고려사항

평가자료를 수집하기 이전에 평가자는 다음의 내용에 대해 고려하여야 한다.

① 훈련의 평가영역이 무엇인가?
- 1수준(훈련만족도): 훈련 내용, 방법, 자료, 강사, 활용 의도, 활용 가치
- 2수준(훈련성취도): 지식, 기술, 태도
- 3수준(훈련성과): 훈련이수, 중도탈락, 자격취득, 취업 및 취업유지 등
- 4수준(훈련전이도): 훈련에서 습득한 지식, 기술, 대도의 전이 정도
- 5수준(사업성과): 매출액, 생산성, 결근율, 이직률, 제품 결함률, 영업이익 등

② 훈련의 평가영역을 평가하는 데 사용할 평가지표는 무엇인가?
- 1수준(훈련만족도): 훈련 참가자 만족도 점수

- 2수준(훈련성취도): 정답률, 합격률
- 3수준(훈련성과): 훈련이수율, 중도탈락율, 자격취득율, 취업률, 취업 유지율 등
- 4수준(훈련전이도): 행동 수준
- 5수준(사업성과): 매출액 기준, 이직률 기준, 결근율 기준, 제품결함 허용 오차, 영업이익 목표액

③ 훈련 평가자료를 수집할 방법(도구)은 무엇인가?
- 설문지, 인터뷰, 관찰, 포커스 그룹 인터뷰, 시험, 사례연구 등

④ 훈련 평가자료 수집 대상이 누구(무엇)인가?
- 평가 수준, 평가영역, 평가지표를 고려하여 선택
- 훈련 참가자, 훈련 참가자 직속상사, 인사관리 부서 임원·관리자· 담당자, 훈련 부서 임원·관리자·담당자

⑤ 훈련 평가자료를 언제 수집할 것인가?
- 훈련 전, 중, 후

⑥ 훈련 평가자료를 누가 수집할 것인가?
- 강사, 훈련 담당자, 교육훈련 참가자의 직속상사, 인사관리 담당자

✓ 그룹토의

평가자료 수집 방법 및 도구 장·단점

설문지, 인터뷰, 관찰, 포커스 그룹 인터뷰, 시험, 사례연구의 장·단점에
관하여 토의하고, 각각의 주요 내용을 정리해 보세요.

07 활동지
훈련프로그램평가의 절차

학과: 학번: 조: 이름:

1. 금일 수업시간에 배운 평가자료 수집 방법 및 도구(설문지, 인터뷰, 관찰, 포커스그룹 인터뷰, 시험)의 장·단점에 관하여 토의하고, 각각의 주요 내용을 정리해 보세요.

평가자료 수집 방법 및 도구	장점	단점
설문조사/설문지		
인터뷰		
관찰		
포커스 그룹 인터뷰		
시험		

제5장

직업능력개발 훈련프로그램 도구개발: 훈련만족도 평가

>> 학습목표

1. 훈련만족도 평가의 장점 및 제한점을 설명할 수 있다.

2. 훈련프로그램 평가의 목적과 활용도에 따라 훈련만족도 평가지표를 설정할 수 있다.

3. 평가지표에 해당하는 훈련만족도 평가문항을 개발할 수 있다.

4. 훈련만족도 평가자료를 분석할 수 있다.

01
훈련만족도 평가의 개요

가. 훈련만족도 평가의 개념

　　훈련만족도 평가는 훈련프로그램에 대한 참가자의 느낌, 태도, 의견 등과 관련된 자료를 바탕으로 이루어지는 평가로 훈련프로그램의 질, 가치, 효과성, 활동 등의 영향에 대한 판단을 목적으로 한다. 일반적으로 반응(reaction)평가, 만족도(satisfaction) 평가, 또는 스마일(smile)이라고도 한다. 이러한 훈련생의 훈련프로그램에 대한 반응평가는 훈련기관의 프로그램이 실행되는 상황에서 가장 일반적으로 사용되는 프로그램 평가방법이다.

　　훈련만족도 평가를 통해 훈련프로그램 참가자의 반응을 분석함으로써 훈련프로그램의 부정적인 양태(facets)를 수정, 보완하여, 훈련프로그램 개선을 목적으로 하는 변화에 대한 의사결정을 내릴 수 있다. 훈련프로그램의 반응평가는 교(강)사 자체에 대한 평가가 아니라 교(강)사의 교수활동 관련 변인을 포함하여 프로그램의 효과에 영향을 미치는 여러 가지 측면의 평가와 관련되어야 한다.

나. 훈련만족도 평가의 중요성

훈련만족도 평가는 다음의 네 가지 측면에서 매우 중요하다.
- 훈련프로그램을 개선하기 위한 구체적인 자료와 프로그램을 평가하는 데 도움이 되는 가치 있는 피드백을 제공
- 훈련 담당자는 훈련프로그램이 얼마나 효과적으로 이루어지고 있는지에 관한 피드백을 얻을 수 있음
- 관리자나 훈련프로그램에 관심이 있는 사람들에게 양적이고 객관적인

데이터를 제공

- 향후 시행될 훈련프로그램에 대한 여러 가지 기준 설정에 필요한 정보를 제공

다. 훈련만족도 평가의 장점

훈련만족도 평가는 다음과 같은 장점이 있다.

- 참가자가 훈련프로그램에서 확인한 의미 있는 약점에 대한 신속한 피드백 정보 제공이 가능
- 참가자의 훈련프로그램에 대한 목적과 기대 파악 가능
- 훈련프로그램 내용, 학습방법, 학습자료, 장소, 프로그램 운영과 관련하여 수용성에 대한 중요한 정보 제공
- 짧은 시간을 이용하여 실시 가능, 관리와 집행이 용이
- 훈련만족도 평가질문지를 적절하게 구성(개발)한다면, 평가자료의 분석, 표 작성, 평가결과의 종합 등이 용이

라. 훈련만족도 평가의 제한점

훈련만족도 평가는 다음과 같은 제한점이 있다.

- 훈련프로그램의 내용과 참가자와의 직무관련성을 평가할 수 없음
- 지식획득이나 행동 변화 측정할 수 없음
- 훈련프로그램의 효과성에 관한 지표를 산출할 수 없음
- 훈련프로그램 내용의 전이와 관련된 제한된 정보를 제공받음
- 평가결과 자료는 주관적이며, 개인적 편견이 측정을 과대 포장할 가능성이 있음
- 좋은 평가를 받은 것이 참가자가 프로그램에서 학습한 내용을 실무에서 적용할 것이라는 보장을 하지 않음

마. 훈련만족도 평가의 목적 및 활용

훈련만족도 평가는 다음의 평가목적에 따라 평가결과를 다음과 같이 활용할 수 있다.

첫째, 훈련만족도 평가는 훈련참가자의 훈련만족도 확인을 위한 목적으로 실시할 수 있다. 이러한 훈련만족도를 통해 훈련 개발자와 제공자는 훈련의 만족 정도를 이해할 수 있다.

둘째, 훈련만족도 평가는 훈련의 장점과 단점을 규명하기 위한 목적으로 실시할 수 있다. 훈련 개발자나 훈련교사는 훈련의 장점을 파악해 차후 훈련 설계에 반영하거나, 단점을 파악해 훈련의 개선을 위해 활용할 수 있다.

셋째, 훈련만족도 평가는 강사 평가를 위한 목적으로 실시할 수 있다. 훈련만족도 평가를 통해 강사의 교수 내용, 교수 방식, 사용 자료, 태도 등을 진단하여 차후 강사의 활용 여부에 관한 의사결정(강사 평가 시 훈련 담당자의 별도 평가도 필요)에 활용할 수 있다.

넷째, 훈련만족도 평가는 훈련 결과의 활용 및 직무 개선 계획 수립을 위한 목적으로 실시할 수 있다. 훈련참가자는 훈련만족도 평가결과를 바탕으로 현업 복귀 후 훈련 결과 중 무엇을 어떻게 활용할 것인지에 관한 계획 수립에 활용할 수 있다.

다섯째, 훈련만족도 평가는 훈련프로그램 홍보 자료 수집 및 활용의 목적으로 실시할 수 있다. 훈련 참가자의 만족도 수준과 의견은 홍보자료로 활용 가능하며 향후 훈련 참가자의 참여 의욕을 고취시킬 수 있다.

여섯째, 훈련만족도 평가는 향후 훈련 결과평가를 위한 비교 기준을 마련하는 차원에서 실시할 수 있다. 향후 훈련의 만족도에 대한 기대수준을 결정하고, 기대수준 달성 여부를 평가하는 비교 기준 수립에 활용할 수 있다.

02
훈련만족도 평가지표 및 예시

　　훈련만족도 평가지표는 훈련평가목적과 용도에 따라 포함되어야 할 평가지표가 달라질 수 있다. 훈련만족도 평가는 훈련효과와 관련된 지표, 훈련 설계 및 개발과 관련된 지표, 훈련강사와 관련된 지표, 훈련 여건 및 환경과 관련된 지표, 학습자와 관련된 지표 등으로 나눌 수 있다. 세부적인 평가지표는 <표 5-1>에 나타나 있다. 훈련 담당자나 훈련교사는 훈련만족도 평가영역 중 적절한 평가지표를 선택하여 활용할 수 있다.

| 표 5-1 | 훈련만족도 영역과 평가지표 |

영역	평가지표
훈련 효과	• 훈련의 전반적 만족도 • 훈련의 목표 달성도 • 훈련의 직무 관련성 • 훈련의 직무 유용성 • 훈련의 직무 활용의도 • 훈련의 직무 개선 기여도 • 훈련의 사업성과 개선 기여도(생산, 판매 등) • 향후 훈련 결과의 현업활용 장애 요인 • 잠재적 훈련 참가자에 대한 추천 의지
훈련 설계 및 개발	• 훈련목표의 명확성 • 훈련목표와 훈련 내용의 일치도 • 훈련 내용과 훈련 방법의 일치도 • 훈련 방법(강의, 토론, 사례연구, 실습, 프로젝트, 발표 등)의 적절성 • 훈련 매체 및 자료(주교재, 부교재, 유인물, 시청각 자료 등)의 적절성 • 훈련 시간 배분의 적절성 • 훈련 내용의 난이도

훈련 강사	• 강의 준비
	• 강의 관련 분야 전문성(전문적 지식과 경험 보유)
	• 강의 기술(표현 및 전달력, 속도, 사례 제시, 흥미 유발 등)
	• 학습자 배려(학습자 이해수준 점검 및 질문에 대한 적절한 반응)
	• 강의 태도
	• 강사 선정의 적절성
훈련 여건 및 환경	• 훈련 인원의 적절성
	• 훈련 장소, 위치의 적절성
	• 강의장, 숙박시설, 식사 만족도
	• 훈련 장비, 시설 만족도
	• 수강 절차 용이성
	• 훈련 시점 적절성
	• 훈련 일과 편성 적절성
	• 훈련 운영자 태도
학습자	• 훈련 참여 동기(참가 전 관심과 기대 정도)
	• 직속상사의 훈련 참가 지원 및 지지 여부
	• 훈련 사전 지식

| 그림 5-1 | 훈련만족도 평가 설문지 예시: 실업자훈련 만족도조사 설문지(HRD-Net) |

실업자계좌제(국민내일배움카드제) 조사문항

구분	평가영역	내용	비고
step1 (만족도)	전반적 만족도	• 수강한 과정에 대하여 만족하셨습니까?	5점 척도
step2 (영역별 만족도)	훈련 교사	• 교강사가 이 과정을 가르치기에 충분한 전문적 지식(지식, 기술 등)을 갖고 있습니까(전문성)? • 교강사가 취업(창업)에 도움이 될 수 있는 현장 감각(현장성)을 구비하였습니까(현장성)? • 교강사의 훈련준비와 진행이 성실하였습니까(성실성)?	5점 척도
	훈련 내용	• 수강한 과정이 취업(창업)에 도움이 되는 내용으로 구성되었습니까(취업관련성)? • 수강정보에서 제시된(또는 귀하가 기대하였던) 내용이 제공되었습니까(수강정보와의 일치성)?	5점 척도

		• 직업 현장에서 활용할 수 있도록 최신지식과 기술이 반영되었습니까(최신성)?	
	훈련 방법	• 훈련목적을 달성하기에 이론과 실습시간(강의 시간)의 배분이 적합하다고 생각하십니까?	5점 척도
		• 수업을 운영하였던 방법(강의, 실습 방법 등 수업방법)에 만족하십니까?	
		• 수업에 활용한 교보재(교재, 부가자료, 멀티미디어 자료)가 수업내용을 이해하는 데 도움이 되었습니까?	
	시설 장비	• 강의실, 실습실 공간은 충분하며 쾌적하였습니까(시설의 적정성)?	5점 척도
		• 장비와 기자재는 훈련생들이 사용하기에 충분한 수량이 확보되었습니까(장비의 충분성)?	
		• 장비와 기자재의 모델 사양 및 규격은 훈련과정에 적합하였습니까(장비의 최신성)?	
	취업 지원	• 취업(창업)과 관련하여 훈련기관으로부터 충분한 정보를 제공받았습니까(취업정보 제공의 적정성)?	5점 척도
		• 훈련기관에서 취업(창업)과 관련하여 상담 등의 취업 지원을 성실하게 제공하였습니까(취업지원 업무의 성실성)?	
	행정 서비스	• 훈련기관의 출결 체크, 수강료 지불 등의 행정 서비스가 적정하게 이루어졌습니까?	5점 척도
		• 훈련과정에 대한 정확하며 충실한 정보가 제공이 되었습니까?	
step3 (기타 평가 만족도)	학업 성취도	• (이 과정을 수강하였던 훈련생들과 비교해 볼 때) 학업성적을 평가한다고 하면 귀하의 수준은 어느 정도였다고 보십니까?	1: 하위권 2: 중하 3: 중상 4: 상위권
	훈련생 수준	• (귀하가 이 과정을 수강하기 전) 수강한 과정에 대한 귀하의 수준은 어떠하였습니까?	1: 초보자수준 2: 중급수준 3: 전문가수준
	훈련 난이도	• (귀하의 학습능력과 비교하면) 수강한 과정의 수준은 어떠하다고 생각하십니까?	3점 척도

03
훈련만족도 평가도구개발

가. 훈련만족도 평가도구개발 순서

훈련만족도 평가도구는 설문지 구조 결정, 설문지 도입부 작성, 설문지 본문 구성 등의 순서로 개발한다.

(1) 설문지 구조 결정

도입부: 설문 안내, 본문: 설문 문항, 결론: 감사 인사

(2) 설문지 도입부 작성

설문 안내: 설문 및 평가의 목적, 응답자 의견의 중요성, 응답 자료의 용도, 응답 소요 시간 제시

(3) 설문지 본문 구성

인구통계 문항, 만족도(반응 및 활용의도) 평가 문항

나. 설문지 도입부 작성

(1) 안내문

설문지 도입부의 안내문은 다음의 내용이 포함될 수 있도록 작성한다.

- 반응평가의 목적, 협조사항, 익명성 보장과 관련된 문구 포함
- 응답자 의견의 중요성, 응답 자료의 용도, 응답 소요 시간 등 제시
- 짧고 명료하게 제시

그림 5-2   훈련만족도 평가 설문지 도입부 예시

안녕하십니까?

본 설문조사는 참여하신 ○○○프로그램의 전반에 관한 만족도를 알아보기 위하여 실시하는 것입니다. 조사를 통해 얻어지는 정보는 ○○○프로그램의 만족도를 높이고, 향후 ○○○프로그램의 개선을 위한 방안을 모색하는 데 있어 소중한 자료가 될 것입니다.

귀하께서 응답해주신 내용은 통계법 제33조(비밀의 보호)에 의거하여 비밀이 보장되며, 설문 결과는 익명이 보장됩니다. 성실한 응답을 부탁드립니다. 감사합니다.

교육혁신본부 교육성과관리센터장 ○○○

(2) 인구통계 문항

인구통계 문항(Demographic section)은 결과 분석을 고려하여 해당 훈련프로그램 참여자의 성별, 연령, 경력, 소속, 재직 분야, 수행 직무 등에 응답할 수 있도록 구성한다.

그림 5-3   훈련만족도 평가 인구통계 문항 예시

1. 귀하의 성별은 무엇입니까?
   ○남성 ○여성

2. 귀하의 연령은 다음의 어디에 해당합니까?
   ○29세 이하 ○30~39세 ○40~49세 ○50세 이상

3. 귀하의 최종 학력은 무엇입니까?
   ○전문대졸 ○대학교졸(4년제 이상) ○대학원졸

4. 귀하가 현재 근무하시는 회사는 다음의 산업 형태 중 어디에 해당합니까?
   ○제조업 ○교육/서비스업 ○보건 및 사회복지 서비스업
   ○금융업 ○건설업 ○IT관련업 ○도매 및 소매업 ○기타

5. 회사 내에서 귀하의 현재 직위는 무엇입니까?
   ○임원(급) ○부장/차장(급) ○과장(급) ○대리(급) ○사원(급)

6. 현재 회사에서 귀하의 근무 연수는 다음의 어디에 해당합니까?
   ○1년 미만 ○1~5년 ○6~10년 ○11~15년 ○16~20년 ○21년 이상

다. 훈련만족도 평가 문항 개발

(1) 평가지표와 문항 선정

훈련만족도 평가 문항은 훈련만족도의 평가영역을 우선 선정하고, 평가영역에 따른 평가지표를 선정한 후 평가지표를 나타낼 수 있는 문항을 선정, 수정하는 방식으로 개발한다.

대표적인 훈련만족도 평가의 영역은 훈련효과, 훈련강사, 훈련여건, 학습자 등이 있으며, 이외에도 필요에 따라 별도의 훈련만족도 영역을 선정할 수 있다.

훈련효과와 관련된 평가지표로는 훈련의 전반적 만족도, 훈련의 목표 달성도, 훈련의 직무 관련성, 훈련의 직무 유용성, 훈련의 직무 활용의도, 훈련의 직무 개선 기여도, 훈련의 사업성과 개선 기여도, 향후 훈련 결과의 현업 활용 장애 요인, 잠재적 훈련 참가자에 대한 추천 의지 등이 있다. 훈련강사와 관련된 평가지표로는 강의준비, 강의 관련 분야 전문성, 강의 기술, 학습자 배려, 강의 태도, 강사 선정의 적절성 등이 있다. 훈련 여건과 관련된 평가지표로는 훈련인원의 적절성, 훈련장소 및 위치의 적절성, 강의장, 숙박시설, 식사 만족도, 훈련장비 및 시설 만족도, 수강 절차 용이성, 훈련 시점 적절성, 훈련 일과 편성 적절성, 훈련 운영자 태도 등이 있다. 학습자와 관련된 평가지표로는 훈련 참여 동기, 직속상사의 훈련 참가 지원 및 지지 여부, 훈련 사전 지식 등이 있다.

| 표 5-2 | 훈련만족도 영역, 평가지표, 문항 예시 |

영역	평가지표	문항 예시
훈련효과	• 훈련의 전반적 만족도	• 이 훈련에 전반적으로 만족한다. • 이 훈련은 나의 요구와 부합하였다.
	• 훈련의 목표 달성도	• 이 훈련은 의도하는 목표를 달성하였다.
	• 훈련의 직무 관련성	• 이 훈련은 나의 직무수행과 관련이 있다.
	• 훈련의 직무 유용성	• 이 훈련은 나의 직무수행에 도움이 된다.
	• 훈련의 직무 활용의도	• 이 훈련에서 배운 것을 나의 직무수행에 활용하고자 한다.

	• 훈련의 직무 개선 기여도	• 이 훈련은 나의 업무성과를 향상시킬 것이다.
	• 훈련의 사업성과 개선 기여도 (생산, 판매 등)	• 이 훈련에서 습득한 지식과 기술은 사업성과 향상에 도움이 될 것이다(품질 개선, 생산성 향상, 종업원 만족도 증진, 비용 절감, 매출액 증가, 고객 만족도 향상, 생산공정 주기 단축 등).
	• 향후 훈련 결과의 현업활용 장애 요인	• 이 훈련에서 습득한 지식과 기술을 활용하는 데 현업 상황에서 장애 요인이 있다면 제시하고, 그 이유를 설명해주세요.
	• 잠재적 훈련 참가자에 대한 추천 의지	• 이 훈련을 주변 동료나 관계자에게 권유할 것이다.
훈련강사	• 강의 준비	• 이 강사는 강의 준비를 한 상태에서 강의를 하였다.
	• 강의 관련 분야 전문성(전문적 지식과 경험 보유)	• 이 강사는 이 훈련의 주제, 내용에 전문적인 식견을 가지고 있다. • 이 강사는 이 훈련의 주제, 내용에 관련된 풍부한 현장 경험을 가지고 있다.
	• 강의 기술(표현 및 전달력, 속도, 사례 제시, 흥미 유발 등)	• 이 강사의 목소리는 크기나 높낮이가 적절하였다. • 이 강사는 학습자들과 지속적으로 눈 맞춤을 하려고 노력하였다. • 이 강사는 학습자들의 학습참여와 상호작용을 촉진하려고 노력하였다. • 이 강사는 학습자들이 공감하는 현장 사례를 소개하였다.
	• 학습자 배려(학습자 이해수준 점검 및 질문에 대한 적절한 반응)	• 이 강사는 학습자들이 이해하기 쉽게 설명하였다. • 이 강사는 강의 중에 학습자들의 이해 정도를 점검하였다. • 이 강사는 강의 중에 학습자들의 질문에 성실하게 답변하였다.
	• 강의 태도	• 이 강사는 복장, 말투, 외모 측면에서 전문적 교육자로서의 자질이 보였다. • 이 강사는 훈련의 처음부터 종료까지 성실하게 강의하였다.
	• 강사 선정의 적절성	• 전반적으로 이 훈련은 강사 섭외가 적절히 잘 이루어졌다.
훈련여건	• 훈련 인원의 적절성	• 이 훈련의 수강 인원수는 적절하였다.

	• 훈련 장소, 위치의 적절성	• 이 훈련의 장소와 위치는 적절하였다. • 이 훈련의 교육장은 접근성이 좋았다.
	• 강의장, 숙박시설, 식사 만족도	• 이 훈련의 강의장은 만족스러웠다(교육받기에 쾌적하였다). • 이 훈련의 숙박시설은 만족스러웠다. • 이 훈련 기간 동안 식사는 만족스러웠다. • 이 훈련 기간 동안 간식이 적절히 제공되었다.
	• 훈련 장비, 시설 만족도	• 훈련 중 사용된 장비, 도구에 대해 만족하였다.
	• 수강 절차 용이성	• 이 훈련에 참여하기 위한 신청 절차가 용이하였다.
	• 훈련 시점 적절성	• 이 훈련의 실시 시점은 적절하였다. • 이 훈련의 실시 기간은 적절하였다.
	• 훈련 일과 편성 적절성	• 이 훈련의 일과 편성은 적절하였다.
	• 훈련 운영자 태도	• 이 훈련의 운영자(담당자)는 원활한 교육진행을 위해 노력하였다.
학습자	• 훈련 참여 동기(참가 전 관심과 기대 정도)	• 나는 이 훈련에 관심을 가지고 자발적으로 참여하였다. • 나는 이 훈련이 업무 개선에 도움이 되리라는 기대를 가지고 참가하였다.
	• 직속상사의 훈련 참가 지원 및 지지 여부	• 나의 직속상사는 이 훈련에 참여할 수 있도록 권유하였다. • 나의 직속상사는 내가 이 훈련에 참여할 수 있도록 지원(지지)해 주었다.
	• 훈련 사전 지식	• 나는 이 훈련 이수에 필요한 사전 지식 및 기술을 가지고 있었다.

(2) 설문문항 유형 결정

훈련만족도 평가 설문을 개발하기 위해서는 설문문항 내용과 결과분석 의도를 고려하여, 문항의 유형(선다/서열/척도형, 개방형)과 분석 방법(평균 및 표준편차, 빈도)을 결정한다.

설문문항의 유형은 선다형 문항, 서열형 문항, 척도형 문항, 개방형 문항이 있다.

① 문항 유형: 선다형 문항

그림 5-4　훈련만족도 평가 선다형 문항 예시

전체적으로 교육훈련의 진행 속도가 어떻습니까? 한 가지만 체크하십시오.

☐ 전반적으로 너무 빠르다

☐ 일부 모듈의 경우 너무 빠르다

☐ 적당하다

☐ 일부 모듈의 경우 너무 느리다

☐ 전반적으로 너무 느리다

② 문항 유형: 서열형 문항

그림 5-5　훈련만족도 평가 서열형 문항 예시

다음의 교육훈련 모듈 중, 업무현장에서 활용도가 높을 것으로 생각하는 모듈을 순서대로

표시해 주시기 바랍니다. (가장 활용도가 높은 것 1, 가장 활용도가 낮은 것 5)

_____ 토론식 강의 스킬

_____ 강의 콘텐츠 개발

_____ 교육운영 기법

_____ 학습자 동기부여

_____ 스트레스 날리기

③ 척도형 문항

그림 5-6   훈련만족도 평가 척도형 문항 예시

○○○강의는 전반적으로 만족스럽다.

전혀 그렇지 않다 ──────────────────────── 매우 그렇다

    ①   ②   ③   ④   ⑤

강의 부대시설(식당, 편의시설 등)은 만족스러웠다.

매우 불만 ──────────────────────── 매우 만족

    ①   ②   ③   ④   ⑤

④ 개방형 문항

그림 5-7   훈련만족도 평가 개방형 문항 예시

이 훈련프로그램의 개선을 위해 보완해야 할 점을 자유롭게 기술해 주십시오.

_____

_____

이 훈련프로그램에 포함되지 않았지만, 추가되었으면 하는 교육모듈에 대한 의견이 있다면
제안해주시기 바랍니다.

(3) 설문문항 질문형식 결정

훈련만족도 평가를 위한 설문의 질문형식은 폐쇄형(구조화된, 고정된 반응형) 질문과 개방형(비구조화된, 자유 반응형) 질문으로 크게 분류된다.

① 폐쇄형 질문
- 선택형(선다), 긍정 − 부정, 척도형 등
- 응답자는 설문문항의 고정된 질문에서 선택적으로 답을 고를 것을 요청 받음
- 반응의 통일성과 결과 분석의 용이성 때문에 훈련프로그램 반응평가에서 매우 일반적으로 사용
- 개발에 많은 시간이 필요
- 응답자가 답을 고르는 데 시간이 많이 소요되지 않음

② 개방형 질문
- 괄호 채우기, 짧게 답하기, 에세이 작성 등
- 응답자가 자신의 준거체제를 이용하여 대답(자신의 의견을 기술)
- 자료분석을 위하여 부호화하여 분류
- 응답자가 프로그램 평가목적에 부적절한 대답을 작성할 위험성 존재
  - 심층적인 반응 정보, 예상하지 못했던 정보 획득 가능
  - 응답자가 응답에 시간 소요
  - 자료분석에 많은 시간 소요

(4) 설문문항 개발

일반적으로 훈련만족도 평가의 설문문항을 개발할 때는 다음 <표 5-3>과 같이 설문문항 개발 지침을 따른다.

표 5-3   훈련만족도 설문문항 개발 지침

설문문항 개발 지침	설명
간결, 명확, 짧은 질문	• 질문은 간단하고, 분명하며 짧게 작성; 필요한 단어를 사용한 질문이 보다 효과적이고, 짧은 질문은 반응 비율이 높음 • 이해하기 어려운 용어 사용 지양
구체적이고 정확한 질문	• 구체적이고 정확한 어투(wording)의 사용은 모든 반응자에게 똑같은 의미로 의사소통이 가능; 자주(frequently), 가장(most), 때때로(sometimes), 규칙적으로 (regularly) 등과 같은 부사 사용에 유의; 형용사, 부사 사용 지양
적절한 언어를 사용한 질문	• 적절한 수준의 어법을 사용하여 표현; 전문용어, 비속어, 전문기술용어, 약어 등의 사용에 유의
대답 가능한 질문	• 반응자가 질문에 대하여 대답할 수 있는 질문 작성; 소수의 응답자만이 질문에 답할 수 있는 경우는 대부분의 반응자를 실망시키고, 쓸모없는(poor-quality) 반응의 결과 초래
단일 주제의 질문	• 질문은 단일의 주제 또는 견해와 관련하여 작성; 한 문항에 두 가지의 질문을 조합하려는 문항은 '이중 목적(double-barreled)'의 문항으로, 분리 작성 필요 • 한 개의 질문에 두 가지의 의미를 담지 않도록 주의
주요 단어에 적절한 강조	• 강조를 위하여 주요 단어에 진하게, 이탤릭, 대문자, 밑줄 긋기 등을 사용; 단어사용의 적절한 강조는 질문의 명확성에 도움
민감한 질문에 주의	• 민감한 종류의 질문(급여 등)에 대한 정보를 물어볼 경우 각별한 주의 필요
부정, 이중 부정 질문 사용 금지	• 부정 질문과 이중 부정을 사용한 질문은 혼란스럽고 대답이 어려워 결과 오류를 야기할 우려가 있음
유도된 질문 사용 금지	• '편견이 실린(biased) 또는 유도된 질문(loaded)'은 반응평가 문항 개발에서 유의 • 기대하는 응답을 유도하는 질문 지양

거짓 전제 또는 미래 의도와 관련된 문항 사용의 금지	• 거짓 전제 또는 미래 목적(future intentions)과 관련된 문항은 반 응평가질문 작성에서 사용 금지; 반응평가를 위한 질문은 구체적이 고, 실제적이며, 반응자의 경험과 관련이 있어야 함
중첩반응 문항 금지	• 중첩되는 반응을 피하기 위하여 반응분류(선택)는 상호간에 배타적 (exclusive)이고, 망라적(exhaustive)이며, 균형을 유지해야 함

(5) 설문문항 검증

설문문항이 개발된 이후에는 설문문항의 타당도 및 신뢰도를 검증한다. 타당도 및 신뢰도를 검증하는 방법은 본 조사 전 소수의 표본을 대상으로 예비조사를 실시하거나, 향후 훈련 참가자나 유사한 대상자에게 설문문항의 이해도와 적합도를 검증하거나, 또는 문항에 대해 일관성 있는 답변을 하는지 신뢰도 수준을 검증한다.

04
훈련만족도 평가자료 수집 및 분석

가. 훈련만족도 평가자료 수집

(1) 양적 자료와 질적 자료

훈련만족도 평가자료에는 양적(quantitative) 자료와 질적(qualitative) 자료가 있다. 양적 자료는 척도를 사용한 자료수집 방법으로 숫자로 표시되는 자료를 의미한다. 질적 자료는 척도를 사용하지 않는 자료수집 방법으로 자료는 노트, 문서, 면담자료 등과 같이 다양한 형태를 취한다. 다음 <표 5-4>는 양적 자료와 질적 자료의 특성을 비교한 것이다.

표 5-4 양적 자료와 질적 자료의 특성 비교

양적(quantitative) 자료	질적(qualitative) 자료
• 척도를 사용한 자료수집 방법 • 숫자로 표시되는 자료 • 자료의 형태는 측정도구에 의하여 하나로 통일 • 자료는 표로 종합되며 통계분석이 가능 • 통계절차를 사용하여 의미부여 • 폐쇄형 질문을 사용하여 수집된 자료	• 척도를 사용하지 않는 자료수집 방법 • 단어 또는 그림을 사용하여 표시되는 자료 • 자료는 노트, 문서, 면담자료 등과 같이 다양한 형태 • 양적 자료의 의미를 보조하기도 하며, 도표 작성은 반응의 형태 파악에 도움 • 질적 자료분석 전략 사용으로 결과에 의미부여 • 개방형 질문을 사용하여 수집된 자료

(2) 훈련만족도 설문 실시(양적 자료)

설문으로 훈련만족도를 평가할 때는 다음과 같은 사항에 유의하여야 한다.

- 설문은 훈련 종료 직후에 실시하지만, 충실한 응답과 효율적 진행을 위해 훈련 종료 전 실시도 검토할 필요. 훈련 과정에 따라서 최종 세션/모듈 전에 실시할 수 있음
- 설문 응답자의 익명성을 보장해 주도록 하며, 설문지나 설문지 작성 상황에서 응답자의 신분이 드러나지 않도록 유의
- 설문 실시는 훈련 관련 강사, 해당 훈련 담당자가 아닌 제3자가 실시
- 설문조사를 담당하는 사람은 설문조사의 목적과 설문조사 결과의 용도를 설명. 장시간, 장기간 실시되는 훈련 과정의 경우 단계별(모듈별, 주제별)로 설문조사를 실시하거나 설문 응답자들이 훈련 과정 전체에 대한 기억을 상기할 수 있도록 훈련과정에 대한 개략적인 리뷰를 실시
- 응답자들이 설문지를 작성할 수 있는 충분한 시간을 제공

(3) 훈련만족도 인터뷰 실시(질적 자료)

인터뷰를 통해 훈련만족도를 평가할 때는 다음과 같은 질문을 통해 자료를 수집할 수 있다.

- 전반적으로 교육내용은 유익했습니까?
- 유익했다면 어떤 측면이 가장 유익했습니까?
- 유익하지 못했다면 어떤 측면을 보완해야 된다고 생각하십니까?
- 교육기간은 전체적인 교육내용에 비추어 볼 때, 적절하다고 생각하십니까?
- 교육방법은 교육내용을 이해하고 교육을 재미있게 진행하는 데 도움이 되었습니까?
- 교육방법 측면에서 개선해야 될 사항은 없습니까?
- 강사는 교육목표 및 교육내용에 비추어 볼 때 적절하게 선정되었다고 생각하십니까?
- 강사는 적절한 사례나 교수기법을 사용하여 내용을 효과적으로 전달했다고 생각하십니까?
- 훈련프로그램의 전반적인 구조와 운영은 어떠했다고 생각하십니까?
- 이번 훈련프로그램에 대해 개선해야 할 사항이 있다면 어떤 점이라고 생각하십니까?

나. 훈련만족도 평가자료 분석

(1) 양적 자료의 입력과 분석

양적 자료는 엑셀 등을 활용하여 평균 및 표준편차 산출, 평균값 해석, 문항의 신뢰도 분석 등의 절차로 분석한다.

① 평균 및 표준편차 산출
- 평균값 = AVERAGE(B1:B40) => B열(문항1번)의 평균값
- 표준편차 = STDEV(B1:B40) => B열(문항1번)의 표준편차

② 평균값 해석
- 과거 동일 훈련프로그램의 평균값과 비교하여 결과를 해석
- 현재 동일 훈련프로그램에 대한 기수별 평균값과 비교하여 결과를 해석
- 전체 훈련프로그램의 평균값과 비교하여 결과를 해석

주의 평균값을 해석할 때에는 평균값의 높고 낮음보다 각 문항별(지표별)로 결과를 해석하고 의미를 찾으려는 노력이 필요하다.

예 '훈련의 직무 관련성'에 대한 평균값이 낮았다면, 훈련 내용의 직무 관련성 정도를 높이기 위한 내용이나 방법에 대한 개선을 모색해야 한다. 이때 설계로 다시 돌아가서 요구분석이나 프로그램 설계 과정에 대한 검토가 필요하다.

---

③ 문항의 신뢰도 분석
- 표준편차: 평균값에서 각 응답자의 응답치가 멀어지는 정도
- 표준편차가 '0'인 경우: 해당 문항에 대한 응답치들이 평균값과 거의 다르지 않음
- 표준편차가 '1'을 넘는 경우: 5점 척도의 경우, 결과 해석에 문제가 발생할 수 있으며, 응답치가 매우 분산되어 있다는 것을 의미. 이것

은 또한 문항에 대한 응답의 신뢰도가 낮다는 것을 의미. 표준편차가 '1' 이상인 문항은 신뢰도 분석을 실시, 신뢰도 계수가 낮으면 문항을 삭제하거나 수정 필요

표 5-5			훈련만족도 평가 양적 자료 입력 및 분석 예시						
A	B	C	D	E	F	G	H	I	J
구분	교육 효과1	교육 효과2	교육 효과3	강사1	강사2	강사3	설계1	설계2	설계3
응답1	3	4	5	4	3	3	5	4	5
응답2	4	4	3	2	3	3	3	4	4
응답3	3	4	3	3	3	4	3	3	5
응답4	4	3	5	3	3	3	3	3	4
응답5	4	3	3	3	4	3	2	3	3
응답6	5	5	3	2	3	2	4	5	4
응답7	4	4	2	4	4	3	5	3	3
응답8	5	3	3	3	4	4	3	4	3
응답9	4	3	5	3	3	3	4	4	4
응답10	4	5	3	2	4	3	3	3	4
평균	4	3.8	3.5	2.9	3.4	3.1	3.5	3.6	3.9
표준편차	0.67	0.79	1.08	0.74	0.52	0.57	0.97	0.70	0.74
항목평균	3.77			3.13			3.67		
표준편차	0.86			0.63			0.80		

(2) 질적 자료의 입력과 분석

질적 자료의 입력 및 분석은 다음의 사항을 참고하여 진행한다.

• 수집된 설문자료 중 질적 자료는 엑셀시트나 한글 문서에 입력
• 입력된 자료에서 공통 단어를 찾아 공통 주제를 검토
• 분석자는 공통 주제를 특정한 범주로 분류할 수 있는지 확인
• 확인된 특정한 범주의 핵심어를 도출
• 핵심어로 분석된 자료의 의미를 도출

✅ 예시

교육훈련 만족도 조사

조사일자: 2020 년 01 월 11 일

본 조사 설문지는 교육훈련중인 교육생의 의견을 바탕으로, 교육훈련을 보다 성과 있고 효율적으로 실시하기 위한 것으로 귀하의 솔직한 의견이 차후 교육훈련 계획에 많은 참고가 되리라 믿습니다. 번거롭더라도 솔직하고 성실하게 답변에 응해주시면 양질의 교육훈련을 위한 토대로 삼겠습니다.
본 조사내용은 통계법 제13조와 제14조에 의거하여 통계적으로만 처리되며, 연구외의 목적으로는 사용되지 않음을 약속드립니다.

○○○○직업학교

〈응답자 현황〉

훈련 과정명	용접실무 (피복ARC,CO2,TIG)	훈련기간	2019.10.19. ~ 2020.01.11				
성 별	□ 남 | □ 여	연 령	□10대 □20대 □30대 □40대 □50대이상				

□ 교육과정에 관한 설문

평 가 문 항	5	4	3	2	1
1. 현재까지 진행된 교육과목에 대해 전반적으로 만족하십니까?					
〈그렇지 못하다면 이유는?〉					
2. 교육훈련 내용의 난이도는 적당하다고 생각하십니까?					
〈그렇지 못하다면 이유는?〉					
3. 교재의 내용이 교육내용을 이해하는 데 충분합니까?					
〈그렇지 못하다면 이유는?〉					
4. 각 단원의 내용, 시간 배분 구성이 적절하게 진행되고 있습니까?					
〈그렇지 못하다면 이유는?〉					
5. 이번 교육이 직무능력향상에 어느 정도 도움이 될 것이라고 생각하십니까?					
〈그렇지 못하다면 이유는?〉					

□ 교수에 관한 설문

평 가 문 항	5	4	3	2	1
1. 교사는 본 교육훈련을 담당하기에 적절한 전문지식과 노하우를 갖추고 있습니까?					
〈그렇지 못하다면 이유는?〉					
2. 교사가 교과내용을 체계적으로, 이해하기 쉽게 잘 전달하였습니까?					
〈그렇지 못하다면 이유는?〉					
3. 교사는 교육훈련에 지속적으로 관심과 흥미를 느끼도록 하였습니까?					
〈그렇지 못하다면 이유는?〉					
4. 교사는 강의 준비를 잘하고, 수업자료 등이 적절하였습니까?					
〈그렇지 못하다면 이유는?〉					
5. 교사의 강의 진행속도와 교사의 목소리는 이해하기에 적당하였습니까?					
〈그렇지 못하다면 이유는?〉					

□ 교육훈련기관에 관한 설문

평 가 문 항	5	4	3	2	1
1. 교육기관으로부터 교육에 대한 설명을 충분히 들었습니까?					
〈그렇지 못하다면 이유는?〉					
2. 교육훈련에 관한 제반 문의 시 교육기관 담당자의 태도는 친절하였습니까?					
〈그렇지 못하다면 이유는?〉					
3. 교육훈련의 전반적인 진행에 대해 만족하십니까?					
〈그렇지 못하다면 이유는?〉					
4. 교육에 활용하고 있는 학습장비(기자재)의 성능 및 상태에 만족하십니까?					
〈그렇지 못하다면 이유는?〉					
5. 강의장 및 부대시설 상태에 만족하십니까?					
〈그렇지 못하다면 이유는?〉					

□ 기타 의견

    1. 본 교육에서 좋았던 점은 무엇입니까?

    2. 본 교육에서 개선할 점은 무엇입니까?

    3. 기타 고충사항 및 건의사항은 무엇입니까?

✔ 그룹실습

만족도 평가 설문지 개발

'직업능력개발 훈련 평가' 수업의 훈련만족도 평가를 위한 평가지표를 선정하고, 설문지를 작성해 보세요.

1. 도입부 작성

2. 설문지 본문 내용 작성(평가지표 선정, 문항유형 결정, 문항 개발)
    - 인구통계 문항
    - 만족도 평가 문항

05 활동지
훈련프로그램 평가도구개발-만족도 평가

학과:　　　　학번:　　　　조:　　　이름:

1. '직업능력개발훈련평가 수업'의 만족도 평가를 위한 평가지표를 선정하고, 설문지를 작성해 보세요.(양식은 필요에 의해 가공하거나 항목 추가하여 사용하세요)

　　○○○○○○○○○ 만족도 조사

도입부
안녕하십니까! ....

I. 인구통계 문항(개인 사항)

II. 만족도 평가 문항

(필요시 행 추가하여 작성하시기 바랍니다)

지시문

평가지표	질문					

지시문

평가지표	질문					

지시문

평가지표	질문					

지시문

_____

_____

_____

_____

평가지표	질문					

감사드립니다. ☺

제**6**장

훈련 평가도구개발:
훈련성취도 평가

>> 학습목표

1. 훈련목표의 영역에 적합한 훈련목표를 진술할 수 있다.

2. 훈련성취도 평가도구를 설계할 수 있다.

3. 훈련성취도 평가 유형에 따른 평가도구를 개발할 수 있다.

4. 훈련성취도 평가결과를 분석할 수 있다.

01
훈련성취도 평가

가. 훈련성취도 평가의 이해

(1) 훈련성취도 평가의 정의

훈련성취도 평가란 훈련을 통해 훈련생의 지식, 기술, 태도 등이 어느 정도 향상되었는지를 확인하는 평가다. 원론적으로는 훈련을 실시하기 전, 훈련의 진행 중, 훈련의 실행 후 훈련생의 학습내용 이해 정도와 훈련목표(지식, 기술, 태도의 변화)의 달성 정도를 평가하는 것을 의미한다. 즉, 훈련성취도를 평가한다는 것은 학습의 정도를 측정하는 것으로 구체적으로 어떤 지식(knowledge)을 습득하였는가? 어떤 기술(skill)이 개발 또는 향상되었는가? 어떤 태도(attitude)가 변화되었는가? 와 같은 질문을 통해 지식, 기술, 태도의 변화 정도를 확인하는 작업이다.

훈련성취도 평가는 훈련목표 및 내용에 따라 평가영역을 인지적(knowing) 영역, 심동적(doing) 영역, 정의적(feeling) 영역으로 구분할 수 있다. 인지적 영역은 인지적 사고와 관련된 영역으로 주로 지식(knowledge)과 관련된 영역이다. 심동적 영역은 심체적(psychomotor) 영역이라고도 하는데 주로 기술(skill)과 관련된 영역이다. 정의적 영역은 주로 태도(attitude)와 관련된 영역이다. 따라서 훈련성취도 평가의 유형이나 방법은 훈련목표 및 내용(지식, 기술, 태도)이 무엇이냐에 따라 결정되며, 평가도구 또한 훈련목표의 유형에 따라 지식(이해도 및 문제해결력 평가), 기술(수행능력 평가), 태도(특정 상황에서의 태도 평가)의 세 가지 영역으로 나누어 개발될 수 있다. 일반적으로 훈련성취도 평가에서 수집된 평가자료는 채점의 과정을 거쳐 문항분석, 신뢰도 및 타당도 분석, 기술통계분석 등을 활용하여 훈련의 성취정도를 객관적으로 파악한다.

직업능력개발 훈련에서 훈련성취도 평가는 NCS기반 역량평가와 같은 의미로 볼 수 있다. 다만 직업능력개발 훈련의 모든 과정이 NCS기반으로만 개발되고 운영되는 것은 아니기에, 비NCS과정까지 포함한 모든 직업능력개발 훈련 과정에서는 훈련의 성과를 파악하기 위해 훈련성취도 평가를 실시하여야 한다.

그림 6-1 NCS기반 훈련과정의 훈련성취도 평가 예시

훈련과정명	훈련기간	학습자명	최종확인자 (지도교사)
객실관리 양성과정	3개월(350시간)	홍길동	이순신

교과목명	능력단위분류번호 능력단위명	평가자명	최종평 가일시	평가결과 (성취수준)
직업기초능력	–	이직업	'19.4.	90(5)
호텔이론	–	김호텔	'19.4.	80(4)
마케팅	–	박공단	'19.4.	85(4)
객실서비스	1203020201_13v1 객실 예약 접수	이순신	'19.4.	57(4)
	1203020202_13v1 체크 인(Check In)	이순신	'19.5.	72(3)
	1203020206_13v1 체크 아웃(Check Out)	이순신	'19.5.	83(4)
고객서비스	1203020508_13v1 고객 서비스 센터	황인력	'19.5.	73(3)
하우스 키핑 관리	1203020208_13v1 하우스키핑 정비	서산업	'19.6.	75(3)
	1203020209_13v1 하우스키핑 정비	서산업	'19.6.	75(3)
호텔 세탁물 관리	1203020210_13v1 호텔 세탁물 관리	남길정	'19.6.	72(3)
호텔 객실관리	침구류 세팅, 객실정리 정돈	안순신	'19.6.	85(4)
여행상품추천	1203020202_13v1 상품추천	남길신	'19.6.	62(2)

성취수준	5	4	3	2	1
점수환산 구간	90~100점	80~89점	70~79점	60~69점	60점 미만

자료 : NCS기반 훈련기준 활용 훈련과정 편성 매뉴얼(2019)

(2) 훈련성취도 평가의 특징

훈련성취도 평가는 훈련만족도 평가, 훈련전이도 평가를 포함한 훈련성과 평가와 연계가 되어있다. 그러나 기업 임직원을 대상으로 주로 실시하는 향상 훈련의 경우 훈련성취도가 높다고 해서 학습한 내용을 업무 현장에서 바로 활용하는 것을 담보하지는 않기 때문에 훈련목표의 달성이 훈련전이도를 보장하는 것은 아니다. 훈련에서 습득한 지식, 기술, 태도 등이 업무현장에서는 여러 가지 방해 요인 등으로 바로 적용되지 않을 수 있기 때문이다. 그럼에도 불구하고 훈련전이도 및 훈련성과를 높이기 위해서는 우선 전제조건이 훈련성취도가 높아야 한다는 점을 간과해서는 안 된다.

훈련성취도를 측정할 수 있는 가장 좋은 방법은 훈련 전과 훈련 후의 지식, 기술, 태도를 측정하여 그 변화 정도를 비교함으로써 훈련의 성취도를 평가하는 것이다. 그러나 많은 직업능력개발 프로그램은 훈련 시작 전 훈련생을 대상으로 평가를 실시하는 것이 용이하지 않기 때문에, 통상적으로는 훈련 중이나 훈련 종료 시 훈련성취도를 평가한다. 그러나 훈련의 성과를 제대로 담보하기 위해서는 진단평가 형식으로 훈련생의 성취도를 사전에 평가하고, 최종 총괄평가 차원에서 훈련 종료 시 훈련생의 성취도를 평가하는 것이 바람직하다.

또한, 훈련성취도 평가는 훈련이 시작되기 이전에 명시적으로 만들어진 훈련목표와 연계하여 실시하여야 한다. 훈련이 시작된 후 또는 종료 직전에 훈련목표를 만들고 훈련성취도 평가를 준비한다는 것은 잘못된 접근방법이다. 훈련성취도 평가는 사전에 계획된 훈련목표의 구체적인 진술(NCS의 경우 능력단위 요소 또는 수행준거)과 연계하여 준비 및 실행되어야 한다.

나. 훈련성취도 평가목적 및 평가결과 활용

훈련성취도 평가는 다음의 평가목적에 따라 평가결과를 활용할 수 있다.

첫째, 훈련성취도 평가는 훈련목표의 달성 여부를 확인하기 위한 목적으로 실시된다. 따라서 훈련성취도 평가결과를 바탕으로 훈련목표 달성 여부(지식, 기술, 태도의 습득)를 확인하여 훈련의 성패 여부를 판단할 수 있다. 그리고 이러한 훈련성취도 평가결과를 활용하여 훈련생 개개인의 훈련프로그램 수료

여부를 결정하는 데 활용할 수 있다.

둘째, 훈련성취도 평가는 훈련 설계의 개선에 활용될 수 있다. 훈련성취도 평가를 통해 훈련생들의 성취도를 확인함으로써 훈련 중 보다 중점적으로 다루어야 할 내용을 파악하고 차후 훈련프로그램을 설계할 때 이러한 내용을 반영할 수 있다.

셋째, 훈련성취도 평가를 통해 훈련 대상의 선정 기준을 개선할 수 있다. 훈련의 성패를 좌우하는 것은 난이도에 적합한 훈련생을 모집하고 선발하는 것이다. 따라서 훈련기관에서는 훈련성취도 평가를 바탕으로 훈련의 난이도에 적합한 훈련 대상자를 선정하는 데 활용할 수 있다.

넷째, 훈련성취도 평가를 통해 훈련성취도 평가의 난이도를 조절할 수 있다. 훈련성취도 평가를 실시한 이후 훈련생들의 문항별 득점분포를 살펴봄으로써 차후 훈련 대상자의 수준에 적합한 적절한 난이도의 훈련성취도 평가를 모색할 수 있다.

표 6-1   훈련성취도 평가의 목적 및 평가결과 활용

평가목적	평가결과 활용
훈련목표의 달성 여부 확인	• 훈련목표 달성 여부(지식, 기술, 태도의 습득)를 확인해 훈련의 성패 여부를 판단 • 훈련 참가자가 개개인의 수료 여부를 결정하는 데 활용
훈련 설계의 개선	• 참가자들의 훈련성취도를 확인함으로써 훈련 중보다 중점적으로 다루어야 할 내용을 파악하고 차후 훈련 과정 설계 시 반영
훈련 대상 선정 기준 개선	• 훈련의 난이도에 적합한 훈련 대상을 선정
훈련성취도 평가의 난이도 조절	• 참가자들의 훈련성취도 확인을 통해 차후 훈련 대상자의 수준에 맞는 적절한 난이도의 평가를 모색

02
훈련성취도 평가의 설계

훈련을 통한 지식, 기술, 태도 등의 변화정도를 측정하기 위해서는 훈련성취도를 훈련프로그램 운영과 연계하여 어떻게 거시적으로 설계할 것인지가 매우 중요한다. 일반적으로 훈련성취도 평가는 훈련 참가자를 대상으로 사전검사 및 사후검사를 실시하는 방법과 훈련 참가자를 대상으로 사후검사만 실시하는 방법으로 구분할 수 있다. 물론 이외에도 다양한 방법으로 훈련성취도를 측정할 수 있으나 현실적으로 활용이 잘 안 되고 있다.

가. 훈련 참가자를 대상으로 사전검사 · 사후검사 실시

훈련성취도를 가장 잘 측정할 수 있는 대표적인 방법은 <그림 6−2>와 같이 훈련생을 대상으로 훈련 실시 전 사전검사와 훈련 종료 후 사후검사를 실시하여, 사전검사와 사후검사의 결과를 비교하는 방법이다. 이 방법은 사전검사와 사후검사 결과를 비교함으로써 참가자의 변화가 훈련에 의한 것인지 아닌지에 대한 판단이 가능한다. 이때 사전검사와 사후검사의 측정도구는 동일한 도구를 활용할 수도 있고 동일한 훈련내용에 문제의 난이도가 동일하다는 가정 하에 각기 다른 측정도구를 활용할 수도 있다.

| 그림 6-2 | 사전검사 · 사후검사 실시 방법 |

구분	사전검사	훈련	사후검사
훈련생	○	실시	○

이때 주의할 점은 사전검사 경험이 사후검사 결과에 영향을 미칠 수 있다는 점이다. 즉, 훈련생이 사전검사 시의 문제지에 대해 사전검사 시 학습을 한 번 했기 때문에 사후검사에 영향을 미칠 수 있다는 것이다. 또 하나는 훈련 이외의 작업환경의 변화 등 외적인 요인이 변경되었을 때에도 사전검사에 대비해 사후검사에 영향을 줄 수 있다.

나. 훈련 참가자를 대상으로 사후검사만 실시

훈련성취도 평가에서 가장 많이 활용되는 방법은 훈련 참가자를 대상으로 사후검사만 실시하는 것이다. 이 방법은 사전검사에 대한 준비 및 실행의 부담이 큰 경우에 주로 활용가능하다. 그리고 실질적으로 많은 훈련기관에서 활용되고 있는 방법이다. 본 방법은 훈련 직후 훈련목표 달성 정도를 파악할 수 있다는 점에서 유용하지만 훈련생의 직접적인 향상 정도를 측정하는 데에는 한계가 있다는 단점이 있다.

표 6-2　　훈련성취도 평가 주요 용어

용어	내용
사전점수	훈련 실시 전, 훈련 참가 대상자의 훈련프로그램 내용에 대한 사전 지식, 기술, 태도의 보유 여부를 판단
사후점수	훈련 실시 후, 훈련 참가자의 지식, 기술, 태도의 습득 정도를 판단
문항 난이도	각 문항별로 전체 훈련 참가자 중 몇 %가 정답을 맞혔는지 계산해 각 평가 문항의 난이도를 확인
문항 변별도	각 문항과 전체 훈련 참가자의 총점 간의 상관관계를 산출해 문항의 변별력을 판단
평균 차이의 통계적 유의도	t-test를 이용해 실험집단과 통제집단 간 평균의 차이 또는 사전점수와 사후점수 평균의 차이가 통계적으로 유의한지 확인

자료: 배을규(2012)

03
훈련성취도 평가도구개발

가. 훈련목표 진술 및 평가영역

(1) 훈련목표 진술

훈련성취도 평가도구를 개발하기 위해서는 훈련목표에 대한 이해가 필요하다. 왜냐하면 훈련성취도의 평가도구는 훈련목표와 직접적으로 연계되어 훈련과정 설계 시부터 진술되어야 하기 때문이다. 훈련기관의 교사는 훈련과정 설계 시에 NCS과정인 경우에는 NCS를 기반으로, 비NCS과정인 경우에는 훈련목표를 중심으로 훈련목표를 진술하고 이와 연계하여 훈련성취도 평가영역 및 평가도구를 설계하여야 한다. 훈련목표는 훈련성취도 평가영역과 연계하여 설정되어야 한다. 훈련성취도 평가영역에는 인지적, 심동적, 정의적 영역이 있으며, 이에 따라 인지적 목표, 심동적 목표, 정의적 목표에 적합한 훈련목표를 진술하여야 한다(이 부분은 다음의 훈련성취도 평가영역을 참고하기 바람).

훈련과정을 설계할 때 전통적으로 훈련목표는 ABCD원칙에 의거해 진술한다. 훈련목표 진술의 ABCD는 다음과 같다.

- Audience/Actor, 훈련생: 훈련생을 주체로 진술
- Behavior, 구체적 행동: 훈련결과로 기대되는 성취행동을 인지/정서/심동적 용어로 표현
- Condition, 조건: 훈련생의 성취행동이 발생하는 상황, 조건, 환경 제시
- Degree, 행동기준/준거: 훈련생의 성취행동이 도달해야 될 기준, 도달점 행동의 달성여부를 판단할 수 있는 기준

훈련목표를 ABCD원칙에 의거해 진술할 때 학생을 주체(audience)로 진술하고, 구체적인 행동(behavior)으로 진술하고, 도달점 행동(degree)을 진술하는 것은 필수요건이다. 반면에 수행에 대한 조건(condition)은 선택요건이라 할 수 있다.

표 6-3	ABCD 진술 요건

진술 요건	비고
1. 학생을 주체로 진술하라.	필수요건
2. 구체적인 행동으로 진술하라.	필수요건
3. 도달점행동을 명시하라.	필수요건
4. 도달점행동을 수행해야 할 조건을 명시하라.	선택요건
5. 수행표준(행동기준) 혹은 준거를 진술하라.	선택요건

(2) 훈련성취도 평가영역

Bloom(1956)은 교육목표 분류학(taxonomy of educational objectives)에서 교육의 영역을 인지적, 심동적, 정의적 영역으로 분류하였다. 따라서 훈련성취도 평가를 위해서는 훈련성취도의 평가영역이 인지적 영역, 심동적 영역, 정의적 영역 중 어디에 해당하는지를 정확히 판단하는 것이 필요하다. 그리고 이러한 영역과 연계하여 훈련의 목표를 설정하여야 한다.

① 인지적 목표(cognitive objectives)

Bloom(1956)에 따르면 인지적 영역에 따른 인지적 학습목표는 지식이나 사고과정을 교육훈련 성과로 진술한 목표이다. 즉, 인지적 목표는 주로 사실, 개념, 절차 및 원리 등의 이해 및 적용 정도를 다룬 훈련목표이다. 이러한 인지적 영역의 훈련목표는 훈련목적에 따라 지식(knowledge), 이해(comprehension), 적용(application), 분석(analysis), 종합(synthesis), 평가(evaluation)의 6단계 수준으로 분류할 수 있다(Bloom, 1956). 즉, 훈련을 실시할 때 훈련의 성격에 따라 내용을 기억하는 수준(지식), 의미를 파악하는 수준(이해), 학습내용을 활용하는 수준(적용), 자료를 분할하는 수준(분석), 결합을 통해 새로운 것을 만드는 수준

(종합), 가치를 판단하는 수준(평가) 중 훈련목표를 설정하고 이에 적합한 교수 학습 활동을 하여야 한다.

　　지식은 이미 배운 내용(사실, 개념, 원리, 방법, 유형, 구조, 이론 등)을 그대로 기억하는 능력 수준을 의미한다. 이해는 학습내용의 의미를 파악하는 능력 수준. 즉, 단순히 자료를 기억하는 수준을 넘어 자료를 번역하고 해석하며, 추론하는 능력 수준을 말한다. 적용은 학습내용(개념, 규칙, 원리, 이론, 기술, 방법 등)을 새로운 장면에서 활용하는 능력 수준이다. 분석은 자료의 구조 및 구성 요소의 상호관계를 이해하기 위하여 자료를 구성요소로 분할하는 능력 수준을 의미한다. 종합은 구성요소를 결합하여 비교적 새롭고 독창적인 형태, 원리, 관계, 구조 등을 만들어 내는 능력 수준을 말한다. 마지막으로 평가는 특정한 목적과 준거를 기준으로 자료(아이디어, 작품, 해결책, 방법 등)의 가치를 판단하는 능력 수준이다. Bloom에 의하면 1수준인 지식에 가까울수록 단순정신능력에 훈련목표가 맞추어지고 6수준인 평가에 가까울수록 고등정신능력에 훈련목표의 초점이 맞추어진다.

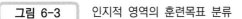

그림 6-3　　인지적 영역의 훈련목표 분류

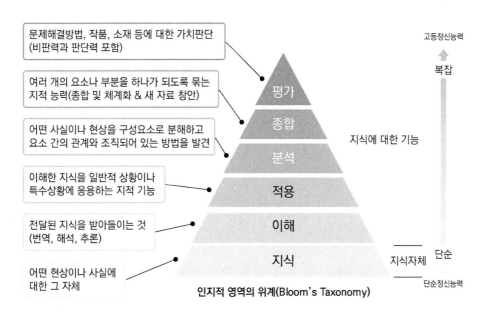

| 표 6-4 | | 인지적 영역의 훈련목표 분류 |

하위영역	설명	목표예시
지식 (knowledge)	이미 배운 내용(사실, 개념, 원리, 방법, 유형, 구조, 이론 등)을 그대로 기억하는 능력	• 용어를 정의하기 • 구체적인 사실을 기억하기 • 방법과 절차를 기술하기 • 원리를 기술하기, OO법칙을 기술하기 • OOO사용 규칙을 열거하기
이해 (comprehension)	학습내용의 의미를 파악하는 능력. 즉, 단순히 자료를 기억하는 수준을 넘어 자료를 번역하고 해석하며, 추론하는 능력	• 사실과 원리를 이해하기 • 언어적 자료를 해석하기 • 그래프를 해석하기 • 추상적인 법칙을 설명하기 • 자료에서 경향을 예측하기
적용 (application)	학습내용(개념, 규칙, 원리, 이론, 기술, 방법 등)을 새로운 장면에서 활용하는 능력	• OO법칙에 따라 OO과정을 설명하기 • OO법칙을 실생활 문제에 적용하기 • 도표나 그래프를 작성하기
분석 (analysis)	자료의 구조 및 구성요소의 상호관계를 이해하기 위하여 자료를 구성요소로 분할하는 능력	• 작품의 조직적 구조를 분석하기 • 원인과 결과를 찾아내기
종합 (synthesis)	구성요소를 결합하여 비교적 새롭고 독창적인 형태, 원리, 관계, 구조 등을 만들어 내는 능력	• 가설을 설정하기 • 실험계획을 수립하기 • 분류체계를 구성하기
평가 (evaluation)	특정한 목적과 준거를 기준으로 자료(아이디어, 작품, 해결책, 방법 등)의 가치를 판단하는 능력	• 자료의 논리적 일관성을 판단하기 • 내적 준거에 따라 작품의 가치를 판단하기 • 외적 준거에 따라 작품의 가치를 판단하기 • 계산의 정확성을 검증하기

② 심동적 목표(psychomotor objectives)

　Bloom(1956)에 따르면 심동적 영역에 따른 심동적 학습목표는 신체동작 및 기능에 관련된 훈련목표(예: 기계 조작에 관련된 목표 등)이다. 대개는 운동기능 및 특정 업무 수행능력과 관련되어 있다. 이러한 심동적 영역의 훈련목표는 지각(perception), 태세(set), 인도된 반응(guided response), 기계화(mechanism), 복합외현반응(complex overt response), 적응(adaptation), 창안(origination) 등의 7단계로 분류할 수 있다(Simpson, 1972).

　지각은 감각기관을 통하여 대상과 대상의 특징을 인식하는 수준이다. 태세는 특정 행동이나 경험을 하기 위한 정신적, 신체적, 정서적 자세를 나타내는 수준이다. 인도된 반응은 타인의 지도 또는 조력을 받아 외현적 동작을 수행하는 수준이다. 기계화는 어떤 동작을 습관화시켜 상당한 자신감을 갖고 숙련되게 수행하는 수준이다. 복합외현반응은 비교적 복잡한 동작을 최소한의 노력으로 신속하고 유연하고 정확하게 수행하는 수준이다. 적응은 주어진 상황과 문제요건에 맞추어 동작이나 기능을 수정하는 수준이다. 마지막 창안은 특정 상황이나 요건에 적합한 새로운 동작이나 기능을 개발하는 수준을 의미한다.

표 6-5 심동적 영역의 훈련목표 분류

하위영역	설명	목표예시
지각 (perception)	감각기관을 통하여 대상과 대상의 특징을 인식하기	• 기계의 작동소리를 듣고 결함을 인지하기
태세(set)	특정 행동이나 경험을 하기 위한 정신적, 신체적, 정서적 자세를 나타내기	• 드릴을 능숙하게 조작하려는 의욕을 보이기
인도된 반응 (유도반응, guided response)	타인의 지도 또는 조력을 받아 외현적 동작을 수행하기	• 여러 가지 절차를 시도해서 가장 효과적으로 바지를 다림질하는 방법을 발견하기
기계화 (mechanism)	어떤 동작을 습관화시켜 상당한 자신감을 갖고 숙련되게 수행하기	• 케이크를 만들기 위해 재료를 혼합하기 • 프로젝트를 작동하기 • 간단한 댄스 동작을 하기

복합외현반응 (complex overt response)	비교적 복잡한 동작을 최소한의 노 력으로 신속하고 유연하고 정확하게 수행하기	• 톱을 능숙하게 다루기 • 옷감의 본을 뜨고 재단하기 • 능숙하게 바이올린을 켜기 • 컴퓨터를 신속, 정확하게 수리하기
적응 (adaptation)	주어진 상황과 문제요건에 맞추어 동작이나 기능을 수정하기	• 상대방의 스타일에 맞추어 테니스 동작을 조정하기 • 물의 흐름을 고려하여 영법을 수 정하기
창안 (origination)	특정 상황이나 요건에 적합한 새로 운 동작이나 기능을 개발하기	• 새로운 댄스 동작을 개발하기 • 새로운 의복 디자인을 구성하기 • 새로운 공법을 개발하기

③ 정의적 목표(affective objectives)

Bloom(1956)에 따르면 정의적 영역에 따른 정의적 학습목표는 감정, 태도, 정서, 가치에 관련된 훈련목표이다. 정의적 목표는 훈련상황에서 가르치거나 측정하기가 쉽지 않아 교육훈련 및 평가에서 무시되는 경우가 흔하다. 이러한 정의적 영역의 훈련목표는 수용(receiving), 반응(responding), 가치화(valuing), 조직화(organization), 인격화(characterization)의 5단계로 분류할 수 있다(Krathwohl

그림 6-4   정의적 영역의 훈련목표 분류

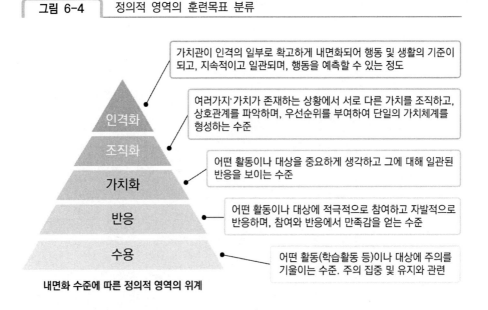

내면화 수준에 따른 정의적 영역의 위계

등, 1964).

수용이란 어떤 학습활동이나 대상에 주의를 기울이는 수준이다. 반응이란 어떤 활동이나 대상에 적극적으로 참여하고 자발적으로 반응하여 참여와 반응에서 만족감을 얻는 수준이다. 가치화란 어떤 활동이나 대상을 중요하게 생각하고 그에 대해 일관된 반응을 보이는 수준이다. 조직화란 여러 가지 가치가 존재하는 상황에서 서로 다른 가치를 조직하고, 상호관계를 파악하며, 우선순위를 부여하여 단일의 가치체계를 형성하는 수준이다. 인격화란 가치관이 인격의 일부로 확고하게 내면화되어 행동 및 생활의 기준이 되고, 지속적이고 일관되며, 행동을 예측할 수 있는 정도의 수준이다.

나. 훈련성취도 평가도구개발

(1) 훈련성취도 평가도구개발 절차

| 그림 6-5 | 훈련성취도 평가도구개발 절차 |

문항개발

문항별 점수 배정
• 출제 문항 수와 문항의 난이도를 고려해 결정

모범 답안 작성

문제지 편집
• 문항 유형별로 배열, 같은 유형은 학습 순서 또는 난이도 순으로 배치

문제지 검토
• 평가 대상과 유사한 집단에서 소수의 인원을 표집해 사전 평가를 실시하고 문제점을 찾아 보완

문제지 인쇄
• 문제지 인쇄 전에 문제지 체크리스트에 따라 문제지를 검토해 최종 이상 유무를 확인한 뒤 인쇄

자료: 배울규(2012), HRD실무자를 위한 교육훈련프로그램 평가

훈련성취도 평가도구는 문항 개발, 문항별 점수 배정, 모범 답안 작성, 문제지 편집, 문제지 검토, 문제지 인쇄의 절차로 진행한다. 문항 개발 시 문항별 점수 배점은 출제 문항 수와 문항의 난이도를 고려해 결정한다. 그리고 문제지를 편집할 때에는 문항 유형별로 배열하거나 같은 유형은 학습 순서 또는 난이도 순으로 배치한다. 문제지 검토에서는 평가 대상과 유사한 집단에서 소수의 인원을 표집하여 사전평가를 실시하고 문제점을 찾아 보완한다. 최종 문제지 인쇄 전에는 문제지 체크리스트에 따라 문제지를 검토하여 최종 이상 유무를 확인한 후에 인쇄한다(배을규, 2012).

(2) 훈련성취도 평가영역별 평가 유형

훈련성취도 평가는 평가영역에 따라 엄밀한 교육학적 의미에서는 일반평가와 수행평가로 구분할 수 있다. 일반평가란 주로 인지적 영역에서 적용 수준까지의 영역을 평가하는 것을 의미한다. 수행평가란 인지적 영역에서 분석 이상의 수준 영역과 정의적 영역과 심동적 영역을 평가하는 것을 말한다. 그러나 NCS기반 직업능력개발 훈련에서는 이러한 일반평가와 수행평가를 합하여 역량평가라는 용어를 통칭하여 사용한다. 따라서 훈련기관에서는 일반평가와 수행평가로 굳이 구분하여 활용할 필요는 없으며, 역량평가라는 의미로 통합하여 사용한다.

표 6-6   훈련목표/내용에 따른 평가 유형

평가영역	훈련목표/내용	평가 유형
인지적 영역	• 학습한 것을 재인, 회상, 암기, 의미를 파악	• 일반평가(선택형, 서답형)
	• 학습한 지식, 기술, 태도를 새로운 상황에 적용	• 일반평가, 수행평가 (선택형, 서답형, 체크리스트)
	• 분석, 종합, 평가 등 고차원적인 사고 능력	• 수행평가
정의적 영역	• 특정 상황, 사례에 대한 개인의 태도(흥미, 느낌)	• 수행평가
심동적 영역	• 특정 직무수행 능력에 대한 평가	• 수행평가

(3) 훈련성취도 평가 유형에 따른 평가도구

훈련성취도 평가 유형에 따른 평가도구는 보통의 교육학에서는 일반평가는 선택형(진위형, 연결형, 선다형), 서답형(단답형, 완성형, 논술형) 평가도구를 활용한다. 이러한 평가도구들은 전통적 지필시험 중심의 평가도구로 객관적, 효율적 평가가 가능하고 시간과 비용을 절약할 수 있다는 장점이 있다. 훈련생의 실제/유사 상황에서의 수행 능력을 평가하는 수행평가에서는 전통적으로 체크리스트, 평정척도(rating scale), 평정항목(rubric), 포트폴리오(portfolio) 등의 평가도구를 활용하고 있다. 그러나 NCS기반의 직업능력개발 훈련에서는 이러한 평가도구를 종합하여 12개의 새로운 역량평가방법(포트폴리오, 문제해결 시나리오, 서술형 시험, 논술형 시험, 사례연구, 평가자 질문, 평가자 체크리스트, 피평가자 체크리스트, 일지/저널, 역할연기, 구두발표, 작업장평가)을 제시하고 있으며,

표 6-7   설계 예시(NCS 능력단위: 170202)

평가유형	내용	평가도구
일반평가	• 전통적 접근의 평가(지필 시험) • 객관적, 효율적 평가 기능 • 시간과 비용의 절약	• 선택형(진위형, 연결형, 선다형) • 서답형(단답형, 완성형, 논술형)
수행평가	• 훈련생의 실제/유사 상황에의 적용 능력 또는 수행능력 평가 • 실제/유사 상황의 해결을 위한 자료/도구 제공 필요	• 체크리스트 • 평정척도(rating scale) • 평정항목(rubric) • 포트폴리오(portfolio)
역량평가 (일반평가+ 수행평가)	• 훈련생 개인이 업무 현장에서 직무 수행에 필요한 역량(지식, 기술, 태도 등)을 갖추고 있는지에 대해 공신력 있는 증거자료를 수집, 분석하여 가치 판단하는 과정	• 포트폴리오 • 문제해결 시나리오 • 서술형 시험 • 논술형 시험 • 사례연구 • 평가자 질문 • 평가자 체크리스트 • 피평가자 체크리스트 • 일지/저널 • 역할연기 • 구두발표 • 작업장평가

현실적으로 직업능력개발 훈련 평가는 12개의 역량평가방법을 중심으로 이루어진다.[2] 또한, NCS기반 역량평가에서는 진위형, 연결형, 선다형, 단답형, 완성형은 묶어서 기타형으로, 논술형(서술형, 논술형)은 하나의 평가방식으로 분리하여 제시하고 있다.

다. 훈련성취도 평가도구설계

훈련성취도를 위한 평가도구의 문항형식을 결정할 때에는 다음과 같은 사항을 중요하게 고려하여야 한다. 첫째는 훈련목표의 달성 여부를 가장 잘 측정할 수 있는 형식을 사용하여야 한다는 것이고, 둘째는 선택형 문항과 논술형 문항으로 모두 측정할 수 있는 경우, 선택형으로 출제하는 것이 더 바람직(대표성과 효율성이 높으므로)하다는 것이다.

그림 6-6 설계 예시(NCS 능력단위: 1702020611_16v2, 기능성고분자 물성측정, 3수준)

모듈/능력단위요소	시간	훈련목표	인지적 영역			평가도구				
			지식,이해	적용	분석,종합,평가	선택형	서답형	논술형	체크리스트	포트폴리오
기계적 물성 측정 하기	7	1. 기계적 물성의 종류를 파악하여 필요한 물성을 선택할 수 있다.		○				○		
		2. 선별된 기계적 물성에 관련된 이론을 파악하여 측정된 물성을 평가할 수 있다.	○				○			
		3. 선택된 기계적 물성에 따라 적합한 측정기를 선정하고 운용할 수 있다.		○				○		
		4. 측정 매뉴얼에 따라 해당 측정기에서 요구하는 시편을 준비할 수 있다.	○						○	

---

2) NCS기반 역량평가와 관련된 내용 및 평가기준에 대한 내용은 이 책의 NCS기반 역량평가 파트에서 자세히 다루도록 함

평가도구의 문항수는 평가목적, 출제범위, 평가시간, 문항형식 및 수준, 훈련생의 문제해결 습관 및 속도 등을 감안하여 종합적으로 결정해야 한다. <그림 6-6>은 NCS기반의 평가도구설계 예시이다.

(1) 선택형 훈련성취도 평가도구

① 진위형(true-false item)

일반평가에서 많이 활용되는 선택형 평가도구 중 하나인 진위형은 하나의 진술문을 제시하고 맞는지 틀리는지, 옳은지 그른지를 판단하게 하는 문항을 말한다.

그림 6-7   진위형 평가문항 예시
_____

문항 예시) 다음 소비자 유형에 대한 설명이 옳으면 ○, 틀리면 X를 ( ) 에 넣으시오

소비자를 잠재고객, 고정고객, 충성고객으로 구분했을 때, 잠재고객은 꾸준히 해당 제품을 구매하면서 다른 고객에게 소개하는 고객을 의미한다. ( )

정답) ○

진위형 평가는 문항 제작이 용이하고 채점의 객관성이 높으며 정해진 시간 내에 다수의 문항으로 많은 내용을 측정할 수 있다는 장점을 가지고 있다. 반면에 추측으로 답을 맞힐 수 있고, 고등정신능력보다는 단순정신능력을 측정하는 데 초점이 맞추어져 있고, 선다형 보다 변별력이 낮다는 단점이 있다. 특히 훈련생의 학습동기를 감소시키고 부정행위가 용이하다는 점도 실제적인 단점으로 들 수 있다.

이러한 진위형 평가를 문항을 개발할 때에는 다음의 사항에 유의하도록 한다.

- 하나의 질문에 하나의 내용만 포함되도록 한다. 가능한 간단명료한 단문으로 질문한다.
- 부정문, 이중부정문은 삼간다.

- 교재에 있는 똑같은 문장으로 질문하지 않는다.
- 답의 단서가 되는 부사어를 사용하지 않는다.
- 정답이 ○인 문항과 ×인 문항의 비율을 비슷하게 한다.

표 6-8   진위형 평가문항의 장단점

장점	단점
• 문항 제작이 용이 • 채점의 객관성이 높음 • 정해진 시간 내 다수의 문항으로 많은 내용 측정 가능	• 추측으로 답을 맞힐 수 있음 • 고등정신능력보다는 단순정신능력 측정 가능 • 선다형보다 변별력 낮음 • 기타: 학습동기 감소, 부정행위 용이

② 연결형(matching form item)

일반평가에서 진위형과 함께 많이 활용되는 선택형 평가도구 중 하나인 연결형은 문제군과 답지군을 배열하여 관계가 있는 것끼리 연결하도록 요구하는 문항을 의미한다.

그림 6-8   연결형 평가문항 예시

문항 예시) 다음 세 종류의 고객 유형과 그에 대한 적합한 설명을 바르게 연결하시오

가. 잠재고객 •	• a. 아직 구매하지 않고 있으나 향후 구매가능성이 높은 고객
나. 고정고객 •	• b. 꾸준히 구매하고 있을 뿐만 아니라 주변 사람들에게 소개하는 고객
다. 충성고객 •	• c. 꾸준히 구매하고 있지만, 다른 사람들에게 소개는 하지 않는 고객

정답) 가-a, 나-b, 다-c

연결형 평가는 채점이 용이하고 두 가지 내용의 연관성에 대한 기초지식 측정에 적합하고 유사한 사실을 비교 구분, 판단하는 능력을 측정할 수 있다는 장점이 있다. 반면에 문항제작 경험이 부족할 경우, 제작에 많은 시간이 소요되고 문제군과 답지군이 동질성을 상실하였을 경우, 피험자가 쉽게 답을 인지할 가능성이 있고 고등정신능력 측정이 다소 어렵다는 단점을 갖는다.

이러한 연결형 평가 문항을 개발할 때에는 다음의 사항에 주의하여야 한다.

- 문제군의 문제 수보다 답지군의 답지 수가 많아야 한다.
- 연결 항목의 수를 적당하게 제시할 필요가 있다(문제군의 문제 수가 10개 이상이 되지 않도록).
- 긴 문장은 가급적 지양한다.
- 문제군과 답지군을 같은 페이지에 배치시킨다.

표 6-9 연결형 평가문항의 장단점

장점	단점
• 채점이 용이 • 두 가지 내용의 연관성에 대한 기초지식 측정에 적합 • 유사한 사실을 비교 구분, 판단하는 능력을 측정할 수 있음	• 문항제작 경험이 부족할 경우, 제작에 많은 시간 소요 • 문제군과 답지군이 동질성을 상실하였을 경우, 피험자가 쉽게 답을 인지할 가능성 • 고등정신능력 측정이 다소 어려움

③ 선다형(multiple choice form)

일반평가에서 가장 많이 활용되는 선택형 평가도구인 선다형은 두 개 이상의 답지가 부여되어 그 중 맞는 답지나 가장 알맞은 답지를 선택하는 문항을 의미한다. 선다형에서는 여러 개의 답지 중 정답이 아닌 답지를 어떻게 제작하느냐에 따라 문항 난이도가 변화한다.

그림 6-9 선다형 평가문항 예시

문항 예시) 심리검사를 인지적 검사와 정서적 검사로 나눌 때 인지적 검사에 해당하는
것은?
① 적성검사 ② 성격검사
③ 흥미검사 ④ 가치관검사

정답) ①

문항 예시) 고객 유형 중에서 우리 제품을 실제 구매한 고객유형을 고르시오

| 가. 잠재고객 | 나. 충성고객 |
| 다. 고정고객 | 라. 일반고객 |

정답) 나

문항 예시) [보기]의 고객유형 중에서 우리 제품을 실제 구매한 고객유형 두 가지를 골라
쓰시오.

[보기]
잠재고객, 고정고객, 충성고객

정답) 고정고객, 충성고객

선다형 평가는 학습 영역의 많은 내용을 측정할 수 있고, 양질의 문항일
경우, 고등정신능력을 측정할 수 있다는 장점이 있다. 그러나 그럴듯한 틀린
답지 제작이 쉽지 않고, 문항제작은 많은 시간이 소요되며 추측에 의해 맞힐
확률이 존재한다는 단점이 있다.

이러한 선다형 문항을 개발할 때에는 다음의 사항에 주의하여야 한다.

• 질문을 선택지보다 더 길게 작성한다.
• 너무 사소한 것을 질문하는 것을 지양한다.
• 정답과 오답의 위치를 무작위로 배치하여 일정한 번호 패턴을 유지하지

않도록 주의한다.

- 단편적인 지식, 기술만을 측정하기보다 '어떻게', '왜' 등과 같은 의문사를 사용하여 학습자의 보다 고차적인 지적 능력을 평가할 수 있도록 작성한다.
- 답지만을 분석하여 문항의 답을 맞히게 하지 말아야 한다.

표 6-10 선다형 평가문항의 장단점

장점	단점
• 학습 영역의 많은 내용을 측정할 수 있음 • 양질의 문항일 경우, 고등정신능력 측정 가능	• 그럴듯한 틀린 답지 제작이 용이하지 않고, 문항 제작에 많은 시간이 소요됨 • 문항의 답을 모를 때 추측에 의해 맞힐 확률이 존재

(2) 서답형 훈련성취도 평가도구

① 단답형(short-answer form item; short type answer item)

일반평가에서 많이 활용되는 서답형 평가도구 중의 하나인 단답형은 간단한 단어, 구 절로 응답하는 문항 형태로 용어의 정의나 의미를 물을 때 자주 사용된다. 단답형 문항은 순수단답형과 복수단답형으로 구분된다. 순수단답형은 주어진 문제에 대해 간단한 문장, 단어, 기호 등으로 직접 써서 답하는 문항을 의미한다. 복수단답형은 여러 개의 단답을 요구하는 문항을 의미한다.

그림 6-10 　단답형 평가문항 예시

• 순수단답형: 주어진 문제에 대해 간단한 문장, 단어, 기호 등으로 직접 써서 답하는 문항

문항 예시) 다음에서 설명하고 있는 분석방법의 명칭을 쓰시오

> 자사 내·외부 환경분석 및 강점과 약점의 파악, 다양한 위협요인 및 기회요인 포착 등의 분석에 유용한 분석방법이다.

정답) SWOT분석

• 복수단답형: 여러 개의 단답을 요구하는 문항

문항 예시) 마케팅의 4P는 price, place, promotion, product를 의미한다. 이 중에서 제품의 속성 및 성능과 관계없는 것을 3가지만 쓰시오

정답) 가격(price), 유통경로(place), 촉진(promotion)

　　단답형 평가는 문항 제작이 용이하고, 추측에 의해 정답을 맞힐 수 있는 요인을 배제할 수 있고, 논술형보다 채점이 객관적이며, 문장력에 의하여 점수가 부여되는 효과를 배제 가능하다는 장점이 있다. 반면에 단점으로는 단순지식, 개념, 사실들을 측정할 가능성이 높고, 선택한 문항에 비해 채점의 객관성 보장이 어렵고, 기억능력에 의존하는 학습을 조장할 수 있다는 단점이 있다.

　　단답형 문항을 개발할 때에는 다음의 사항에 주의하여야 한다.

- 가능한 간단한 형태의 응답이 되도록 질문한다.
- 애매한 응답이 되는 것을 지양하기 위해 문항을 명료하게 작성한다.
- 단답형 문항을 개발하는 가장 쉬운 방법은 교재에 있는 문장을 의문형으로 고쳐 제시하는 것이나, 교재 내의 구, 절의 형태와 같은 문장으로 질문하는 것을 지양한다.

표 6-11	단답형 평가문항의 장단점

장점	단점
• 문항 제작이 용이 • 추측에 의하여 정답을 맞힐 수 있는 요인을 배제 • 논술형보다 채점이 객관적 • 문장력에 의하여 점수가 부여되는 효과 배제 가능	• 단순지식, 개념, 사실들을 측정할 가능성이 높음 • 선택형 문항에 비해 채점의 객관성 보장이 힘듦(정답의 다양성 논란이 야기될 수 있음) • 기억능력에 의존하는 학습이 조장될 수 있음

② 완성형(completion form item)

일반평가에서 많이 활용되는 서답형 평가도구 중의 하나인 완성형 평가는 문제의 내용 중 빈칸에 해당하는 적합한 단어, 기호 등을 쓰도록 요구하는 문항을 의미한다.

그림 6-11	완성형 평가문항 예시

문항 예시) 외부환경분석에 관한 내용이다. (　　　)안에 들어갈 용어를 쓰시오

외부환경분석 방법 중 3Cs는 자사(Company), 경쟁사(Competitor), (　　　)을/를 가리킨다.

정답) 고객(Customer)

완성형 평가는 추측에 의하여 정답을 맞힐 수 있는 요인을 배제할 수 있고 검사의 타당도와 신뢰도가 높고, 문항 제작이 수월한 편이고, 채점의 객관성을 유지할 수 있고 문장력에 의한 효과를 배제할 수 있다는 장점이 있다. 반면에 단순지식, 개념, 사실 등을 측정할 가능성이 높고 정답이 여러 개 있을 수 있다는 단점이 있다.

완성형 문항을 개발할 때에는 다음의 사항에 주의하여야 한다.

• 중요한 내용을 빈칸(괄호)으로 한다.
• 교재에 있는 문장을 그대로 사용하는 것을 지양한다.
• 질문의 빈칸(괄호) 뒤의 조사가 정답을 암시하지 않게 한다.

- 빈칸(괄호)을 지나치게 많이 사용하는 것을 지양하고, 1~2개 정도만 제시한다.
- 가능한 빈칸(괄호)은 문장의 끝에 배치하는 것이 좋다.
- 채점 시 빈칸(괄호) 하나를 채점단위로 한다.

표 6-12   완성형 평가문항의 장단점

장점	단점
• 추측에 의하여 정답을 맞힐 수 있는 요인을 배제 • 검사의 타당도와 신뢰도가 높음 • 문항 제작이 수월한 편 • 채점의 객관성 유지 • 문장력에 의한 효과 배제 가능	• 단순지식, 개념, 사실들을 측정할 가능성이 높음 • 정답이 여러 개 있을 수 있음

③ 논술형(essay type item): 서술형 시험 / 논술형 시험

논술형 시험에는 서술형 시험과 논술형 시험이 있다. 서술형 시험은 주어진 질문에 대해 알고 있는 자신의 지식이나 생각을 직접 작성하게 하는 방식을 말한다. 논술형 시험은 주어진 질문에 대해 자신의 견해나 주장을 논리적 과정을 통해 상대방에게 설득력 있게 전달토록 하는 방식이다. 이러한 서술형과 논술형은 혼용되어 사용되나 의미를 구분하면 서술형은 논술형에 비해 서술해야 하는 분량이 적고 채점 시 서술된 내용의 깊이와 넓이에 주된 관심을 받는다. 논술형은 자신의 생각이나 주장을 논리적으로 설득력 있게 조직하여 작성하는 것을 강조한다.

| 그림 6-12 | 논술형/서술형 평가문항 예시 |

논술형 문항 예시) 잠재적 고객을 충성고객으로 만들어 우리 제품을 구매할 수 있도록 하기 위한 방안에 대해서 본인의 견해를 작성하시오.

서술형 문항 예시) [서술형]
문항) 시장분석 방법 중 SWOT 분석에 대해 설명하시오.

정답) 외부환경을 기회와 위협으로 구분하고, 내부여건을 강점과 약점으로 구분하여 분석하는 기법이다.

서술형 문항 예시) [계산형]
문항) 방사 시 아래와 같은 조건으로 생산 시 일생산량을 kg단위로 계산하시오.(단, 계산과정과 답을 모두 기입하시오)

데니어: 900데니어, 방사속도 1,000m/min, 엔드수 10엔드(6엔드/와인더), 와인더수 10개 와인더, 효율 100%

식) [(900데니어 × 1,000m/min)/9,000 × 10엔드 × 10와인더 × 1(효율 100%) × 1,440분] / 1,000g = 14,400kg/일
정답) 14,400kg

논술형 시험은 응답형태를 제한하지 않으므로 여러 정신능력이 측정 가능하고 문항 제작이 선다형, 단답형에 비해 상대적으로 수월하다는 장점이 있다. 단점으로는 문장력이 작용하여 채점에 영향을 줄 수 있고, 채점의 일관성, 객관성이 떨어질 수 있고, 채점에 시간이 소요된다는 점이다. 논술형 문항 개발 시에는 다음의 사항에 유의하여야 한다.

- 단순한 기억이나 암기력 평가가 되지 않도록 하고, 고등사고 기능을 측정하기에 적절한 문항을 개발하여야 함
- 기본적인 개념 원리나 성질을 이해하고 있는지, 기본적인 개념 원리나 성질을 이용하여 주어진 문제를 해결할 수 있는지 등 다양한 성취 기준을 반영할 수 있는 문항을 개발하여야 함

- 구체적인 목적을 평가할 수 있도록 문항을 구조화시키고 제한성을 갖도록 출제해야 함. 구조를 제한하면 문항이 현실적인 상황과 관련될 수 있음
- 응답해야 할 과제가 분명해짐
- 적당히 추측해서 아무렇게나 작성하는 것을 방지할 수 있음

| 표 6-13 | 논술형 평가문항의 장단점 |

장점	단점
• 응답형태를 제한하지 않으므로 여러 정신 능력 측정 가능 • 문항 제작이 선다형, 단답형에 비해 상대적으로 수월함	• 문장력이 작용하여 채점에 영향을 줄 수 있음 • 채점의 일관성, 객관성 • 채점에 시간 소요

라. 문제지 검토

문제지가 완성되면 인쇄하기 전 다음의 체크리스트에 따라 최종 이상 유무를 점검한다.

| 표 6-14 | 문제지 검토 체크리스트 |

체크리스트 문항	체크
평가 문항의 내용과 형식은 평가 목표에 일치되도록 작성되었는가?	☐
평가 문항에 사용된 용어는 학습자의 수준에 적합한가?	☐
평가 문항은 간결하고 명확하게 작성되었는가?	☐
지나치게 세부적이고 특수한 지식을 묻는 문항은 없는가?	☐
지나치게 어렵거나 쉬운 문항은 없는가?	☐
2개 이상의 답지에 공통적으로 존재하는 요소로 인해 정답의 단서가 되는 것은 없는가?	☐
맞춤법과 띄어쓰기가 정확한가?	☐
평가 소요 시간이 적절한가?	☐
문자의 판독이 어려운 것은 없는가?	☐
문제지가 2장 이상일 경우, 페이지 수가 정확하게 인쇄되었는가?	☐

04
훈련성취도 평가결과 분석

가. 훈련성취도 평가 분석

훈련성취도 평가를 위해서는 평가 문항이 검사 집단 및 검사 목적에 적합하게 문항난이도나 문항변별도가 있는지를 확인하여야 한다. 이러한 평가 문항의 분석은 문항반응이론(item response theory)에 근거하여 이루어진다. 문항반응이론이란 검사를 구성하는 문항 하나하나에 초점을 두고 각 문항마다의 고유한 문항특성곡선에 의하여 피험자의 잠재적 특성 혹은 능력과 문항의 특성을 추정하는 검사이론이다(성태제, 2004).

일반적으로 문항개발 시 검사 집단에 따라 문항난이도와 변별도가 변화될 수 있으므로 이를 주의하여야 한다. 즉, 동일한 문항이라도 능력이 높은 집단에 실시되면 쉬운 문항으로 분석되며, 능력이 낮은 집단에 실시되면 어려운 문항으로 분석될 수 있다. 그러나 문항반응이론은 다음과 같은 특징을 가진다.

① 불변의 문항특성을 전제: 문항반응이론은 총점에 의하여 문항을 분석하고 피평가자 능력을 추정하는 것이 아니라 각 문항마다 고유한 불변의 문항특성이 있다고 전제함

② 문항 하나하나에 근거한 분석: 문항 하나하나에 근거하여 분석하는 이론

③ 집단의 특성과 관계없이 안정된 문항 난이도와 변별도 분석: 문항반응이론은 문항마다 불변하는 문항고유의 특성이 있다고 전제하기 때문에 피평가자 집단의 특성에 관계없이 안정된 문항난이도와 문항변별도를 분석할 수 있음

④ 문제은행 구축과 컴퓨터화 검사에 활용: 문항반응이론은 문항모수, 즉 문항난이도, 문항변별도, 문항추측도를 안정적으로 추정하여 문항특성

이 불변하기 때문에 양질의 문항을 모아 문제은행을 구축하는 데와 나아가 컴퓨터화 검사에도 이용됨

나. 문항의 적절성 검토

훈련성취도 평가 후 문항의 적절성을 검토하기 위해서는 평가결과 입력, 문항의 적절성 검토, 평균 및 표준편차 산출, 사전점수와 사후점수 비교 등의 순서로 문항의 적절성을 검토한다.

(1) 평가결과 입력

엑셀시트에 아래 <그림 6-13>과 같이 훈련생 명단을 세로축으로 문항 번호를 가로축으로 하여 훈련생 개개인이 문항 하나 당 정답을 맞혔으면 '1', 오답이면 '0'으로 입력한다.

그림 6-13 평가결과 입력

	B13	▾		f_x	=CORREL(B2:B11,$L$2:$L$11)						
	A	B	C	D	E	F	G	H	I	J	K	L
1	이름	1번	2번	3번	4번	5번	6번	7번	8번	9번	10번	총점
2	A	1	1	0	1	1	0	1	1	0	0	6
3	B	0	1	1	1	1	0	1	1	1	0	7
4	C	1	1	1	1	1	1	1	1	0	1	9
5	D	0	1	0	0	0	1	0	0	1	1	4
6	E	1	0	0	1	0	1	0	1	0	0	4
7	F	0	1	1	1	0	0	0	1	1	0	5
8	G	1	1	1	0	1	1	1	1	0	0	7
9	H	0	1	1	0	1	0	0	0	0	0	3
10	I	1	1	1	1	1	1	1	1	1	1	10
11	J	0	0	0	0	1	0	0	0	0	0	1
12	문항난이도	0.5	0.8	0.6	0.6	0.7	0.5	0.5	0.7	0.4	0.3	5.6
13	문항변별력	0.612	0.593	0.578	0.578	0.317	0.459	0.841	0.734	0.281	0.517	

---

(2) 문항의 적절성 검토

문항의 적절성은 문항의 난이도와 변별도를 산출하여 검토한다. 문항의 난이도는 각 문항별로 전체 응답자 중 몇%가 정답을 맞추었는지로 계산하며,

값이 높을수록 쉬운 문항이다. 문항의 변별도는 각 문항과 총점 간의 상관계수를 활용하여 계산('correl'함수 사용)하며, 값이 높을수록 좋은 문항이다.

문항의 난이도가 너무 낮거나(0.1 미만) 너무 높은 문항(0.9 이상)과 변별도가 너무 낮은 문항(0.3 미만)은 바람직하지 않으므로 문항 수정이 요구된다. 문항의 적정 난이도는 0.3~0.7 정도이며, 문항이 너무 쉬운 경우 오답을 좀 더 어렵게 수정하거나 문항이 너무 어려운 경우 오답 중 총점이 높은 사람이 많이 선택한 오답을 좀 더 쉽게 수정하는 것이 필요하다.

(3) 평균 및 표준편차 산출

문항의 적절성을 검토한 이후에는 <그림 6-14>와 같이 문항 전체의 평균 및 표준편차를 산출한다. 응답자 총점의 평균(엑셀의 'average함수')과 표준편차(엑셀의 'stdev함수')를 기반으로 산출한다. 전체 평균이 높을수록 훈련참가자들의 학습성취도가 높다는 것을 의미하며, 표준편차가 클수록 개인 간 훈련성취도의 편차가 큼을 의미한다.

그림 6-14 평균 및 표준편차 산출

	A	B	C	D	E	F	G	H	I	J	K	L
1	이름	1번	2번	3번	4번	5번	6번	7번	8번	9번	10번	총점
2	A	1	1	0	1	1	0	1	1	0	0	6
3	B	0	1	1	1	1	0	1	1	1	0	7
4	C	1	1	1	1	1	1	1	1	0	1	9
5	D	0	1	0	0	0	1	0	0	1	1	4
6	E	1	0	0	1	0	1	0	1	0	0	4
7	F	0	1	1	1	0	0	0	1	1	0	5
8	G	1	1	1	0	1	1	1	1	0	0	7
9	H	0	1	1	0	1	0	0	0	0	0	3
10	I	1	1	1	1	1	1	1	1	1	1	10
11	J	0	0	0	0	1	0	0	0	0	0	1
12	문항난이도	0.5	0.8	0.6	0.6	0.7	0.5	0.5	0.7	0.4	0.3	5.60
13	문항변별력	0.612	0.593	0.578	0.578	0.317	0.459	0.841	0.734	0.281	0.517	2.757

(4) 사전점수와 사후점수 비교

훈련성취도 평가를 사전평가와 사후평가로 나누어 실시한 경우에는 훈련

시작 전의 사전점수와 훈련 종료 후의 사후점수를 엑셀의 서로 다른 열에 입력한 다음 대응표본 t-검정을 실시한다. 다음은 엑셀을 활용한 대응표본 t-검정 절차이다.

① 엑셀에 사전점수와 사후점수를 입력 후 데이터 분석을 클릭

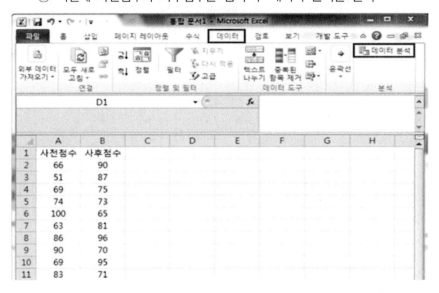

② 엑셀 데이터 분석 중 t-검정: 쌍체비교 선택 후 확인

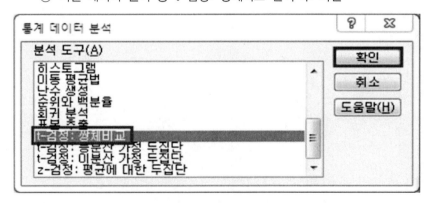

③ t-검정: 쌍체비교 변수 1, 변수 2 범위 입력

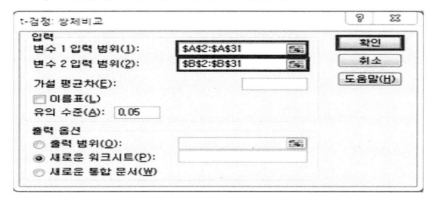

④ t-검정 결과 평균 및 p value 확인

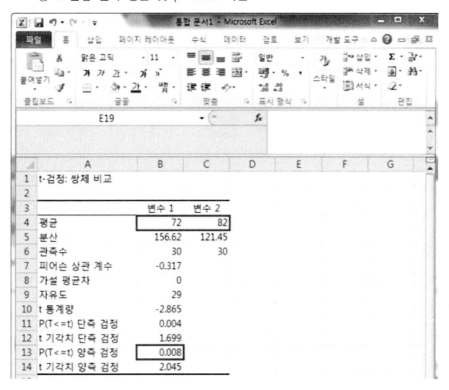

그룹활동

성취도 평가 문항 개발

'직업능력개발 훈련 평가'수업의 훈련성취도 평가를 위한 훈련목표를 작성하고, 훈련성취도 평가 문항을 만들어 보세요.

05 활동지
훈련프로그램 평가도구개발–성취도 평가

학과: 학번: 조: 이름:

    (그룹 실습) '직업능력개발훈련평가 수업'의 성취도 평가를 위한 훈련목표를 작성하고, 성취도 평가 문항을 만들어보세요.(양식은 필요에 의해 가공하거나 항목 추가하여 사용하세요)

OOOOOOOOO 성취도 평가

1. 해당 주 차의 훈련목표를 진술하고, 해당 훈련목표의 달성을 평가하기 위한 평가를 아래의 양식을 활용하여 설계해보세요.

레슨	훈련목표	인지적 영역			평가도구				
		지식, 이해	적용	분석, 종합, 평가	선택형	서답형	논술형		
(예) 훈련 프로그램 평가의 절차	1.								
	2.								
	3.								

2. 훈련목표를 평가하기 위한 평가 문항을 아래의 양식에 만들어보세요.

훈련목표	평가 문항	
1	평가 문항 유형	
2	평가 문항 유형	
3	평가 문항 유형	
	평가 문항 유형	

3부

직업능력개발 훈련 역량평가

제**7**장

역량평가의 이해 및 프로세스

≫ 학습목표

1. 역량의 개념과 특성에 대해 설명할 수 있다.

2. 역량평가의 정의와 특징, 역량평가의 원칙과 유의사항에 대해
   설명할 수 있다.

3. 역량평가의 프로세스 및 각 단계에서의 주요 활동에 대해
   설명할 수 있다.

01
역량의 이해

가. 역량의 개념

White(1959)가 개인의 특성으로 역량(competency)을 규정한 이후 역량은 다양한 맥락에서 폭넓게 사용되어 왔다. 역량에 대한 논의가 본격적으로 시작된 것은 McClleland(1973)가 'testing for competence rather than intelligence'라는 연구를 발표하면서, 기존의 지능검사가 실제 직무성과나 삶의 성공을 예측하는 데에는 한계가 있다는 점을 주장한 이후이다. 그는 대안으로 행동중심의 역량이 평가의 대상이 되어야 함을 강조하면서, 역량을 '현장에서의 우수한 직무성과를 예측하게 하는 개인의 내재적 특성'으로 정의하였다. 이후 점차적으로 역량은 우수 수행자와 평균 수행자의 차이를 구분하는 지식, 기술, 능력, 그리고 기타 특성으로 보게 되었다(오헌석, 2007).

Boyatzis(1972)는 역량을 '성공적인 직무수행에 관련된 개인의 지식(knowledge), 스킬(skill), 특질(traits), 동기(motive), 자기 이미지(self-image), 사회적 역할(social role) 등과 같은 내재적 특성'이라고 정의하였다. Spencer와 Spencer(1993)는 역량을 '특정한 상황이나 직무에서 구체적인 준거나 기준에 비추어 평가했을 때, 효과적이고 우수한 성과의 원인이 되는 개인의 내적 특성'이라고 정의하면서, 역량은 선천적인 것과 후천적으로 습득된 능력 둘 다를 포함하며, 선천적으로 타고난 특질과 학습이나 노력, 경험에 의해 습득되는 지식과 기술, 태도를 통합한 총제적인 것으로 규정하였다. Lucia와 Lepsinger(1999)는 역량을 '조직의 개념과 연계하여 조직에서 역할을 효과적으로 수행하는 데 필요한 지식, 기술, 특성의 조합으로 정의'하였다.

이를 종합할 때 역량은 '특정한 상황이나 직무에서 자신의 업무를 성공적으로 수행하는 데에 필요한 지식, 기술, 태도 등을 포함한 개인의 내적 특성'

이며, 이는 행동의 분석을 통해서 알 수 있다. 따라서 역량을 개발하기 위해서는 행동의 수정이 필요하며, 행동의 수정은 개인이 가지고 있는 고유의 특질이라는 바탕위에 새로운 지식, 기술, 태도를 습득함으로써 이루어질 수 있다.

일반적으로 역량에 대한 접근방법은 미국식과 영국식의 차이가 있다. 미국식 역량은 행동역량모형으로 성과향상을 위한 역량개발 목적으로 우수수행자를 규명하고 우수한 업무수행자의 행동특성을 밝히는 데 목적이 있다. 반면에 영국식 역량은 직무성과모형으로 종업원의 능력 진단 및 자격화를 위한 최소 수행기준을 규명하는 데 목적을 둔다(오헌석, 2007). 미국식의 행동역량모형은 개발과정에서 조직에서 요구하는 행동 및 특성을 가진 우수한 수행자의 행동 및 특성을 밝히는 데 초점을 두기 때문에 사람의 특성에서 출발한다고 볼 수 있다. 반면에 영국식의 직무성과모형은 개발과정에서 조직맥락보다는 직무기능중심으로 직무기능에 필요한 성취표준(과정/결과물)을 밝히는 데 초점을 맞추기 때문에 직무의 특성에서 출발한다고 할 수 있다. 따라서 직무에서의 행동 및 특성에 초점을 맞추어 주로 자격을 취득하기 위한 직무에서의 최소 능력을 획득하는 데 초점을 맞춘 직업능력개발 훈련에서의 역량은 영국식의 직무성과모형 접근법을 활용하고 있다고 할 수 있다. 여기서 미국식과 영국식 모형의 공통점은 업무를 수행하는 데 필요한 특정 행동을 유발하는 특성을 고려한다는 것이다. 이를 종합적으로 고려하여 간단히 정의하면 역량이란 업무수행을 위해 요구되는 행동특성이라 할 수 있다(이진구, 2015).

표 7-1 미국식과 영국식 역량 비교

구분	행동역량모형(미국)	직무성과모형(영국)
목적	• 성과향상을 위한 역량개발 목적의 우수수행자 규명	• 종업원의 능력 진단 및 자격화를 위한 최소 수행기준 규명
초점	• 개인의 행동 및 특성 (사람의 특성에서 출발)	• 직무 및 개인의 특성 (직무의 특성에서 출발)
개발절차	• 개인(우수수행자)의 행동 및 특성	• 직무기능에 필요한 성취 표준 (과업/결과물)
조직의 영향	• 조직에서 요구하는 행동 및 특성	• 조직맥락보다는 직무기능중심

나. 역량의 특성

역량이라는 개념이 가지고 있는 특성과 관련하여 미국식 역량의 관점에서 이홍민(2014)은 대표적으로 여섯 가지를 언급하였다. 첫째, 업무의 수행과정에서 나타나는 구체적인 행동이다. 능력(ability)이 일반적인 지식, 기술, 특징 등을 다룬다면, 역량(competency)은 직무수행에서 나타나는 개인의 행동 특성이 중심이 된다. 둘째, 역량은 조직의 변화를 지원한다. 즉, 역량은 조직의 가까운 미래에 요구되는 종업원들의 행동 및 특성에 초점을 맞추어 조직의 변화를 추진할 수 있다. 셋째, 성과기준과 직무수행 환경에 따라서 개인에게 요구되는 역량이 달라질 수 있다는 점을 감안할 때 역량은 상황대응적이라는 특징을 가지고 있다. 넷째, 역량이 업무 성과에 초점을 두고 있다는 점에서 성과 중심적이라고 할 수 있다. 다섯째, 역량은 교육훈련, 코칭, 피드백 등의 활동을 통해 충분히 육성 및 개발이 가능하다. 여섯째, 역량은 측정과 관찰이 가능하다. 즉, 타인들이 한 개인의 역량을 평가하고 이에 대해 피드백을 제공하며, 변화를 객관적으로 측정할 수 있다는 점에서 역량은 관찰 가능한 특징을 가지고 있다. 그리고 이러한 역량의 특성은 미국식과 영국식 모형의 공통점인 행동특성이라는 관점에서 영국식 역량에서도 유사하다고 할 수 있다.

02
역량평가의 이해

가. 역량평가의 정의와 특징

(1) 역량평가의 정의

호주나 영국 등 국가직무능력표준을 중심으로 직업능력개발 훈련이 이루어지는 국가들은 훈련생 개인의 성과평가를 강화하기 위하여 훈련교사의 필수 역량 중 하나로 역량평가를 강조하여 자격취득시 반영하거나 별도의 역량평가사 제도를 운영하고 있다(이진구, 2015). 여기서 역량평가란 훈련생 개인이 업무 현장에서 직무 수행에 필요한 역량(지식, 기술, 태도 등)을 갖추고 있는지에 대해 공신력 있는 증거자료를 수집, 분석하여 가치 판단하는 과정을 의미한다.

그림 7-1　　역량평가의 정의

증거자료 수집　　가치판단

훈련생 개인이 업무 현장에서 직무 수행에 필요한 역량(지식, 기술, 태도 등)을 갖추고 있는지에 대해 공신력 있는 **증거자료를 수집, 분석하여 가치판단 하는 과정**

역량평가(competency evaluation)와 유사한 개념으로 수행평가(performance evaluation)라는 용어가 있다. 수행평가란 학습자 개개인이 처한 '상황'이라는 요인을 고려하여 과제수행 과정과 결과에 대한 포괄적인 정보를 수집하는 방

식이다(박도순, 1995). 이는 습득한 지식, 기술을 실제 상황이나 인위적 평가 상황에서 얼마나 잘 수행했는지(doing, performing), 또는 최소한 어떻게 수행할 것인지(how to do, how to perform)를 관찰, 면접 등을 통하여 종합적으로 평가하는 방법이다. 수행평가에서는 지식이나 기술에 의한 정답 여부나 산출물에만 관심이 있는 것이 아니라, 수행과정과 결과 모두에 관심을 갖는다(성태제, 1999). 따라서 우리가 학습자를 대상으로 종합적으로 평가하고자 하는 것은 학습자의 과제수행 과정과 결과를 포함하는 수행의 개념이다. 따라서 훈련 상황에서 엄밀한 의미에서는 역량평가라는 용어보다 수행평가라는 용어가 더 적합하기는 하지만, 직무수행을 위한 최소의 수행기준이자 학습자의 행동에 영향을 미치는 역량에 초점을 맞추면서 NCS(national competency standard)와의 연계성을 고려하여 역량평가라는 용어를 사용하고자 한다.

이러한 역량평가가 갖는 의미를 다시 한 번 정리하면 다음과 같다. 첫째, 역량평가는 피평가자의 과제 수행 과정과 결과를 모두 평가하는 수행평가의 개념이다. 역량평가는 수행을 위한 행동에 더욱 초점을 맞추어 진행하는 평가방식이자 역량의 보유여부를 판단하는 평가방식이다. 둘째, 역량평가는 직업능력개발 훈련교사들에게 더 많은 자율성이 부여되는 개방적 형태의 평가방법이다. 역량평가는 직업능력개발 훈련교사의 전문적 판단에 근거하여 수행평가 도구의 제작, 채점기준표 작성, 점수 부여, 보고서 작성 등이 이루어진다.

직업능력개발 훈련 상황에서 시행하는 역량평가와는 별개로 기업에서도 인재의 선발과 개발을 위하여 역량평가를 도입하여 실시하고 있다. 역량을 평가한다는 것은 달리 말하면 개인이 긍정적인 성과를 올리기 위해 필요한 발휘되는 행동을 확인하고 평가하는 것을 말한다(이홍민, 2012). 업무 현장에서 성과를 나타내기 위해서는 합리적인 업무목표나 과제를 올바른 방법으로 해결하고 수행하는 것이 요구되는데 기업에서는 업무상황에서 성과를 내기 위해 필요한 행동을 중심으로 개인의 역량수준을 평가한다.

일반적으로 기업에서의 역량평가는 조직구성원들의 자발적인 역량개발을 통해 조직의 역량의 향상시키고, 이를 기반으로 조직의 전략목표를 달성하는 것이 목적이다. 또한 선발, 배치, 승진을 위해 요구되는 역량요건을 확보하고 확인하기 위해서도 역량평가를 실시한다. 이러한 기업의 역량평가를 통해 조직은 우수한 인재를 양성할 수 있고, 명확한 목표를 제시할 수 있다는 점에서 긍정적인 영향을 미친다고 할 수 있다. 이에 반해, 직업능력개발 훈련에서의 역량평가는 주로 개인적인 측면에서의 효과에 초점을 맞추고 있다는 점에서 기업에의 역량평가와 차이점을 나타낸다. 즉, 직업능력개발 훈련에서 활용되는 역량평가의 경우, 훈련의 목표가 달성되었는지에 초점이 맞추어진다는 점이 조직의 성과에 기여하는 도구 혹은 방법으로 활용되는 기업의 역량평가와는 차이점이라 할 수 있다. 즉, 훈련을 통해 향상시키고자 하는 훈련생의 역량이 실제 향상되었는지를 확인하는 것이 역량평가의 목적이라고 할 수 있다. 그럼에도 불구하고 개인의 역량을 평가하고 이를 개발에 활용한다는 점에 있어서 직업능력개발 훈련과 기업에서 사용하는 역량평가의 근본적인 철학은 같다고 할 수 있다. 즉, 개인이 성과(혹은 교육효과)를 도출해 내는 데 필요한 행동을 중심으로 평가하고, 이를 기초로 비슷한 환경이나 상황에서도 동일한 성과를 나타낼 것이라는 가정을 기초로 가치판단을 내리는 접근방법은 동일하다고 할 수 있다. 아래의 <표 7-2>는 직업능력개발 훈련과 기업의 역량평가를 비교한 것이다.

표 7-2　직업능력개발 훈련과 기업의 역량평가 비교

구분	직업능력개발 훈련에서의 역량평가	기업에서의 역량평가
목적	훈련목표의 달성여부 확인	적합한 인재의 선발, 보상의 근거 마련, 혹은 인적자원의 개발
평가시기	훈련 종료 후 혹은 훈련 운영 중 실시 가능	선발 및 교육훈련의 필요에 따라 실시
평가자	직업능력개발 훈련 교사 혹은 외부 평가자	기업 내/외부의 평가자
평가장소	직업능력개발 훈련이 이루어진 장소	별도의 평가장소
평가대상역량	미래 직무에서의 필요역량	현 직무에서의 필요역량
평가방법	관찰을 기초로 한 실습 형태의 평가	구조화된 상황을 기초한 다수의 평가방법

- 역량: 특정한 상황이나 직무에서 자신의 업무를 성공적으로 수행하는 데에 필요한 지식, 기술, 태도 등을 포함한 개인의 내적 특성
- 역량평가방법: 능력단위별 교육을 이수한 훈련생이 목표한 역량수준에 도달했는지를 확인하기 위해 사용되는 기술
- 역량평가도구: 선택한 역량평가방법을 사용하여 평가를 진행할 수 있게 하는 자료
- 증거자료: 훈련과정의 내용과 관련하여 훈련생의 역량을 판단하기 위해 수집된 정보로 훈련생이 알고, 할 수 있는 것이 무엇인지를 보여주는 자료

1. 학습자의 직접 구성에 대한 평가

    수행평가는 학습자로 하여금 산출물을 만들거나 구체적 행동을 하게 하는 등 반응을 직접 구성하게 하여 그들의 특성을 평가하는 방식이다. 수행평가에서는 학습자가 스스로 자신의 지식, 기술, 태도를 나타낼 수 있도록 학습 과제를 작성, 서술, 발표, 산출물 제작, 행동 등으로 보여 주고 이를 평가자가 전문적으로 판단하는 형태를 취한다. 객관식 평가가 주어진 답지에서 정답을 골라내는 간접적인 평가인 것과 달리 학습자가 직접 산출물을 만들어 내거나 구체적인 활동을 하거나 응답을 하게 하여 학습자들의 능력을 직접 나타내 보이게 하여 평가하는 직접적인 평가이다.

2. 구성을 위한 수행 과정을 중시하는 평가

    수행평가에서는 과제의 수행 결과분만 아니라 수행 과정을 중시하며 과정을 평가한다. 과정을 평가한다는 것은 학습자들의 학습 정도를 확인하는 형성평가를 의미하는 것은 아니며, 학습자들이 문제해결을 위해 어떠한 사고 과정을 거쳤는지 또는 어떠한 경로를 거쳐서 문제해결에 이르렀는지를 살펴보는 것이다.

3. 타당한 기준에 따른 전문적 판단에 근거한 평가

    수행평가는 평가자의 전문적인 관찰과 판단을 중시하는 질적 평가이자 주관적 평가이

다. 수행평가에서는 객관식 평가에 비해 상대적으로 복잡하고 구조적인 능력을 평가한다. 따라서 주관적 정보인 수행평가결과는 단순히 어떤 수준만을 나타낼 수도 있고, 그 하위 능력들의 구조적인 상태를 보여줄 수도 있다. 수행평가에서는 학습자가 평가자의 주관적인 판단의 전문성을 신뢰할 수 있도록 근거 정보를 제시하는 것이 중요하다.

(2) 역량평가의 특징

그림 7-2　　역량평가의 특징

① 명확한 평가기준	② 증거자료 기반	③ 준거지향 평가
NCS기반 훈련생 역량평가의 평가기준은 - NCS기반 훈련과정의 학습목표 　(해당 능력단위요소의 수행준거)	- 훈련생의 역량 유무판단을 위해 충분한 증거자료를 수집 - 증거자료를 기반으로 판단	- 훈련과정의 학습목표 대비 훈련생의 목표달성 여부 또는 그 정도를 확인 - 평가결과는 'Pass', 'Fail'로 보고 - 평가결과의 부적편포 기대 (절대평가)

첫째, 역량평가를 위해서는 명확한 평가기준이 필요하다. 평가기준이란 확인된 기준, 표준, 사양을 포함하는 판단의 기준점이다. 일반적으로 직업능력개발 훈련 역량평가에서 요구하는 평가기준은 NCS기반 훈련과정의 경우 NCS 능력단위요소의 수행준거이다. 비NCS과정의 경우에는 교육훈련 분야에서의 일반적인 학습목표(수행목표)이다. 따라서 교사는 NCS과정의 경우에는 NCS 능력단위요소의 수행준거를 기반으로 NCS기반 훈련과정의 학습목표를 설정하고 수행준거대로 훈련생이 행동할 수 있는지를 평가한다. 즉, NCS기반 역량평가의 평가기준은 NCS기반 훈련과정의 학습목표와 일치하여야 한다.

둘째, 역량평가는 증거자료를 기반으로 한다. 훈련생이 역량을 보유하고 있는지 아닌지의 유무 판단을 위해서는 훈련생 개인별 해당 역량에 대한 증거자료를 수집한 후 평가를 실시한다. 일반적으로 평가란 기준이나 표준이 충족되었는지의 여부를 판단하기 위하여 충분한 증거자료를 수집하고 판단하는 과정을 의미한다. 따라서 훈련생의 역량 유무를 판단하기 위해서는 충분한 증거자료를 수집하여 증거자료를 기반으로 판단하여야 한다. 그리고 평가계획을 수립할 때에는 어디서, 어떠한 방법으로, 어떠한 유형의 증거자료를 수집할 것인지를 포함하여야 한다.

셋째. 역량평가는 준거지향 평가이다. 준거지향 평가란 훈련과정의 학습목표 대비 훈련생의 목표달성 여부 또는 그 정보를 확인하는 평가이다. 직업능력개발 훈련에서 중요한 질문은 전체 훈련생 중 내가 상대적으로 몇 번째인가 보다는 학습목표대로 훈련생 개인이 수행할 수 있는지의 여부이다. 따라서 역량평가는 상대평가보다는 절대평가의 접근방법을 택한다. 일반적으로 평가결과는 'Pass' 또는 'Fail'로 보고되며, 평가결과의 부적편포가 기대된다.

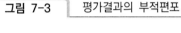

그림 7-3   평가결과의 부적편포

 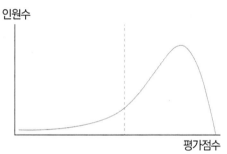

나. 역량평가의 원칙과 유의사항

(1) 역량평가의 원칙

역량평가는 기준을 가지고, 훈련생에게 초점을 맞추고, 증거기반으로 시행하는 평가로, 훈련생의 역량을 입증할 수 있는 평가이다. 즉, 다른 사람의 실력과 비교하여 평가하는 것이 아니라 정해진 기준에 의해 역량을 습득했는지 아닌지를 평가하는 평가다. 이러한 평가는 타당성, 신뢰성, 유연성, 공정성의 4가지 평가 원칙을 갖는다.

① 타당성(validity)

타당성이란 평가도구가 측정하고자 하는 것을 제대로 측정했는지에 대한

그림 7-4   역량평가의 원칙

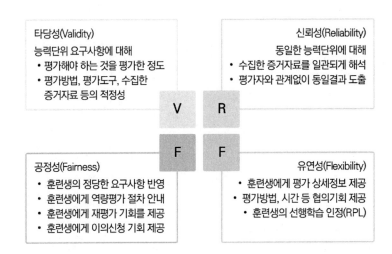

타당성(Validity)
능력단위 요구사항에 대해
• 평가해야 하는 것을 평가한 정도
• 평가방법, 평가도구, 수집한
  증거자료 등의 적정성

신뢰성(Reliability)
동일한 능력단위에 대해
• 수집한 증거자료를 일관되게 해석
• 평가자와 관계없이 동일결과 도출

공정성(Fairness)
• 훈련생의 정당한 요구사항 반영
• 훈련생에게 역량평가 절차 안내
• 훈련생에게 재평가 기회를 제공
• 훈련생에게 이의신청 기회 제공

유연성(Flexibility)
• 훈련생에게 평가 상세정보 제공
• 평가방법, 시간 등 협의기회 제공
• 훈련생의 선행학습 인정(RPL)

개념이다. 따라서 역량평가에서의 타당성은 증거가 능력단위와 관계되면서 개인에게 요구되는 기술과 지식을 입증하는지에 관련된 원칙이다. 역량평가의 타당성 확보를 위해 평가자는 다음과 같은 노력을 하여야 한다.

첫째, 역량을 평가하는 데 사용된 평가방법, 평가도구, 수집한 증거 자료 등이 적정한지 지속적으로 확인하여야 한다.

둘째, 다양한 상황에서 평가를 실시하여 훈련생들이 지식과 기술을 실제적인 여러 상황에서 제대로 적용하고 있는지를 파악하여야 한다.

② 신뢰성(reliability)

신뢰성은 평가자가 같은 사항에 대하여 같은 평가를 내리는지와 관계된 원칙이다. 역량평가의 신뢰성 확보를 위해 평가자는 다음과 같은 노력을 하여야 한다.

첫째, 평가결과가 일관성을 유지하고 있는지 확인하여야 한다. 동일 능력단위 또는 모듈에 대해 모든 훈련생을 일관되게 평가하여야 한다.

둘째, 능력단위 혹은 모듈의 동일한 증거자료에 대해서는 동일한 평가결과가 도출되는지 확인하여야 한다.

셋째, 평가자가 다수일 경우에는 평가자 간의 편차를 최소화하기 위한 방안을 수립하여야 한다.

③ 공정성(fairness)

공정성은 역량평가를 위한 증거 자료 확보 및 역량평가 절차가 훈련생 모두에게 공정하게 적용되는지에 대한 원칙이다. 역량평가의 공정성 확보를 위해 평가자는 다음과 같은 노력을 하여야 한다.

첫째, 훈련생의 정당한 요구사항을 반영하여 역량평가를 실시하여야 한다.

둘째, 훈련생에게 역량평가 절차를 사전에 안내해 주어야 한다.

셋째, 불가피하게 훈련생이 평가를 받지 못했을 경우에는 훈련생에게 재평가 기회를 제공해 주어야 한다.

넷째, 훈련생에게 이의신청 기회를 제공해 주어야 한다.

④ 유연성(flexibility)

유연성은 역량평가 시 피평가자인 훈련생에게 가장 적합한 평가방법 및 평가 환경을 제공하고 있는지에 대한 원칙이다. 역량평가의 유연성 확보를 위해 평가자는 다음과 같은 사항에 유념하여야 한다.

첫째, 훈련생에게 역량평가에 대한 상세정보를 제공하고 평가방법, 시간 등에 대해 협의할 수 있는 기회를 제공하여야 한다.

둘째, 훈련생들이 다양한 방법으로 자신의 역량을 입증할 수 있는 기회를 제공할 수 있어야 한다.

셋째, 선행학습인정(RPL: recognition of prior knowledge)을 통해 훈련생이 다른 수단을 통해 입증받은 일부 역량을 인정하는 기회를 제공하여야 한다.

넷째, 개별 훈련생들이 현재 보유하고 있는 지식과 기술을 입증할 경우 특이사항이 없는 한 재평가 요구를 하지 않아야 한다.

(2) 역량평가 시 유의사항

① 역량평가 시 평가자 역할

역량평가 시 평가자는 평가자로서 명시된 자격을 갖추어야 하는데, 직업과 관련되어 자격을 갖추고 경험을 가지고 있거나 평가할 분야의 평가와 관련된 전문성을 가진 사람과 함께 평가를 실시해야 한다. 전문적인 평가자 훈련 규정과 평가의 원칙을 준수하여야 하며, 평가와 관련하여서는 최근의 이슈까지도 알고 있어야 한다. 평가자는 평가대상자인 훈련생들과 효과적인 소통을 위하여 공감하고 소통하는 역량이 필요하다. 또한 평가대상자들을 편하게 하고, 그들의 이야기를 경청하는 것이 필요하다. 그 외에 옳은 질문을 하고, 명확한 지침을 제공해 주어야 한다. 평가결정은 평가대상자의 성과와 관련하여 내려야 하며, 관찰한 사항들에 대해서는 기록하는 것이 필요하다. 반면에 평가자들은 평가를 수행하는 동안에는 어떠한 피드백도 제공하여서는 안 되고, 긍정적이고 격려하는 단어를 많이 쓰는 것도 좋지 않다. 그리고 평가에 방해되는 것들에 주의를 기울여야 한다.

② 역량평가 시 평가자 오류

역량평가 시 평가자들이 많이 가질 수 있는 오류는 다음과 같다. 첫째로 Halo효과에 대한 오류이다. 평가대상이 되는 결과물 중의 일부가 훌륭하게 작업되었을 때, 평가자들은 평가대상자의 자신감을 높여주기 위하여 긍정적인 피드백을 줄 수 있다. 하지만 이것은 평가의 공정성을 위태롭게 하고, 평가대상자의 기대를 높이기 때문에 피드백은 제공되어서는 안 된다. 두 번째는 Mirror효과에 의한 오류이다. 이것은 평가자가 평가대상자와 이전에 알던 사이일 때 자주 생길 수 있던 오류인데, 평가자는 평가대상자에 대한 좋은 인상을 가지고 있어서, 평가대상자가 평가해야 할 역량을 이미 갖추고 있다고 판단하는 것이다. 세 번째는 관찰 실패이다. 평가 상황에서 평가자는 매우 중요한 부분에 대해 놓치는 경우가 발생하는데, 경험의 부족이나 준비의 부족으로 이러한 상황이 생길 수 있다. 네 번째는 기록의 실패이다. 관찰 내용 등에 대한 기록을 유지하는 것이 평가대상자의 역량평가에 대한 평가결과를 언제든지 입증하는 데 도움이 될 것이다. 그러나 충분하지 않은 계획이나 충분하지 않은 기록은 기록의 실패를 야기할 것이다. 다섯 번째는 부적절한 역량입증 방법에 대한 관대화에 관련된 오류이다. 평가자는 역량평가 시 컨닝 등의 부적절한 방법으로 역량을 입증하는 평가대상자를 마주하고 넘어가는 경우가 있을 것이다. 그러나 이러한 부적절한 방법에 신속하고 적절하게 대응하는 방법을 개발할 필요가 있다. 여섯 번째는 기회균등을 고려하지 않는 것인데, 평가대상자의 성별이나, 민족성, 장애 여부 등에 따라 평가대상자를 차별해서 평가하는 것에 관련된 내용이다. 일곱째는 WH&S인데, 안전모나 안전경의 착용이 요구되는 장소에 안전장비를 착용하지 않고 들어가거나, 승인 없이 들어갈 수 없는 구역에 들어가는 것 등의 안전수칙을 지키지 않는 경우가 많다. 마지막으로 기밀성이 안 지켜지는 경우들이다. 올바르게 허가되지 않은 곳에 피드백을 제공하거나 평가기록에 승인되지 않은 접근을 허락하는 등 기밀유지에 소홀히 하는 경우이다.

03
역량평가 프로세스

가. 역량평가 프로세스

NCS기반으로 실시되는 역량평가는 훈련과정을 이수한 훈련생의 역량 획득여부를 평가하고, 이를 다시 훈련과정에 반영하여 다음 차수의 직업능력개발 훈련의 성과 및 품질을 제고하기 위한 목적으로 ① 역량평가계획수립(plan), ② 역량평가 도구설계(design), ③ 역량평가 도구개발(development), ④ 역량평가 실시(implementation), ⑤ 타당성 검토(validation)의 PDDIV의 프로세스로 구성된다(이진구, 2015).

그림 7-5 역량평가 프로세스

①	Plan	역량평가 계획수립
②	Design	역량평가 도구설계
③	Development	역량평가 도구개발
④	Implementation	역량평가 실시
⑤	Validation	타당성 검토

(1) 역량평가계획수립(plan)

역량평가계획수립은 교과목 분석, 역량평가 범위선정, 역량평가방법선정, 역량평가 증거자료 선정의 세부 단계로 이루어진다.

교과목 분석 단계에서는 해당 교과목의 학습목표, NCS 능력단위 요소 및 수행준거, 그리고 지식, 기술, 태도 등의 내용분석을 통해 교과목별 역량평가를 위한 고려사항 등을 파악하고 평가의 내용과 방법을 사전에 검토한다. 역량평가 범위선정 단계에서는 교과목별 적절한 평가 범위를 설정한다. 역량평가방법선정 단계에서는 훈련과정에 포함된 능력단위(또는 능력단위 요소)와 NSC 역량평가방법을 매칭한다. NCS기반의 훈련과정 편성에 제시되어 있는 12개의 역량평가방법에는 포트폴리오, 문제해결 시나리오, 서술형 시험, 논술형 시험, 사례연구, 평가자 질문, 평가자 체크리스트, 피평가자 체크리스트, 일지/저널, 역할연기, 구두발표, 작업장 평가 등이 있다. 이때 평가과제는 능력단위별 최소 1개 이상을 제시한다. 역량평가 증거자료 선정 단계에서는 역량평가방법에 따른 증거자료 수집방법을 선정한다. 이때 증거자료의 규칙(타당성, 충분성, 진실성, 통용성)을 반영할 수 있도록 구체적인 증거자료 선정계획을 수립한다.

종합적으로 역량평가계획수립에서는 평가목적, 평가대상, 평가내용, 평가방법, 평가장소(why, who, what, how, where) 등에 대한 구체적인 계획을 세우고, 역량평가에 대한 평가기준 및 평가결과를 어떻게 활용할지에 대한 방안을 수립한다.

그림 7-6 역량평가계획수립 세부 단계 및 내용

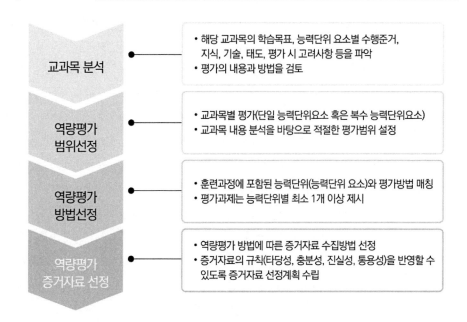

교과목 분석	• 해당 교과목의 학습목표, 능력단위 요소별 수행준거, 지식, 기술, 태도, 평가 시 고려사항 등을 파악 • 평가의 내용과 방법을 검토
역량평가 범위선정	• 교과목별 평가(단일 능력단위요소 혹은 복수 능력단위요소) • 교과목 내용 분석을 바탕으로 적절한 평가범위 설정
역량평가 방법선정	• 훈련과정에 포함된 능력단위(능력단위 요소)와 평가방법 매칭 • 평가과제는 능력단위별 최소 1개 이상 제시
역량평가 증거자료 선정	• 역량평가 방법에 따른 증거자료 수집방법 선정 • 증거자료의 규칙(타당성, 충분성, 진실성, 통용성)을 반영할 수 있도록 증거자료 선정계획 수립

(2) 역량평가 도구설계(design) 및 도구개발(development)

역량평가 도구설계 및 도구개발 단계는 계획수립 단계에서 선정한 능력 단위 요소 및 수행준거에 가장 적합한 역량평가방법에 따른 도구를 설계하고 개발하는 단계이다. 구체적으로 본 단계는 역량평가 도구설계 및 개발, 사전평 가, 수정 및 점검, 역량평가도구완성의 절차를 거쳐 진행된다.

역량평가 도구설계 및 개발 단계에서는 역량평가방법에 따라 필요한 평 가도구를 결정하고 개발한다. 일반적으로 역량평가도구 세트 개발이라 칭한 다. 사전평가 단계에서는 개발된 역량평가도구를 내용전문가에게 검토를 받고 시뮬레이션을 해 본다. 수정 및 점검 단계에서는 사전평가 단계에서 역량평가 방법별로 도출된 문제점을 수정하고 보완한다. 또한 NCS기반 훈련생 역량평 가 도구개발 점검표를 작성하고 현재 상황 및 향후의 개선계획을 도출한다. 이러한 절차가 끝나면 최종적으로 역량평가도구세트가 완성된다.

그림 7-7 역량평가 도구설계 및 도구개발 세부 단계 및 내용

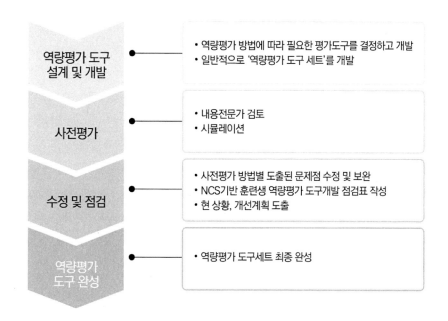

(3) 역량평가 실시(implementation)

역량평가 실시 단계에서는 훈련생을 대상으로 교과목별 평가계획 및 평가도구에 따른 평가를 실시한다. 이 단계의 산출물로는 교과목별 수행평가서, 학습자별 종합평가서 등이 있다.

역량평가 실시 단계에서는 역량평가 실시 전, 실시 중, 실시 후로 나누어 역량평가를 실시하는 데 필요한 사항들을 확인하여야 한다. 역량평가 실시 전에는 훈련생에게 평가의 범위, 정황 및 목적에 대해 상세하고 안내하고, 훈련생에게 평가와 관련된 수행 요구사항에 대해 제시하고 설명해 주어야 한다. 또한, 훈련생에게 평가절차와 훈련생에 대한 기대치를 명확하게 제시하여 주고, 훈련생에게 평가결과에 대한 이의제기 절차에 대해 설명해 주어야 한다.

실시 중에는 평가계획에 따라 평가를 수행하고 평가도구를 활용하여 역량평가를 위해 필요한 증거자료를 수집한다. 그리고 수집한 증거자료가 증거자료의 규칙 및 능력단위 요구사항에 부합하는지 검토한다. 이후에는 명시된 기준에 따라 역량평가에 대한 의사결정을 하고 관련 절차에 따라 결정사항을

적절하게 기록한다.

실시 후에는 적절한 언어와 전략을 사용하여 훈련생에게 명확하고 건설적인 피드백을 제공하여 준다. 그리고 훈련생에게 재평가 기회를 안내하고 혹시 모를 이의신청 절차에 대한 정보를 제공하여 준다.

표 7-3 역량평가 실행 시 주요 내용

구분	직업능력개발 훈련에서의 역량평가
역량평가 실시 전	• 훈련생에게 평가의 범위, 정황 및 목적에 대해 상세하게 안내 • 훈련생에게 평가와 관련된 수행 요구사항에 대해 제시하고 설명 • 훈련생에게 평가절차와 훈련생에 대한 기대치를 명확히 제시 • 훈련생에게 평가결과에 대한 이의제기 절차에 대해 설명
역량평가 실시 중	• 평가계획에 따라 평가 수행 • 평가도구를 활용하여 필요한 증거자료 수집 • 수집한 증거자료가 증거자료의 규칙 및 능력단위 요구사항에 부합하는지 검토 • 명시된 기준에 따라 역량평가에 대한 의사결정 • 관련 절차에 따라 결정사항을 적절하게 기록
역량평가 실시 후	• 적절한 언어와 전략을 사용하여 훈련생에게 명확하고 건설적인 피드백 제공 • 훈련생에게 재평가 기회 및 이의신청 절차에 대한 정보를 제공

(4) 타당성 검토(validation)

타당성 검토 단계에서는 다음 차수의 직업능력개발 훈련프로그램 환류를 위해 역량평가 이전, 과정, 이후를 중심으로 각 평가절차에 대한 타당성을 검토한다. 이때는 역량평가 절차에 대한 이해관계자의 의견을 바탕으로 역량평가의 절차별로 적절한 역량평가 실시를 위한 활동이 이루어졌는지를 확인하고, 평가절차에 대한 타당성을 검토한다.

평가 이전 단계에서는 평가도구의 설계와 평가할 능력단위의 해석, NCS 능력단위 요구사항과 수집할 증거자료 확인, 평가계획 수립 및 역량평가 프로세스 전반에 대한 준비사항 검토 등이 제대로 이루어졌는지에 대한 타당성을 검토한다. 역량평가 과정 단계에서는 평가 과정, 평가자의 평가활동 수행, 평가 준비, 평가도구 관리, 피평가자 및 증거자료 수집에 관계된 이해관계자와의 의사소통, 피평가자들의 특정한 요구를 다루는 방식 등이 잘 이루어졌는지에 대한 타당성을 검토한다. 평가 이후 단계에서는 평가가 얼마나 효과적으로 수행되었는지, 증거자료는 증거자료의 규칙을 충족하고 있는지, 평가 판단은 정확하고 일관성이 있는지 등에 대한 타당성을 검토한다.

이러한 결과를 바탕으로 훈련생 역량평가 효과성 제고방안을 마련하고 평가방법 및 절차를 개선한다.

표 7-4   타당성 검토 주요 내용

구분	내용
평가 이전	• 평가도구의 설계와 평가할 능력단위의 해석에 집중 • NCS 능력단위 요구사항과 수집할 증거자료 확인 • 평가계획 수립 및 역량평가 프로세스 전반에 대한 준비사항 검토
평가 과정	• 평가 과정, 평가자의 평가활동 수행, 평가 준비, 평가도구 관리, 피평가자 및 증거자료 수집에 관계된 이해관계자와의 의사소통, 피평가자들의 특정한 요구를 다루는 방식
평가 이후	• 평가가 얼마나 효과적으로 수행되었는지 검토 • 증거자료는 증거자료의 규칙을 충족하는지 검토 • 평가 판단은 정확하고 일관성 있는지 검토

✔ 그룹토의

 역량평가 vs 지필평가

수행평가 중심의 역량평가가 지필평가 중심의 학교시험과 다른 점은 무엇이라고 생각하는지 3가지 이상 제시해 보세요.

04 활동지
역량평가 및 NCS 이해

학과:　　　　　학번:　　　　　조:　　　이름:

1. 수행평가 중심의 역량평가가 지필평가 중심의 학교시험과 다른 점은 무엇이라고
   생각하는지 3가지 이상 제시해 보세요.

1	
2	
3	

제8장

역량평가계획수립

》 학습목표

1. NCS기반 훈련과정 교과목 내용 분석을 위한 학습모듈의
   구성요소에 대해 설명할 수 있다.

2. 역량평가 범위선정의 원칙에 대해 설명할 수 있다.

3. 역량평가방법별 개념에 대해 설명할 수 있다.

4. 증거자료 규칙 4가지를 설명할 수 있다.

01
NCS기반 훈련과정 교과목 내용 분석

가. NCS학습모듈의 이해

국가직무능력표준(NCS)이란 산업현장에서 직무를 수행하기 위해 요구되는 지식·기술·소양 등의 내용을 국가가 산업부문별·수준별로 체계화한 것으로 산업현장의 직무를 성공적으로 수행하기 위해 필요한 능력(지식, 기술, 태도)을 국가적 차원에서 표준화한 것을 의미한다. NCS가 현장을 대표하는 '직무요구서'라고 한다면, NCS 학습모듈은 NCS에 나타난 능력단위를 교육훈련에서 활용하여 학습할 수 있도록 구성한 '교수·학습 자료'이다. 이러한 NCS 학습모듈은 구체적 직무를 학습할 수 있도록 이론 및 실습과 관련된 내용을 상세하게 제시하고 있다.

나. NCS학습모듈의 구성

(1) NCS 학습모듈의 개요 구성

NCS의 학습모듈의 개요는 학습모듈의 목표, 선수학습, 학습모듈의 내용체계, 핵심용어 등으로 구성되어 있다.

학습모듈의 목표란 학습자가 해당 학습모듈을 통해 성취해야 할 학습목표를 구체적으로 제시한 것이다. 선수학습이란 해당 학습모듈에 대한 효과적인 교수·학습을 위하여 사전에 이수해야 하는 학습모듈, 학습 내용, 관련 교과목 등을 기술한 것이다. 효과적인 학습이 되기 위해서는 학습자들이 학습 이전에 관련 학습 내용과 관련된 선수학습 수준이 어느 정도인지를 파악하는 것이 매우 중요하다. 선수학습 수준이 충분하다면 바로 본 학습을 진행하여도 무방하지만 선수학습 수준이 충분하지 않다면 선수학습 내용을 먼저 학습자에게 학습할 수 있도록 하는 것이 필요하다. 학습모듈의 내용체계란 해당 NCS 능력단위요소가 학습모듈에서 구조화된 방식을 제시한 것으로 학습모듈의 주요 학습내용을 일목요연하게 제시하고 있다. 핵심용어란 해당 학습모듈의 학습 내용, 수행 내용, 설비·기자재 등 학습과 연관된 핵심적인 용어를 제시하여 놓은 것이다. 다음의 <그림 8-1>은 NCS학습모듈의 예시이다.

그림 8-1   기업교육 세분류의 〈교육성과 평가〉 학습모듈

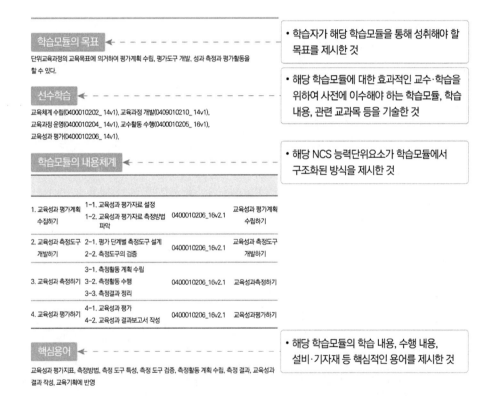

(2) NCS 학습모듈의 내용 구성

NCS의 학습모듈은 크게 학습, 학습내용, 교수·학습 방법, 평가 등으로 구성되어 있다. 이러한 학습모듈은 NCS 능력단위의 능력단위요소별 지식, 기술, 태도 등을 토대로 학습내용을 제시한 것이다. NCS 학습모듈 각각의 개념 및 예시를 살펴보면 다음과 같다.

① 학습

학습은 학습의 대주제를 나타내는 것으로 일반적으로 해당 NCS 능력단위요소의 명칭을 제시한다. 학습은 일반교과의 대단원에 해당되며, 모듈을 구성하는 가장 큰 단위가 된다. 또한 학습은 하나의 직무를 수행하기 위한 가장 기본적인 단위로 사용될 수 있다.

② 학습내용

학습내용은 학습목표, 필요지식, 수행 내용으로 구성되어 있다. 학습내용이란 능력단위요소별 수행준거를 기준으로 제시한 것으로 일반교과의 중단원에 해당된다. 학습목표란 모듈 내의 학습내용을 이수했을 때 학습자가 보여줄수 있는 행동수준을 의미한다. 이는 일반 수업시간의 과목 목표로도 활용할수 있다. 필요지식은 해당 NCS의 지식을 토대로 학습에 대한 이해와 성과를 높이기 위해 필수적으로 알아야 하는 주요 지식을 제시해 놓은 것이다. 필요지식은 수행에 반드시 필요한 핵심 내용을 제시한 것으로 교사는 이를 바탕으로 수행순서 내용과 연계하여 교수·학습을 진행하는 것이 필요하다. 수행 내용은 재료·자료, 기기(장비·공구), 안전·유의 사항, 수행 순서, 수행 tip으로 구성되어 있다. 이러한 학습모듈의 학습 내용은 업무의 표준화된 프로세스에 기반을 두고 실제 산업현장에서 이루어지는 업무활동을 다양한 방식으로 반영한 것이다.

예를 들어 다음의 <그림 8-2>를 보면 학습(학습1)은 '교육성과 평가계획 수립하기'라는 능력단위 요소이다. 그리고 학습내용은 '교육성과 평가지표 설정'이다. 교육성과 평가지표 설정은 '평가목적에 적합한 교육성과 평가지료를 설정할 수 있다', '교육성과 평가지표를 고려하여 적합한 측정방법을 판단할 수 있다'의 두 개의 학습목표로 구성되어 있다. 그리고 필요지식으로는 '교육과 교육평가' 등을 제시하고 있다.

그림 8-2 NCS학습모듈 중 학습 및 학습내용 예시

학습 1	**교육성과 평가계획 수립하기** **(LM0403010206_16v2.1)**
학습 2	교육성과 측정도구 개발하기(LM0403010206_16v2.2)
학습 3	교육성과 측정하기(LM0403010206_16v2.3)
학습 4	교육성과 평가하기(LM0403010206_16v2.4)

1-1. 교육성과 평가지표 설정

학습 목표	• 평가 목적에 적합한 교육성과 평가지표를 설정할 수 있다. • 교육성과 평가지표를 고려하여 적합한 측정방법을 판단할 수 있다.

필요 지식 /

Ⅰ 교육과 교육평가

기업교육의 평가에 있어서 교육담당자의 관점을 세 가지 측면에서 볼 수 있다. 아마도 그것은 ① 비용대비 얼마나 효과를 얻었는가? ② 진행된 교육프로그램의 완성도는 어느 정도인가? ③ 차기 수립할 교육프로그램의 변화를 어떻게 꾀할 것인가? 에 대한 고민일 것이다. 이 세 가지 측면을 충족하기 위해서는 교육과 교육평가에 대한 일반적인 이해가 선행되어야 한다.

다음의 <그림 8-3>은 수행 내용의 예시이다. 수행내용은 모듈 중에 제시한 기술(skill)을 습득하기 위한 실습과제로 활용될 수 있다. 예를 들어 교사는 수행내용을 수행하는 데 필요한 재료 및 준비물, 장비 및 공구 등의 기기를 실습 시 준비하여야 한다. 또한, 수행 내용을 수행하는 데 안전상 주의해야 할 점 및 유의사항을 제시하여야 한다. 그리고 수행순서는 실습과제의 진행 순서로도 활용할 수 있다.

그림 8-3 NCS학습모듈 중 학습내용의 수행 내용 예시

수행 내용 / **프로그램 평가 지표 설정하기**

재료 · 자료

- 과정 만족도 조사양식(설문지 등)

- 프로그램 평가 이해를 위한 프로그램 평가 자료

- 과정평가 준거가 포함된 온라인 수업계획서

- 과정평가 결과를 작성하기 위한 결과보고 양식

기기(장비 · 공구)

- 컴퓨터, 프린터, 문서작성 프로그램

안전 · 유의 사항

- 학습자별 프로그램 평가자료 보완 관리(성적, 토론, 게시글 등)

수행 순서

① **교육 프로그램 평가 방법 활용하기**

교육 프로그램 평가는 평가 요구에 의해 수행되는 각종 교육과정에 대한 분석, 설계, 개발, 실행, 평가 등에서 이루어지는 모든 평가로써, 이무근(2003)은 다음과 같이 교육훈련 평가의 의의를 말했다.

첫째, 교육목표 달성도를 파악하여 다음 계획의 수립에 필요한 정보를 얻을 수 있다. 둘째, 교육에 관한 결정을 할 때, 객관적인 자료에 의해 판단할 수 있는 정보를 제공할 수 있다. 셋째, 교육훈련 담당자의 자질을 향상시키고, 담당자 자신이 평가에 참여함으로써 평가에 관한 전문적인 능력을 지닐 수 있다. 넷째, 교육과정을 구체적으로 평가할 수 있는 계기가 되므로 피교육생을 위한 프로그램을 좀 더 효과적으로 구성할 수 있다. 다섯째, 교육투자의 효율성을 제고할 수 있다.

③ 교수 · 학습 방법

교수 · 학습 방법은 학습목표를 성취하는 데 요구되는 교수 방법과 학습 방법을 제시한 것이다. 교수 · 학습 방법은 학습 목표를 성취하기 위한 교수자와 학습자 간, 학습자와 학습자 간의 상호작용이 활발하게 일어날 수 있도록 교수자의 활동 및 교수 전략, 학습자의 활동을 제시한 것이다. 구체적으로 교수방법에서는 해당 학습활동에 필요한 학습내용, 학습내용과 관련된 학습자료명, 자료 형태, 수행내용의 진행 방식 등에 대하여 제시하고 있다. 더불어 학습자의 수업참여도 제고를 위한 방법 및 수업진행상 유의사항 등도 함께 제시하고 있다. 이러한 교수방법은 선수학습이 필요한 학습내용을 학습자가 사전

에 숙지하고 있는지 교수자가 확인하는 과정으로 활용할 수도 있다. 학습 방법에서는 해당 학습활동에 필요한 학습자의 자기주도적 학습 방법을 제시하고 있다. 특히 학습자가 숙달해야 할 실시능력과 학습과정에서 주의해야 할 사항 등이 제시되어 있으므로, 학습자가 학습을 이수하기 위해 반드시 알아야 할 기본지식을 학습하였는지를 스스로 확인하는 과정으로 활용할 수 있다. 다음의 <그림 8-4>는 교수·학습 방법의 예시이다.

| 그림 8-4 | NCS학습모듈 중 교수·학습 방법 예시 |

학습1 교수·학습 방법

교수 방법

- 교육성과 평가의 개념과 목적 등을 설명하고 평가과정에서의 의미를 안내한다.
- 교육프로그램 평가 절차를 이해하고, 세부 단계를 경험에 비추어 설명하도록 지도한다.
- 다양하게 제시된 평가 절차를 장점과 단점을 구분하여 지도한다.
- 프로그램 평가 모형별로 제시된 단계와 단계별 수행내용을 사례를 통해 지도한다.

학습 방법

- 교육성과 관리의 효과성 성과지표의 분류와 항목을 이해한다.
- 교육성과 관리의 효율성 성과지표의 분류와 항목을 이해한다.
- 교육프로그램 평가의 절차를 여러 학자별 단계의 장, 단점을 분석한다.
- 교육프로그램 평가 모형을 모형별로 특징을 습득한다.
- 교육프로그램 평가 모형별 비교하고 구분한다.

④ 평가

평가는 해당 학습모듈의 학습 정도를 확인할 수 있는 평가 준거, 평가방법, 평가결과의 피드백 방법을 제시한 것으로 해당 NCS 능력단위 평가방법과 평가 시 고려사항을 준용하여 작성되어 있다. 평가는 교수자 및 학습자가 평가항목별 성취수준을 확인하는 데 활용할 수 있다. 다음의 <그림 8-5>는 평가의 예시이다.

그림 8-5　　NCS학습모듈 중 평가 예시

학습1　평 가

평가 준거

- 평가자는 학습자가 학습 목표를 성공적으로 달성하였는지를 평가해야 한다.

- 평가자는 다음 사항을 평가해야 한다.

학습 내용	평가 항목	성취수준 상	중	하
교육성과 평가지표 설정	- 평가 목적에 적합한 교육성과 평가지표를 설정할 수 있다. - 교육성과 평가지표를 고려하여 적합한 측정방법을 판단할 수 있다.			
교육성과 평가지표 측정방법 파악	- 측정방법별로 측정도구·측정활동·예산을 판단하여 측정·평가 방안을 구상할 수 있다. - 교육성과 측정과 평가를 위한 활동계획서를 계획서의 구성요소에 의거하여 작성할 수 있다.			

평가 방법

- 사례연구

학습 내용	평가 항목	성취수준 상	중	하
교육성과 평가지표 설정	- 평가 목적에 적합한 교육성과 평가지표를 사례를 통해 설정해 본다. - 교육성과 평가지표를 고려하여 적합한 측정방법을 사례를 통해 판단해 본다.			
교육성과 평가지표 측정방법 파악	- 측정방법별로 측정도구·측정활동·예산을 판단하여 측정·평가 방안을 사례를 통해 구상해 본다. - 교육성과 측정과 평가를 위한 활동계획서를 계획서의 구성요소를 사례를 통해 작성해 본다.			

피드백

1. 사례연구
- 평가 목적에 적합한 교육성과 평가지표를 설정한 부분에서 부족한 부분을 추가 설명해 준다.
- 교육성과 평가지표를 고려하여 적합한 측정방법을 판단한 부분에서 부족한 부분을 지도해 준다.
- 측정방법별로 측정도구·측정활동·예산을 판단하여 측정·평가 방안을 구상한 부분에서 부족한 부분을 지도해 준다.
- 교육성과 측정과 평가를 위한 활동계획서를 계획서의 구성요소에 의거하여 작성한 부분에서 부족한 부분을 지도해 준다.

평가준거는 해당 학습을 어느 정도 성취하였는지를 평가하기 위한 기준을 제시하고 있다. 학습목표와 연계하여 단위수업 시간에 평가항목별 성취수준을 평가하는 데 활용할 수 있다. 평가 준거에서는 학습 내용에 다른 평가 항목의 성취수준이 상, 중, 하 중 어느 수준인지를 판단하여 평가하도록 되어 있다.

평가방법은 NCS 능력단위의 평가방법을 준용한 것으로 평가준거에 따른 평가방법을 2개 이상 제시하고 있다. 평가방법에서는 평가방법별로 학습 내용에 다른 평가 항목의 성취수준이 상, 중, 하 중 어느 수준인지를 판단하여 평가하도록 구성되어 있다. 평가방법으로는 포트폴리오, 문제해결시나리오, 서술형 시험, 논술형 시험, 사례연구, 평가자체크리스트, 작업장평가 등이 있다. 평가방법에서는 NCS의 능력단위요소별 수행 수준을 평가하는 데 가장 적절한 방법을 선정하여 활용할 수 있다. 피드백은 평가 후에 학습자들에게 평가결과를 피드백하여 부족한 부분을 알려주고, 학습결과가 미진할 경우 해당 부분을 다시 학습하여 학습목표를 달성하는 데 활용할 수 있다.

표 8-1   NCS 학습모듈의 내용 구성

구분	내용
학습	• 해당 NCS 능력단위요소 명칭을 사용하여 제시한 것 • 학습은 크게 학습 내용, 교수 · 학습 방법, 평가로 구성됨 • 해당 NCS 능력단위의 능력단위요소별 지식, 기술, 태도 등을 토대로 학습 내용을 제시
학습내용	• 학습 내용은 학습 목표, 필요 지식, 수행 내용으로 구성 • 수행 내용은 재료 · 자료, 기기(장비 · 공구), 안전 · 유의 사항, 수행 순서, 수행 tip으로 구성 • 학습모듈의 학습 내용은 업무의 표준화된 프로세스에 기반을 두고 실제 산업현장에서 이루어지는 업무활동을 다양한 방식으로 반영한 것임
교수 · 학습 방법	• 학습 목표를 성취하기 위한 교수자와 학습자 간, 학습자와 학습자 간의 상호작용이 활발하게 일어날 수 있도록 교수자의 활동 및 교수 전략, 학습자의 활동을 제시한 것임
평가	• 평가는 해당 학습모듈의 학습 정도를 확인할 수 있는 평가 준거, 평가방법, 평가결과의 피드백 방법을 제시한 것임

02
역량평가 범위 선정

가. 역량평가 범위 선정 원칙

역량평가의 범위는 교과목(능력단위별) 평가를 원칙으로 하며, 해당 능력단위별 1회 이상 훈련생 성취도 평가를 실시한다. 하나의 능력단위를 평가할 때 평가문항은 능력단위요소별로 하나의 평가문항을 개발할 수도 있으며, 2개 이상의 능력단위요소가 서로 순차적으로 수행이 되거나 또는 연계성이 높은 경우, 그 관련된 복수의 능력단위요소들을 종합적으로 평가할 수 있는 평가문항을 개발하여 평가가 가능하다(예: 작업 준비하기, 본가공 수행하기).

일반적으로 역량평가의 단위가 되는 교과목 개발은 학습내용의 범위나 깊이에 따라 유연하게 구성할 수 있는데, 1:1 방법, 1:N 방법, N:1 방법 등을 적용할 수 있다. 1:1 방법이란 하나의 능력단위로 하나의 교과목을 개발하는 방법이다. 1:N 방법이란 하나의 능력단위로 두 개 이상의 교과목을 개발하는 방법이다. N:1 방법이란 유사 능력단위를 통합하여 하나의 교과목을 개발하는 방법이다. 역량평가의 범위는 이러한 교과목 구성에 따라 달라진다.

| 그림 8-6 | 교과목 구성 방법 |

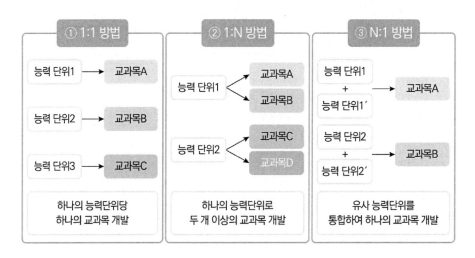

나. 역량평가 범위 선정 예시

역량평가의 범위는 2개 이상의 능력단위, 1개 능력단위 내 능력단위요소 전체, 능력단위 내 능력단위요소별, 능력단위요소 내 수행준거별 등 다양하게 묶어서 선정할 수 있다.

(1) 2개 이상의 능력단위

역량평가 범위 선정 시에는 2개 이상의 필요한 능력단위 요소를 묶어서 하나의 역량평가 문항을 만들 수 있다. <그림 8-7>에 나와 있는 예시처럼 제빵과 관련된 5개의 능력단위를 하나로 묶어서 '우유식빵 만들기'라는 1개의 역량평가 문항으로 평가를 실시할 수 있다.

| 그림 8-7 | 2개 이상의 능력단위를 묶은 역량평가 범위 예시 |

【NCS 예시】 21. 식품가공 〉 02. 제과·제빵·떡 제조 〉 01. 제과·제빵·떡 제조 〉 01. 제빵

능력단위	능력단위 요소	수행준거
02.빵류제품 재료혼합	재료 계량하기, 스트레이트법 혼합하기, 스펀지법 혼합하기, 다양한 혼합하기	(중략)
03.빵류제품 반죽발효	1차 발효하기, 2차 발효하기, 다양한 발효하기	(중략)
04.빵류제품 반죽정형	반죽 분할 둥글리기, 중간 발효하기, 반죽 성형 패닝하기	(중략)
05.빵류제품 반죽익힘	반죽 굽기, 반죽 튀기기, 다양한 익히기	(중략)
06.빵류제품 마무리	빵류제품 충전하기, 빵류제품 토핑하기, 빵류제품 냉각포장하기	(중략)

- 평가방법: 작업장 평가
- 평가문항: 우유식빵 만들기
  1) 배합표의 각 재료를 계량하여 재료별로 늘어놓고 감독위원의 확인을 받으시오
  2) 스트레이트법으로 제조하시오
  3) 반죽온도를 27~28도로 맞추시오
  4) 분할중량은 175g으로 하시오
  5) 한 틀에 175g 반죽 세 덩어리를 넣어 우유식빵 4개를 만들어 제출하시오

(2) 1개 능력단위 내 능력단위요소 전체

역량평가 범위 선정 시에는 1개 능력단위 내 능력단위요소를 대상으로 역량평가 문항을 만들 수 있다. <그림 8-8>에 나와 있는 예시처럼 프로토타입 제작이라는 능력단위 하위에 있는 4개의 능력단위 요소를 1개의 역량평가 문항으로 묶어서 평가를 실시할 수 있다.

그림 8-8   1개 능력단위 내 능력단위요소 전체 역량평가 범위예시

【NCS 예시】 08. 문화·예술·디자인·방송 〉 02. 디자인 〉 01. 디자인 〉 04. 디지털디자인 〉
03. 프로토타입 제작

능력단위	능력단위 요소	수행준거
프로토타입 제작	기초데이터 수집하기	1.1 정의된 프로젝트 분석·설계에 따라 프로젝트 수행에 필요한 관련 기초 데이터를 검색할 수 있다. … (중략)
	아이디어 스케치하기	2.1 IT시스템을 모니터링하면서 발견되는 장애를 검출하고, 장애처리 매뉴얼에 따라 어플리케이션 장애를 분류하고 처리할 수 있다. … (중략)
	프로토타입 제작하기	3.1 제작을 위한 기초 자료를 수집하고 필요한 이미지 동영상을 촬영하거나 화면을 디자인할 수 있다. … (중략)
	사용성 테스트하기	4.1 사용성과 선호도 분석을 위한 방향 설정을 통해 대상자를 선정할 수 있다. … (중략)

- 평가방법: 포트폴리오
- 평가문항: 메타포 형태의 메뉴유형을 바탕으로 광고 에이전시의 웹사이트를 제작하고자
한다. 이에 대한 프로토타입을 두 가지로 제작하고 설명하시오

(3) 능력단위 내 능력단위요소별

역량평가 범위 선정 시에는 능력단위 내 능력단위요소별로 역량평가 문항을 만들 수 있다. <그림 8-9>에 나와 있는 예시처럼 응용SW 운영관리라는 능력단위 내의 어플리케이션 장애 처리하기라는 능력단위요소를 기준으로 역량평가를 실시할 수 있다.

| 그림 8-9 | 능력단위 내 능력단위요소별 역량평가 범위 예시 |

【NCS 예시】 20. 정보통신 〉 01. 정보기술 〉 03. 정보기술운영 〉 01. IT시스템관리 〉 05. 응용SW 운영관리

능력단위	능력단위 요소	수행준거
응용SW 운영관리	어플리케이션 운용하기	
	어플리케이션 장애 처리하기	1.1 IT시스템을 모니터링하면서 발견되는 장애를 검출하고, 장애처리 매뉴얼에 따라 어플리케이션 장애를 분류하고 처리할 수 있다. 1.2 장애 관련 지식 데이터베이스(Knowledge, DB), 장애 로그 분석, 시스템 실사 등을 통해 장애의 근본 원인이 어플리케이션에 있는지 여부를 식별할 수 있다. 1.3 어플리케이션의 장애 원인별 대응 방안을 모색하고, 장애가 재발되지 않도록 방지 대책을 강구하여 보고할 수 있다.
	어플리케이션 변경요구 분석하기	
	어플리케이션 변경하기	

- 평가방법: 서술형
- 평가문항: 정보시스템 운영 중 장애를 유발하는 다양한 위험 요소들은 다양한 원인을 통해 제공되고 있으며, 그 발생 시점 또한 예측하기 어려운 특성이 있습니다. 이런 이유로, 장애가 절대로 발생하지 않는 무장애 시스템의 운영은 사실상 불가능합니다. 따라서 정보시스템 조직에서 장애관리는 매우 중요한 업무 중 하나라고 할 수 있겠습니다. 이와 같은 **장애관리 업무 수행 중 시스템 장애 발생 시 그 일반적인 처리 절차**를 간략히 서술해 보세요.
  ("장애관리 절차"가 아닌 보다 구체적인 "장애처리 절차"를 5단계 이상으로 나누어 기술)

(4) 능력단위요소 내 수행준거별

　　역량평가 범위 선정 시에는 능력단위요소 내 수행준거별로 역량평가 문항을 만들 수 있다. <그림 8-10>에 나와 있는 예시처럼 환영환송이라는 능력단위 내의 인사하기 능력단위요소 중 2.1 시간, 장소, 상황에 맞는 인사말을 구사할 수 있다는 수행준거를 기준으로 역량평가를 실시할 수 있다.

그림 8-10　능력단위요소 내 수행준거별 역량평가 범위 예시

【NCS 예시】 13. 음식서비스 〉 01. 식음료조리·서비스 〉 02. 식음료 서비스 〉
　　　　　 01. 식음료접객 〉 03. 환영 환송

능력단위	능력단위요소	수행준거
환영 환송	개인 용모 점검하기	1.1 규정에 맞는 청결한 복장과 두발을 유지할 수 있다...(이하 생략)
	인사하기	2.1 시간, 장소, 상황에 맞는 인사말을 구사할 수 있다.
		2.2 고객을 환대하는 표정을 연출할 수 있다.
		2.3 예의 있고 바른 태도로 인사할 수 있다.
	안내하기	3.1 지정된 좌석이나 규정에 따라 좌석을 안내할 수 있다.

- 평가방법: 평가자 질문
- 평가문항: 고객을 환영하는 경우 매장별로 정해 둔 기본 접객 용어를 이용하여 고객에게 인사를 하여야 한다. 상황에 맞는 접객용어를 답하시오
  1) 고객을 맞이할 때에는 (　　　　)라고 말한다
  2) 단골 고객일 경우 (　　　　)을 불러 친밀감을 표현한다

03
역량평가방법 선정

가. 역량평가방법 선정 개요

역량평가방법이란 능력단위별 교육을 이수한 훈련생이 목표한 역량 수준에 도달했는지를 확인하기 위해 사용되는 평가 기술을 의미한다. 역량평가방법은 훈련과정 교과목 내용 분석 결과를 바탕으로 선정한다. 역량평가방법을 선정할 때에는 다음의 내용들을 유념하여 선정한다.

- 훈련과정에 포함된 능력단위(능력단위요소) 평가의 적합성
- 요구되는 평가결과물
- 평가에 필요한 시간을 고려하여 평가방법을 선정

나. 역량평가방법

현재 NCS기반 훈련생 역량평가방법은 다음과 같이 12가지로 분류할 수 있다. NCS에서 제시하는 평가방법으로는 포트폴리오, 문제해결 시나리오, 서술형 시험, 논술형 시험, 사례연구, 평가자 질문, 평가자 체크리스트, 피평가자 체크리스트, 일지/저널, 역할연기, 구두발표, 작업장평가 등이 있으며, 그 외에도 평가목적, 상황 등을 고려하여 기타 평가방법을 활용할 수 있다. 또한 2가지 이상의 평가방법을 혼합하여 활용할 수도 있다.

| 표 8-2 | NCS기반 훈련생 평가방법 |

구분	세부 내용
A. 포트폴리오	자신이 작성하거나 만든 작품을 지속적·체계적으로 모아둔 개인별 작품집 혹은 서류철을 대상으로 평가
B. 문제해결 시나리오	평가 대상자가 주체가 되어 문제해결을 위한 시나리오를 작성하여 해결에 이르는 과정을 평가(시나리오란 문제해결을 위해 주어진 자료와 정보를 바탕으로 원하는 성과를 만들어 내기 위한 사고의 흐름을 구상한 것)
C. 서술형 시험	주어진 질문에 대해 알고 있는 자신의 지식이나 생각을 직접 작성하게 하는 방식
D. 논술형 시험	주어진 질문에 대해 자신의 견해나 주장을 논리적 과정을 통해 상대방에게 설득력 있게 전달토록 하는 방식
E. 사례연구	현재 진행 중이거나 유사한 이전의 사례 들 중 하나 혹은 그 이상을 선정하여 그 성공이나 실패요인을 분석·적용하여 평가
F. 평가자 질문	평가 대상자들에 대하여 얻고자 하는 자료나 정보를 질의·응답을 통해 수집하여 평가
G. 평가자 체크리스트	필요한 학습능력을 한눈에 알 수 있는 표를 만들어 평가 대상자의 학습과정이나 학습결과를 체크해 나가며 평가
H. 피평가자 체크리스트	특정 주제에 대하여 학습자 스스로 학습과정이나 작업결과에 대해 자세하게 평가하도록 하고 그 결과를 평가
I. 일지/저널	매일 또는 장기적으로 평가 대상자의 학습과정이나 결과를 기록하여 평가
J. 역할연기	평가 대상자들에게 가상의 상황을 주고 주어진 상황속에서 특정 인물의 역할을 수행토록 하여 평가
K. 구두발표	특정 내용이나 주제에 대한 평가 대상자의 의견이나 생각을 발표하도록 하여 평가
L. 작업장평가	현장에서 일어나는 공정이나, 일의 순서 등 작업장에서의 학습수행과 행동을 관찰하여 평가

04
역량평가 증거자료 선정

가. 증거자료의 이해

증거자료란 교육·훈련의 내용과 관련하여 학습자의 역량을 판단하기 위해 수집된 정보로, 학습자가 알고(knows), 할 수 있는 것(can do)이 무엇인지에 대해 보여주는 자료를 의미한다. 이러한 증거자료는 다양한 형태를 취할수 있으며, 다양한 경로로 수집이 가능하다. 대표적인 증거자료는 문서, 관찰기록, 질문에 대한 답변, 체크리스트, 포트폴리오, 제품(작업 결과물) 등이 있다 <그림 8-11>. 증거자료는 수행해야 할 평가의 형태에 영향을 주며, 평가요구사항과 직접적으로 관련되어 있다. 따라서 평가 프로세스에서 적절한 분

| 그림 8-11 | 증거자료 유형(예시)

량, 적절한 유형의 증거자료 수집은 매우 중요하다. 일반적으로 수집된 증거자료가 평가대상 능력단위 혹은 능력단위요소에 부합할 때 효력이 있으며, 증거자료의 규칙(rules of evidence)에 부합해야 한다.

나. 증거자료의 규칙

증거자료가 효력이 있기 위해서는 타당성, 충분성, 진실성, 통용성이 있어야 한다.

- 타당성(validity): 증거자료는 평가하고자 하는 역량과 직접적으로 관련되어야 함
- 충분성(sufficiency): 증거자료는 훈련생의 역량을 판단하는 데 충분(품질, 분량)해야 함
- 진실성(authenticity): 증거자료는 훈련생 자신의 결과물이어야 함
- 통용성(currency): 증거자료는 훈련생의 현재 역량을 입증할 수 있어야 함

다. 증거자료 분류에 따른 역량평가방법 및 증거자료 유형

증거자료는 직접 증거자료와 간접 증거자료로 분류할 수 있다. 직접 증거자료란 평가자가 학습자의 작업(과제) 수행, 발표 등을 직접 관찰한 자료를 의미한다. 직접 증거자료는 구두질의 및 응답 등을 통해 확보할 수 있다. 직접 증거자료와 연관된 역량평가방법으로는 작업장 평가, 역할연기, 구두발표, 평가자 질문, 평가자 체크리스트 등이 있으며, 직접 증거자료의 유형으로는 작업 결과물, 발표자료, 질문에 대한 응답, 녹음/녹화 자료, 행동기록부 등이 있다.

간접 증거자료란 평가자가 학습자의 작업(과제) 수행과정을 직접적으로 관찰하는 것이 불가할 때 사용할 수 있는 자료이다. 일반적으로 평가자의 직접적인 관찰 등이 아닌 학습자가 제출한 작업 결과물을 검토하여 역량을 판단한다. 간접 증거자료의 역량평가방법으로는 서술형 시험, 논술형 시험, 사례연구, 일지/저널, 포트폴리오, 문제해결 시나리오 등이 있다. 간접 증거자료의 유형으로는 시험 응답지, 연구보고서, 포트폴리오, 일지/저널 등이 있다.

그림 8-12   증거자료 분류에 따른 역량평가방법 및 증거자료 유형

✔ 학습활동

역량평가 계획서 작성

팀별로 능력단위 한 개를 선택하여 제시된 양식에 따라 개인별로 평가목적, 평가범위, 평가방법, 증거자료 수집유형을 작성한 후 팀원들과 비교해 보세요.

05 활동지
역량평가계획수립

학과:　　　　　　학번:　　　　　　조:　　　이름:

1. 교과목 역량평가계획서를 작성해 보세요.

평가목적		
평가범위	능력단위명	능력단위요소명
평가방법	평가방법	
	선정이유	
증거자료 수집유형		

제**9**장

역량평가 도구설계 및 개발1
-인지 평가 중심

>> 학습목표

1. 역량평가 도구설계 절차와 역량평가도구 검토항목을 설명할
   수 있다.
2. 서술형 시험과 논술형 시험의 개념 및 문항 출제 시 3가지
   유의사항에 대해 설명할 수 있다.
3. 기타형의 하위 유형별 특징을 설명할 수 있다.
4. 평가자 질문의 개념 및 원칙에 대해 설명할 수 있다.
5. 구두발표 개념 및 2가지 평가방식에 대해 설명할 수 있다.
6. 문제해결 시나리오 개념에 대해 설명할 수 있다.
7. 사례연구 개념에 대해 설명할 수 있다.
8. 좋은 평가문항의 요소에 대해 설명할 수 있다.

01
역량평가 도구설계

가. 역량평가 도구설계 절차

　　역량평가 도구설계 및 개발은 ① 평가과제 개발, ② 평가과제별 점수배정, ③ 모범 답안 작성, ④ 역량평가 도구개발, ⑤ 사전평가 실시, ⑥ 최종 역량평가 도구개발과 같은 절차를 따르며, 각 단계별 주의사항은 다음과 같다.

| 그림 9-1 | 역량평가 도구설계 및 개발 절차 |

역량평가 과제 개발	– 필답형시험, 포트폴리오(작품집), 사례발표, 체크리스트(수행평가), 기타 등으로 구분하여, 평가 범위 설정 및 평가 과제 개발
역량평가 과제별 점수 배정	– 출제 문제수와 문항의 난이도를 고려
모범 답안 작성	
역량평가 도구 개발	– 문제 유형별로 배열, 같은 유형은 학습 순서 또는 난이도 순으로 배치
사전평가 실시	– 평가 대상과 유사한 집단에서 소수의 인원을 표집해 사전 평가를 실시하고 문제점을 찾아 보완
역량평가 도구개발	– 역량평가 도구 활용 전, 평가도구에 관한 체크리스트를 만들어 검토한 뒤 최종 이상 유무를 확인한 뒤 인쇄

평가과제 개발에서는 필답형 시험, 포트폴리오(작품집), 사례발표, 체크리스트(수행평가), 기타 등으로 구분하여, 평가 범위 설정 및 평가과제를 개발한다. 평가과제별 점수배정에서는 출제 문제수와 문항의 난이도를 고려하여 배정한다. 모범 답안 작성에서는 모범 답안을 작성해 놓는다. 역량평가 도구개발에서는 문제 유형별로 배열, 같은 유형은 학습 순서 또는 난이도 순으로 배치하여 평가도구를 개발한다. 사전평가 실시에서는 평가 대상과 유사한 집단에서 소수의 인원을 표집해 사전 평가를 실시하고 문제점을 찾아 보완한다. 최종 역량평가 도구개발은 역량평가도구 활용 전, 평가도구에 관한 체크리스트를 만들어 검토한 뒤 최종 이상 유무를 확인하고 인쇄한다.

나. 역량평가도구 검토항목

역량평가도구는 최종적으로 타당도, 신뢰도, 객관도가 높은 평가도구를 개발한다. 개발된 평가도구는 최종적으로 이상 유무를 검토하고, 문제가 발생할 경우에는 수정 및 보완하여 평가에 활용한다. 이때 활용할 수 있는 평가도구의 검토 항목은 다음과 같다.

표 9-1 　평가도구의 검토 항목

검토 항목	적절	수정필요
평가 문항의 내용과 형식을 평가 목표에 일치되도록 작성되었는가?		
평가 문항에 사용된 용어는 학습자의 수준에 적합한가?		
평가 문항은 간결하고 명확하게 작성되었는가?		
지나치게 세부적이고 특수한 지식을 묻는 문항은 없는가?		
지나치게 어렵거나 쉬운 문항은 없는가?		
2개 이상의 답지에 공통적으로 존재하는 요소로 인해 정답의 단서가 되는 것은 없는가?		
맞춤법과 띄어쓰기가 정확한가?		
평가 소요 시간이 적절한가?		
문자의 판독이 어려운 것은 없는가?		
문제지가 2장 이상일 경우, 페이지 수가 정확히 인쇄되었는가?		

02
서술형 시험 / 논술형 시험

가. 개념

서술형과 논술형 시험은 학습의 인지적 영역(cognitive domain)을 평가할 때 많이 활용되는 평가방법이다. 서술형 시험이란 주어진 질문에 대해 알고 있는 자신의 지식이나 생각을 직접 작성하게 하는 방식의 평가를 의미한다. 논술형 시험이란 주어진 질문에 대해 자신의 견해나 주장을 논리적 과정을 통해 상대방에게 설득력 있게 전달토록 하는 방식의 평가이다.

서술형 시험과 논술형 시험 모두 지필 시험에서 활용되는 일종의 개방형 문항 유형의 하나라 할 수 있다. 서술형과 논술형은 주로 혼용되어 사용되어지나, 서술형은 논술형에 비해 서술해야 하는 분량이 많지 않고 채점할 때 서술된 내용의 깊이와 넓이에 주된 관심을 두는 문항인 반면에, 논술형은 수험자가 자신 나름대로의 생각이나 주장을 논리적으로 설득력 있게 조직하여 작성해야 함을 강조하는 문항이라 할 수 있다(박도순, 2007). 즉, 해당 내용에 대해 얼마나 이해하고 있는지는 서술형 시험으로, 해당 내용에 대한 논리적이고 비판적인 의견을 가지고 있는지는 논술형 시험으로 평가하는 것이 적합하다.

나. 문항 출제방식 및 유의사항

(1) 문항 출제방식

서술형 시험과 논술형 시험의 출제방식은 단독 과제형과 자료 제시형으로 구분된다. 단독 과제형이란 구체적인 문제 상황이 주어지지 않고 어떤 특정 영역의 내용을 쓰게 하는 것을 말한다. 자료 제시형은 구체적인 사실적 자료를 제시해 주고, 그것을 비평하거나 그 자료에서 어떤 합리적인 결론을 이

끌어내도록 요구하는 것이다.

(2) 문항 출제 시 유의사항

서술형 시험과 논술형 시험에서 문항 출제 시 유의사항은 다음과 같다.

첫째, 단순한 기억이나 암기력 평가가 되지 않도록 하여야 하며, 고등 사고 기능을 측정하기에 적절한 문항을 개발하여야 한다. 서술이나 논술은 단순 암기력을 측정하는 것이 아니라 보다 고차원적인 사고를 측정하는 데 초점을 두어야 한다.

둘째, 기본적인 개념 원리나 성질을 이해하고 있는지, 기본적인 개념 원리나 성질을 이용하여 주어진 문제를 해결할 수 있는지 등 다양한 성취 기준을 반영할 수 있는 문항을 개발하여야 한다.

셋째, 구체적인 목적을 평가할 수 있도록 문항을 구조화시키고 제한성을 갖도록 출제하여야 한다. 구조를 제한하면 다음과 같은 장점을 가질 수 있다.

① 문항이 현실적인 상황과 관련될 확률이 높아짐
② 응답해야 할 과제가 분명해짐
③ 적당히 추측해서 아무렇게나 작성하는 것을 방지할 수 있음

다. 문항 출제 예시

(1) 서술형 시험 예시: 서술형, 계산형 등

| 그림 9-2 | 서술형 시험 예시 |

과정명				교과목명	
능력단위명		능력단위요소명		평가유형	서술형 시험
평가일	2020.4.1	평가시간	1시간	평가자	○○○(인)
평가문항 (수행내용)	[서술형] 문항) 시장분석 방법 중 SWOT분석에 대해 설명하시오. 정답) 외부환경을 기회와 위협으로 구분하고, 내부여건을 강점과 약점으로 구분하여 분석하는 기법이다. [계산형] 문항) 방사시 아래와 같은 조건으로 생산 시 일생산량을 kg단위로 계산하시 오. (단, 계산과정과 답을 모두 기입하시오) 데니어: 900데니어, 방사속도 1,000m/min, 엔드수 10엔드(6엔드/와인 더), 와인더수 10개 와인더, 효율 100% 식) [(900데니어×1,000m/min)/9,000 × 10엔드 × 10와인더 × 1(효율 100%) × 1,440분] / 1,000g = 14,400kg/일 정답)14,400kg					

(2) 논술형 시험 예시: 자신의 견해나 주장을 논리적으로 기술하게 하여 평가하고자 할 때

그림 9-3 　논술형 시험 예시

과정명				교과목명	일반영업
능력단위명		능력단위요소명		평가유형	논술형 시험
평가일	2020.4.1	평가시간	00분/시간	평가자	○○○(인)
평가문항 (수행내용)	잠재적 고객을 충성고객으로 만들어 우리 제품을 구매할 수 있도록 하기 위한 방안에 대해서 본인의 견해를 작성하시오.				

03
기타형

가. 개념

기타형이란 NCS에서 제시된 12개의 역량평가방법은 아니지만 일반적으로 인지적 영역을 평가할 때 가장 많이 활용되는 평가방법을 의미한다. 전통적인 학교 상황에서 지필평가(paper amd pencil test) 방식에서 가장 많이 활용되는 방법이다. 기타형의 방법에는 진위형, 순수단답형, 복수단답형, 완성형, 연결형, 선택형, 선다형 등이 있다.

나. 유형별 개념 및 예시

(1) 진위형

진위형은 하나의 진술문을 제시하고 진술문의 내용에 대한 진위 또는 정오를 판단하여 ○ 또는 X로 표시하게 하는 문항이다.

그림 9-4	진위형 문항 예시

문항) 다음 소비자 유형에 대한 설명이 옳으면○, 틀리면 X를 ( )안에 넣으시오

소비자를 잠재고객, 고정고객, 충성고객으로 구분했을 때, 잠재고객은 꾸준히 해당제품을 구매하면서 다른 고객에게 소개하는 고객을 의미한다. ... ( )

정답) ○

(2) 순수단답형

순수단답형은 주어진 문제에 대해 간단한 문장, 단어, 기호 등으로 직접
써서 답하는 문항이다.

| 그림 9-5 | 순수단답형 문항 예시 |

> 문항) 다음에서 설명하고 있는 분석방법의 명칭을 쓰시오
>
> > 자사 내·외부 환경분석 및 강점과 약점의 파악, 다양한 위험요인 및 기회요인 포착
> > 등의 분석에 유용한 분석방법이다.
>
> 정답) SWOT분석

(3) 복수단답형

복수단답형은 여러 개의 단답을 요구하는 문항이다.

| 그림 9-6 | 복수단답형 문항 예시 |

> 문항) 마케팅의 4P는 price, place, promotion, product를 의미한다. 이 중에서 제품의
> 속성 및 성능과 관계없는 것을 3가지만 쓰시오
>
> 정답) 가격(price), 유통경로(place), 촉진(promotion)

(4) 완성형

완성형은 문제의 내용 중 빈칸에 해당하는 적합한 단어, 기호 등을 쓰도
록 요구하는 문항이다.

| 그림 9-7 | 완성형 문항 예시 |

> 문항) 외부환경분석에 관한 내용이다. ( )안에 들어갈 용어를 쓰시오
>
> > 외부환경분석 방법 중 3Cs 분석에서 3C는 자사(Company), 경쟁사(Competitor),
> > (   )을/를 가리킨다.
>
> 정답) 고객(Customer)

(5) 연결형

연결형은 일련의 전제와 답지 중 관계가 있는 것끼리 연결하도록 요구하는 문항이다.

그림 9-8 연결형 문항 예시

문항) 다음 세 종류의 고객 유형과 그에 대한 적합한 설명을 바르게 연결하시오

가. 잠재고객 • • a. 아직 구매하지 않고 있으나 향후 구매가능성이 높은 고객

나. 고정고객 • • b. 꾸준히 구매하고 있을 뿐만 아니라 주변 사람들에게 소개하는 고객

다. 충성고객 • • c. 꾸준히 구매하고 있지만, 다른 사람들에게 소개는 하지 않는 고객

정답) 가-a, 나-b, 다-c

---

(6) 선택형

선택형은 주어진 문제의 답을 선택하는 문항이다.

그림 9-9 선택형 문항 예시

문항) 고객 유형 중에서 우리 제품을 실제 구매한 고객 유형을 고르시오

가. 잠재고객   나. 충성고객   다. 고정고객   라. 일반고객

정답) 나

---

(7) 선다형

선다형([보기] 제시형)은 주어진 문제의 답을 제시된 보기에서 선택하는 문항이다.

그림 9-10 선택형 문항 예시

문항) 심리검사를 인지적 검사와 정서적 검사로 나눌 때 인지적 검사에 해당하는 것은?
① 적성검사 　　　　　　　　　② 성격검사

③ 흥미검사 　　　　　　　　　④ 가치관검사

정답) ①

문항) [보기]의 고객 유형 중에서 우리 제품을 실제 구매한 고객 유형 두 가지를 골라 쓰시오

[보기]
잠재고객, 고정고객, 충성고객

정답) 고정고객, 충성고객

04
평가자 질문

가. 개념

평가자 질문은 평가 대상자들에 대하여 얻고자 하는 자료나 정보를 질의·응답을 통해 수집하여 평가하는 방법으로, 일종의 자료수집 기법이라 할 수 있다. 공식화된 평가로서의 평가자 질문은 구두시험의 형태를 띠게 되어 체계적이고 엄격하게 이루어지게 되며, 비공식화된 평가로서 학습자 면담, 선행학습수준 점검을 위한 질의응답 등으로 이루어지는 평가도 평가자 질문 유형에 포함될 수 있다. 평가자 질문은 역량평가 시 널리 사용되는 평가방법 중의 하나이다.

평가자 질문에서는 질문을 통해 학습자의 기반지식과, 다양한 상황에 지식과 기술을 전이하는 기술의 적용 및 이해력을 평가할 수 있다. 이러한 평가자 질문은 역할연기, 작업장 평가 등 실기시험이나 구두발표 등 다른 평가방법과 병행하여 사용 가능하다.

나. 평가자 질문의 원칙 및 예시

평가자 질문에서는 평가자의 질문의 질이 가장 중요한 핵심이다. 평가자가 어떤 질문을 하는지에 따라, 평가대상자들이 특정한 역량을 획득했는지 아닌지에 대해 판단할 수 있는 답변이 나올 수도 있고, 그렇지 않을 수도 있다. 따라서 평가자 질문에서는 다음의 원칙을 준수하는 것이 필요하다.

- 가장 기본적인 질문들은 사전에 준비한다.
- 평가대상자들이 제대로 된 응답을 할 수 있는 질문인지 사전에 검증한다.

- 간단명료한 질문('하지 않은 것을 하지 않았습니까?')은 지양한다.
- 질문은 쉬운 질문부터 시작해서 어려운 질문 순으로 배열한다.
- 평가대상자에게 익숙한 용어를 사용한다(훈련 시 사용했었던 용어 등).
- 한 번에 하나의 질문만을 한다.
- 평가의 목적과 가장 잘 맞는 유형의 질문인지 명확화 한다.

표 9-2   평가자 질문에서 활용되는 질문의 유형 및 예시

질문유형	사용시기	예시
폐쇄형 (closed questions)	한정된 결과물에 대해서, 좁혀진 답변을 들어야 할 때 사용함	이 업무를 수행하는 데 필요한 3가지 절차를 말씀하셨는데 그 내용이 확실하십니까?
개방형 (open questions)	평가자가 평가대상자로부터 평가대상자의 지식에 대한 폭이나 깊이를 알고자 할 때, 자유로운 답변을 하도록 하기 위해 사용함	이 기계의 특징에 대해서 말해보세요. 이것은 무엇이며, 어떻게 작동을 하는 기계입니까?
추가질문 (probing follow up question)	평가자가 어떤 사항에 대해서 좀 더 자세히 알고자 할 때 사용함	이전의 질문에 대해서 기계의 전체적 개요에 대해 응답을 해주셨습니다. 만약에 이 기계를 작동하는 중에 XX한 상황이 발생한다면 당신은 어떻게 해야 합니까?
가정형 질문 (hypothetical questions)	평가대상자가 특정한 상황에서 어떻게 반응하는지 알고 싶을 경우에 사용함	만약에 누군가가 이 기계를 사용하는 중에 다쳤다면, 어떻게 하시겠습니까?

그림 9-11　평가자 질문 예시: 면접형 문제 평가 시

과정명	콘텐츠 디자인			교과목명	웹디자인
능력단위명	프로젝트 완료	능력단위 요소명	프로젝트 결과 보고서 작성하기	평가유형	평가자 시험
평가일	2020.4.1	평가시간	5분	평가자	○○○(인)
평가문항 (수행내용)	제작이 완료된 웹사이트를 문서화하여 프로젝트 결과 보고서를 작성할 때 어떤 내용들이 포함된 보고서를 작성해야 합니까? 그리고 왜 프로젝트 결과를 문서화시켜서 보관해야 하는지 그 중요성을 설명하시오.				
정답	컨셉, 메뉴구조도, 플로 차트, 사이트 맵, 스토리보드, 스타일 가이드, 데이터베이스 문서 등을 작성하고, 업데이트나 유지보수 또는 개발자가 바뀔 경우 등에 대처하기 위함의 취지로 설명한다.				

05
구두발표

가. 구두발표 개념

구두발표란 특정 내용이나 주제에 대한 평가 대상자의 의견이나 생각을 발표하도록 하여 그 내용을 평가하는 방법이다. 구두발표는 발표 내용뿐만 아니라 발표 자체도 평가의 대상으로 한다. 따라서 구두발표는 단독으로 이루어지는 평가방법이라기보다는 문제해결시나리오, 사례연구 등과 같이 과제수행이 필요한 평가방법을 활용할 때, 수행결과를 구두로 발표하는 능력까지 평가해야 할 때 추가적인 방법으로 혼합되어 활용되는 경우가 많다. 따라서 평가자는 구두발표를 통해 학습자의 준비도, 이해력, 표현력, 판단력, 의사소통 능력 등을 측정할 수 있다. 또한 과제해결 역량 및 구두 커뮤니케이션 역량에 대한 평가도 함께 수행할 수 있으며, 지적능력과 정의적 태도도 동시에 파악 가능하다.

구두발표 평가를 활용할 시에는 팀으로 수행한 과제인지 혹은 개인이 수행한 과제인지, 모두가 발표 기회를 갖는지 혹은 일부만 발표 기회를 갖는지를 미리 고려하여 점수배분을 설계해야 한다. 구두발표는 문제 출제와 채점에 투입되는 시간을 절약, 즉각적인 피드백을 주어야 하는 상황에 활용하며, 발표 평가 상황을 최대한 객관적으로 자세히 기록한다. 구두발표에서는 평가자의 관찰이 평가점수에 영향을 주므로 평가자의 주관적인 개입에 주의하여야 하며, 학습자가 지나치게 긴장할 경우 생길 수 있는 측정의 오류를 예상하고 평가계획을 수립하여야 한다.

나. 구두발표 평가 형식 및 예시

구두발표의 평가는 다음의 형식 중 선택하여 진행한다.
① 주제나 질문을 사전에 미리 알려주고 진행
② 특별한 내용 영역만 알려 주고 난 다음, 구두발표를 시행할 때 교사가 그 내용 영역에 관련 있는 주제나 질문을 제시하고 학습자가 답변하는 형식으로 진행

그림 9-12 구두발표 예시: 보고서, 창작물, 과제물에 대한 피평가자의 설명이 필요 시

과정명	패션마케팅			교과목명	마케팅 리서치실습
능력단위명	패션시장 현황분석	능력단위 요소명	소비자 분석하기	평가유형	구두발표
평가일	2020.4.1	평가시간	20분	평가자	○○○(인)
평가문항 (수행내용)	자사와 경쟁사의 매출 및 주력 품목에 대해 비교 분석하여 발표하시오. • 발표자료: PPT 10매 내외 • 발표시간: 10분				
과제물 결과 (예시)	보고서 파일(PPT 문서파일)로 발표				
과제물제출 및 보관	제출물	보고서 파일(PPT 문서파일)			
	평가자료 보관방법	파일로 보관			

그림 9-13　구두발표 예시: 수행결과물을 보면서 면접형 문제 평가 시

과정명	기계설계			교과목명	유공암 요소설계
능력단위명	유공암 요소설계	능력단위 요소명	요구기능 파악하기	평가유형	구두발표
평가일	2020.4.1	평가시간	10분	평가자	○○○(인)
평가문항 (수행내용)	본인이 작성한 치공구설계 도면을 보고, 치공구 구성요소에 대하여 설명하시오.				
정답	드릴지그는 위치결정구, 클램프, 부시 등에 관하여 설명한다.				
과제물제출 및 보관	제출물	필요없음			
	평가자료 보관방법	필요없음			

06
문제해결 시나리오

가. 개념

문제해결 시나리오는 평가 대상자가 주체가 되어 문제해결을 위한 시나리오를 작성하여 해결에 이르는 과정을 제시하고 평가자가 이를 평가하는 방법이다. 문제해결 시나리오는 문제해결능력의 획득을 목적으로 하는 평가방법이다.

나. 문제해결 시나리오 구성 및 예시

문제해결 시나리오란 평가 대상자가 주체가 되어 문제해결을 위한 시나리오를 작성하여 해결에 이르는 과정을 평가하는 것으로, 여기서 시나리오란 문제해결을 위해 주어진 자료와 정보를 바탕으로 원하는 성과를 만들어 내기 위한 사고의 흐름을 구상한 것을 의미한다.

문제해결 시나리오는 주로 문제기반학습(problem-based learning) 혹은 시나리오기반학습(scenario-based learning)에서 활용되는 교수법으로, 학습내용 자체뿐만 아니라 이에 접근하여 문제를 해결하는 프로세스 역량을 향상시킬 수 있다는 강점이 있다. 문제해결시나리오를 평가에 활용할 경우 팀평가의 경우 액션러닝이나 사례연구의 형태로, 개인평가의 경우 논술형 시험 혹은 에세이 과제의 형태로 이루어지게 되며, 평가를 통해 논리적, 체계적 사고력을 보다 면밀하게 확인할 수 있다.

일반적인 문제해결 시나리오는 테마선정, 현상파악, 원인분석, 해결안 도출, 실행의 순서를 따른다. 즉, 평가자는 평가 대상자가 해결해야 할 주제인 테마를 선정하고 평가 대상자는 테마의 문제가 무엇인지 현상파악을 한 후 문제를 일으키는 근본적인 원인을 분석한 후 원인을 제거할 수 있는 해결안을 도출하여 제시하는 순서로 시나리오를 구성한다.

그림 9-14 일반적인 문제해결 프로세스

테마선정　　현상파악　　원인분석　　해결안 도출　　실행

① 오류 및 작동불능 과제를 진단하고 개선할 수 있는 과제 평가 시

그림 9-15 문제해결 프로세스 예시 1

과정명	자동차			교과목명	자동차전기전자 장치정비
능력단위명	냉난방장치 정비	능력단위요소명	냉난방장치점검 및 진단하기	평가유형	문제해결 시나리오
평가일	2020.4.1	평가시간	3시간	평가자	○○○(인)
평가문항 (수행내용)	여름철 차량 에어컨 악취냄새의 주 원인은 무엇이고 해결하기 위한 정비방법에 대하여 작성하시오.				
정답	• 원인: 냄새나는 원인은 박테리아가 실내 공간을 떠돌며 에어컨을 가동할 때 조수석 안쪽에 에바라는 부품이 있는데 여기에서 박테리아가 증식하기 때문 • 정비방법: 에바 클리닝 및 공조기 세척 등				
과제물제출 및 보관	제출물	평가문항지			
	평가자료 보관방법	평가문항지 철 보관			

② 문제해결을 위해 자료와 정보 수집 등을 바탕으로 도출될 수 있는 문제를 해결하고, 분석결과를 통해 원하는 성과를 도출할 수 있는 과제 평가 시

그림 9-16 문제해결 프로세스 예시 2

과정명	콘텐츠 디자인			교과목명	그래픽 제작
능력단위명	시안디자인 개발	능력단위 요소명	디자인요소 수집하기	평가유형	문제해결 시나리오
평가일	2020.4.1	평가시간	6시간	평가자	○○○(인)
평가문항 (수행내용)	다음 조건에 맞는 디자인에 사용할 원고와 사진 또는 삽화 등의 디자인 자료를 직접 제작방법과 웹 검색방법을 통해서 수집하고, 시안 방향별로 분류하여 시안을 구상하여 보고서로 제출하시오. • 주제: '제11회 서울국제만화애니메이션 영화제'를 위한 아이덴티티 디자인 • 과제요구사항: 추후 영화제 컨셉에 부합하는 기본 심벌마크와 로고타이프, 캐릭터를 디자인하고, 명함, 포스터, 배너, 사인류, 차량광고, 입장권, CD 재킷, 서식류, 티셔츠, 컵, 펜, 패키지 등 필요한 아이덴티티 응용 시스템을 디자인할 예정. 웹 검색을 통해 다운로드한 이미지는 출처를 별도로 표기				
과제물결과 (예시)	보고서 파일(한글, PPT 등 문서파일)				
과제물제출 및 보관	제출물	보고서 파일(한글, PPT 등 문서파일)			
	평가자료 보관방법	1인당 파일 1개 보관			

07
사례연구

가. 개념

사례연구란 현재 진행 중이거나 유사한 이전의 사례 들 중 하나 혹은 그 이상을 선정하여 그 성공이나 실패용인을 분석·적용하여 평가하는 방식이다. 교육평가 용어사전에는 사례연구를 구체적인 현상이나 사회적 단위, 즉 사례(들)에 대해 상세하고 심층적인 자료수집을 하고 이를 집중적으로 탐구하는 것을 뜻한다고 정의하고 있다.

사례연구를 활용한 평가의 범위는 좁게는 사례에 대한 조사와 분석이 될 수 있으며, 넓게는 사례의 선정부터 사례분석에서 얻은 아이디어를 현실에 적용하는 것까지 확장될 수 있다. 사례연구의 결과는 보고서 혹은 발표이며, 이는 곧 사례연구 평가자료로 활용될 수 있다.

나. 활용방식 및 예시

직업교육·훈련 현장에서는 과제평가 개념으로 다음과 같이 사례연구를 활용할 수 있다.

- 학습자에게 과제를 제시하고 이를 수행한 보고서 등 과제 산출물을 분석하여 평가
- 필요 시 팀을 구성하여 과제(사례연구)를 수행하게 하고 그 결과를 평가
- 보고서 형태의 결과물로 훈련생의 자료 수집, 분석 및 보고서 작성 역량 등을 평가

그림 9-17 사례연구 예시: 시장조사, 사례분석, 통계, 정보수집 등을 요구하는 과제 평가 시

과정명	패션마케팅			교과목명	마케팅리서치 실습
능력단위명	패션시장현황분석	능력단위 요소명	자사 및 경쟁사 분석하기	평가유형	사례연구
평가일	2020.4.1	평가시간	8시간	평가자	○○○(인)
평가문항 (수행내용)	다음과 같은 수행 순서와 내용으로 경쟁사 현황을 조사·분석하여 시장조사 보고서를 제출하시오. 1. '자사 현황 분석하기'에서 선택한 자사 브랜드의 경쟁 브랜드를 선정한다. 2. 경쟁브랜드 현황에 대한 조사 방법을 선정한다. 3. 경쟁 브랜드들의 매장을 방문하여 매장환경과 상품을 조사한다. 4. 인터넷과 모바일을 이용하여 온라인 쇼핑몰 내의 상품 정보를 확인한다. 5. 경쟁 브랜드에 대해 조사한 내용과 특이 사항을 정리하여 보고서를 작성한다. • 형식: 보고서 또는 논문형식으로 제출(제공한 '시장조사 보고서' 서식 활용) • 분량: A4 10장 내외				
정답	보고서파일(한글 등 문서파일)				
과제물제출 및 보관	제출물	보고서파일(한글 등 문서파일)			
	평가자료 보관방법	1인당 파일 1개 보관			

08
평가문항 개발 시 유의사항

가. 좋은 평가문항의 조건

인지 평가 중심의 평가문항을 개발할 때에는 평가의 문항이 다음의 내용을 충족하고 있는지를 살펴보아야 한다. 다음의 <표 9-3>은 좋은 평가문항의 조건이다.

표 9-3 좋은 평가문항의 조건

항목	내용
측정내용과의 일치성	• 평가문항 내용과 측정하고자 하는 내용과의 일치도. 검사의 타당도가 높음
평가문항 내용의 복합성	• 문항의 내용이 단순 기억에 의한 사실보다는 분석, 종합, 평가 등의 능력을 바탕으로 실제 역량을 측정할 수 있도록 구성
평가문항 내용의 요약성	• 단순 사실만을 질문이나 지시하는 것이 아니라, 배운 지식, 기술, 태도를 활용할 수 있는 내용이어야 함
평가문항의 참신성	• 내용적 측면이나 형식적 측면에서 기존에 존재하는 진부한 형태의 평가문항이 아니라 새로운 경험을 주는 것이어야 함 • 새로운 관점에서 측정해야 되는 내용을 측정할 수 있도록 고려
평가문항의 구조화	• 구조화란 평가 문항의 체계성과 명료성을 의미하는 것임 • 평가 문항 개발 시 피평가자가 답해야 할 방향을 명확하게 구체화해야 함
평가문항의 난이도	• 난이도가 적절하여야 함 • 검사도구에 포함시킬 이유가 없는 매우 어렵거나 쉬운 평가과제가 들어가는 경우가 있음
사용목적 부합	• 평가과제가 검사의 사용 목적에 부합. 실제 수행할 수 있는 역량이 있는지 여부를 확인하는 목적에 부합하는 평가과제이어야 함

측정오차 제외	• 실제 해당 역량이 있음에도 불구하고 학습자가 평가과제해석의 오류로 제대로 해당 역량을 표현하지 못하는 상황을 지양해야 함
윤리 · 도덕적인 기준준수	• 평가과제는 윤리나 도덕적인 문제를 지니고 있지 않아야 함 • 역량평가는 교육의 연장이므로, 비윤리적이거나 비도덕적인 내용을 포함한 평가과제나 예시는 제외되어야 함

나. 좋은 평가문항의 장애요소

평가문항을 좋게 만들기 위해서는 문항개발 시 피해야 할 요소들도 있다. 일반적으로 좋은 평가문항의 장애요소는 다음과 같다.

- 필요이상의 어려운 단어
- 불분명하게 제시된 그림
- 너저분하게 기술된 문장
- 혼돈스러운 지시문
- 불필요하게 복잡한 문장구조
- 모호한 문장
- 너저분하게 기술된 문장
- 인종, 성별의 편파성이 포함된 자료

그림 9-18   좋은 평가문항의 장애 요소

✅ 학습활동: 개인수행과제

인지적 영역 문항 개발

수업시간에 배운 인지적 영역 평가방법별(서술형, 논술형, 평가자 질문, 구두발표, 문제해결 시나리오, 사례연구) 문항을 1개씩 개발하고 팀원들과 공유해 보세요.

09 활동지
역량평가 도구설계 및 개발1

학과:　　　　　학번:　　　　　조:　　　　이름:

1. 금일 수업시간에 배운 인지적 영역 평가방법별(서술형, 논술형, 평가자 질문, 구두발표, 문제해결 시나리오, 사례연구) 문항을 1개씩 개발하고 팀원들과 공유해 보세요.

평가방법	문항
서술형	
논술형	
평가자 질문	
구두발표	
문제해결 시나리오	
사례연구	

제**10**장

역량평가 도구설계 및 개발2
-실기 평가 중심

01
포트폴리오

가. 개념

　포트폴리오란 자신이 작성하거나 만든 작품을 지속적·체계적으로 모아둔 개인별 작품집 혹은 서류철이며, 이를 대상으로 평가하는 방법을 포트폴리오 평가라 한다. 포트폴리오 평가는 학습의 최종 산출물만을 평가의 대상으로 제한하는 기존의 평가와 달리, 학습의 전 과정에서 학습자가 산출한 제반의 성과물을 평가의 대상으로 하므로 평가를 통한 학습, 학습을 통한 평가가 이루어질 수 있다는 장점이 있다. 따라서 포트폴리오는 학습자의 목표, 학습에 대한 반성적인 진술, 교사와 학습자의 의견이 포함된 평가방법으로 학습자의 성취뿐 아니라 향상된 정도를 평가할 수 있는 평가방법이다. 이에 포트폴리오 평가를 효율적으로 활용하기 위해서는 학습과정의 우연적 산출물을 수집하는 것을 넘어, 수업 설계 시 구체적인 평가계획을 수립하여 보다 체계적으로 산출물을 수집하고 평가에 활용할 필요가 있다.

　포트폴리오 평가의 목적은 개인 간의 비교가 아니라 각 개인의 변화 및 진전도에 있다. 훈련생은 포트폴리오를 통해 자신의 변화 과정을 알 수 있고, 교수자는 훈련생의 과거와 현재 상태를 파악함으로써 앞으로의 발전 방향에 대해 바르게 조언할 수 있다. 포트폴리오 평가를 위해서는 훈련과정 시작 단계에서 평가기준에 대해 훈련생들에게 명확하게 제시해 주어야 한다. 그러나 포트폴리오는 채점의 어려움과 함께 점수에 대한 신뢰성 확보가 관건이다.

나. 단계 및 예시

　포트폴리오는 설계, 자료 계획과 수집, 내용 분석, 결과 활용 등의 단계로 진행된다. 포트폴리오는 교보재 제시형, 도면 제시형, 보고서 제출형, 창작물 제출형 등의 유형이 있다.

① 포트폴리오 설계: 포트폴리오 목적을 설정하고 구체적 학습 목표를 명시하며, 사용 가능한 도구를 선택하고 그에 따른 평가 준거를 설정함
② 자료 계획과 수집: 포트폴리오에 포함할 자료를 계획하고, 자료 제작과 수집의 빈도를 결정하며, 자료관리 체계를 어떻게 유지할지 결정. 어떤 자료를 왜 제출하는지 선정 근거 설명
③ 포트폴리오 내용 분석: 설정된 학습 목표와 평가 준거에 따라 제출된 포트폴리오의 내용을 분석하고 학습자의 향상 정도를 평가함
④ 결과 활용: 학습자 진전도를 확인하고, 교수·학습 활동에 대하여 피드백 실시

그림 10-1 교보재 제시형 포트폴리오 예시

① 교보재 제시형

과정명	주얼리디자인			교과목명	주얼리디자인 기초
능력단위명	보석디자인 렌더링	능력단위 요소명	핸드 렌더링 완성하기	평가유형	포트폴리오
평가일	2020.4.1	평가시간	3시간	평가자	○○○(인)
평가문항 (수행내용)	제시된 보석반지 실물(또는 사진)을 보고 아래 조건을 참조하여 렌더링 결과물을 제출하시오. • 재료: 수채화물감, 마카 • 규격: A4 • 크기: 실물*1.5~2배 • 제시자료(실물 또는 사진)				
과제물결과 (예시)					
과제물제출 및 보관	제출물	렌더링 결과 A11장			
	평가자료 보관방법	스캔 또는 사진 촬영 후 JPG파일로 보관			

도면 제시형 포트폴리오 예시

② 도면 제시형

과정명	CAD & 모델링			교과목명	모델링 실습
능력단위명	3D 형상모델링	능력단위 요소명	3D 표현하기	평가유형	포트폴리오
평가일	2020.4.1	평가시간	4시간	평가자	○○○(인)
평가문항 (수행내용)	주어진 2D도면을 참조하여 3D모델링을 완성하여 제출하시오. • 사용프로그램: NX4 • 소스: FULLDOWN 메뉴 • 재질: METAL • 제시자료(2D도면)				
과제물결과 (예시)					
과제물제출 및 보관	제출물	데이터 파일 1개			
	평가자료 보관방법	데이터 파일로 보관			

보고서 제출형 포트폴리오 예시

③ 보고서 제출형

과정명	바이오 식품			교과목명	화학 및 실습
능력단위명	시료전처리	능력단위 요소명	전처리 실시하기	평가유형	포트폴리오
평가일	2020.4.1	평가시간	6시간	평가자	○○○(인)
평가문항 (수행내용)	지급된 분석시료의 전처리 계획을 수립하고 물리적, 화학적, 생물학적 전처리 결과를 보고서 형식으로 제출하시오. • 제출양식: A4 5장 내외 • 구성: 3명 1조로 분석별 1과제씩 작성 • 데이터: 표와 그래프				
과제물결과 (예시)	보고서 파일(한글 등 문서파일)				
과제물제출 및 보관	제출물	보고서 파일(한글 등 문서파일)			
	평가자료 보관방법	1인당 파일 1개 보관			

그림 10-4　창작물 제출형 포트폴리오 예시

④ 창작물 제출형

과정명	콘텐츠 디자인			교과목명	그래픽 제작
능력단위명	시안디자인 개발	능력단위 요소명	아트웍하기	평가유형	포트폴리오
평가일	2020.4.1	평가시간	8시간	평가자	○○○(인)
평가문항 (수행내용)	다음 조건에 맞는 패키지(포장)를 디자인하여 결과물을 제출하시오. • 주제: (주)다담 '우리쌀로 만든 다담떡' 패키지 디자인 • 전개도 크기: A3 이내 • 과제요구사항: 심벌마크와 로고타이프의 조합형을 디자인, 이미지합성 및 편집, 적절한 타이포그래피, CMYK 4원색과 별색 삽입, 바코드 및 제품소개 내용 삽입, 인쇄용도에 맞는 레지스트레이션 마크, 접는선, 블리드, 타발선의 올바른 적용				
과제물결과 (예시)					
과제물제출 및 보관	제출물	보고서 파일(한글 등 문서파일)			
	평가자료 보관방법	1인당 파일 1개 보관			

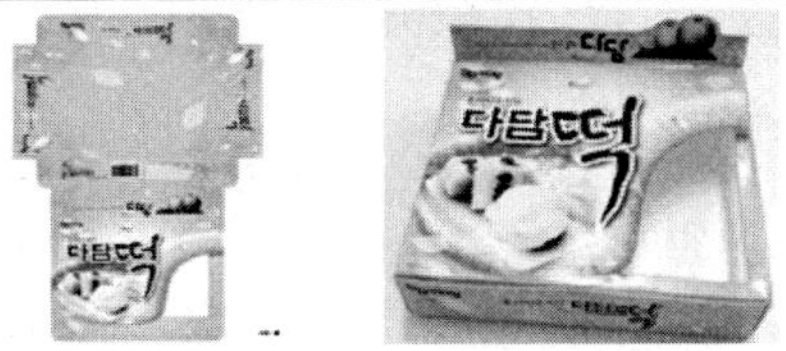

02
일지 / 저널

가. 개념

　일지/저널이란 매일 또는 장기적으로 평가 대상자의 학습과정이나 결과를 기록하여 평가하는 방법이다. 주로 정성적인 평가에 활용되며, 분석 역시 질적분석 기법을 통해 이루어지게 된다. 일지/저널은 훈련생 스스로 매일 혹은 장기적으로 관련 과제에 관한 세부적인 내용을 기록한 결과물을 바탕으로 평가하는 방법이라 할 수 있다.

　일지/저널은 평가 대상에 대해 비교적 장기간의 면밀한 관찰과 상호작용을 전제로 하므로, 다른 평가방법에 비해 평가자의 헌신이 많이 요구된다. 예를 들어 성장기록을 남기기 위해 부모가 쓴 육아일기, 문제행동을 보이는 학습자에 대한 지도교사의 일지, 담임교사의 학생부 기록 등이 일지/저널 유형에 포함될 수 있는데, 이러한 기록은 그 자체만으로도 매우 시간과 자원을 요구한다.

　NCS 평가가 현실적으로 제한된 시간과 자원으로 수행됨을 고려할 때, 일지/저널은 평가에 활용할 때에는 평가의 대상을 특정 범위로 제한하거나, 작성 시기를 제한하거나, 작성 내용을 최소화하는 것이 바람직하다. 일지/저널에는 과제명, 추진계획, 수행과정, 문제점 및 해결과정, 결과 등의 내용이 포함될 수 있다.

나. 활용 및 예시

　일지/저널은 직업교육·훈련 현장에서의 점검평가(monitoring) 개념으로 이해할 수 있다. 평가자는 훈련생이 제출한 기록물(일지/저널)을 검토하여 교육목표의 성취여부를 판단할 수 있으며, 체크리스트를 활용하여 수행준거의 습득여부에 대해서도 판단할 수 있다.

그림 10-5　일지/저널 예시 1

① 매일 또는 장기적으로 실험 또는 실습 과정이나 결과를 기록하여 평가 시

과정명				교과목명	
능력단위명		능력단위 요소명		평가유형	일지/저널
평가일	2020.4.1	평가시간	○○시간	평가자	○○○(인)
평가문항 (수행내용)	○○에 대한 실험실습을 수행하면서 매일 실험실습일지를 작성하여 그 결과보고서를 제출하시오.				
과제물결과 (예시)	실험실습 보고서				
과제물제출 및 보관	제출물		실험실습 보고서		
	평가자료 보관방법		1인당 파일 1개 보관		

그림 10-6　일지/저널 예시 2

② 매일 또는 장기적으로 현장실습 학습과정이나 결과를 기록하여 평가 시

과정명				교과목명	실무적응실습
능력단위명		능력단위 요소명		평가유형	일지/저널
평가일	2020.4.1	평가시간	40시간	평가자	○○○(인)
평가문항 (수행내용)	산업현장 적응력 향상과 신기술 습득을 통해 취업경쟁력을 강화하고 본인의 전공 분야 중 적성에 맞는 분야를 미리 체험케 하여 성공적인 직장인의 자세를 체득할 수 있는 실무적응실습 중 회사에서의 매일 실습내용을 작성 후 회사로부터 평가결과를 받아 결과보고서를 제출하시오.				
과제물결과 (예시)	결과 보고서				
과제물제출 및 보관	제출물		결과 보고서		
	평가자료 보관방법		1인당 파일 1개 보관		

03
역할연기(role playing)

가. 개념

역할연기란 평가 대상자에게 가상의 상황을 주고 주어진 상황 속에서 특정한 인물의 역할을 수행하도록 하여 평가하는 방법이다. 역할연기는 심리치료, 인간관계훈련 등에서 널리 활용되어 온 기법으로, 평가를 목적으로 할 때는 주로 특정 역할 수행 역량을 확인하는 데 집중하게 된다. 기업에서는 주로 리더십 교육, 세일즈 교육에서 많이 활용되는 평가방법이다.

역할연기는 역량평가(assessment center)의 주요 방법으로, 특정 역할에 대한 피평가자의 즉흥적인 행동을 관찰함으로써 성격, 태도 등 잠재되어 있는 역량을 포착할 수 있다는 장점이 있다. 단, 역할연기가 평가로서 제대로 활용되기 위해서는 제시되는 가상의 상황 및 역할이 평가목적과 정합성을 가져야하며, 평가기준이 명확하게 제시될 필요가 있다. 역할연기는 시나리오를 바탕으로 특정 교육생에게 역할을 부여하여 연기하도록 하고, 참관자 및 연기자가 느낌을 발표하게 하고 강사가 정리 및 피드백 하는 형태로 운영된다.

나. 활용 및 예시

직업교육·훈련 현장에서는 역할연기를 실기시험 개념으로 이해할 수 있다. 평가자는 교육·훈련 내용을 바탕으로 특정 상황을 학습자에게 제시하고, 학습자가 역할을 수행하는 과정을 관찰하여 평가한다. 이러한 역할연기는 교육·훈련기관 등 실제 환경이 아닌 모의 환경에서 평가 시 활용된다. 일반적으로 역할연기는 과업의 수행과정 및 태도 등의 평가 시 유용하다.

그림 10-7 역할연기 예시

① 평가 대상자들에게 가상의 상황을 주고 주어진 상황 속에 특정 인물의 역할을 수행토록 하여 평가 시

과정명	마케팅			교과목명	고객관리
능력단위명	고객관리실행	능력단위 요소명	고객 응대하기	평가유형	역할연기
평가일	2020.4.1	평가시간	5분	평가자	○○○(인)
평가문항 (수행내용)	고객 전화 문의에 응대하기 위한 상황별 시나리오 카드를 고른 후, 전화문의 응대시의 전화예절을 지켜서 고객을 응대하시오. • 준비물: 전화기, 상황별 시나리오 카드 등				
과제물결과 (예시)	필요없음(상황별 시나리오에 맞는 고객 전화 응대 실습)				
과제물제출 및 보관	제출물	필요없음			
	평가자료 보관방법	필요없음			

04
작업장 평가

가. 개념

작업장 평가란 현장에서 일어나는 공정이나, 일의 순서 등 작업장에서의 학습수행과 행동을 관찰하여 평가하는 것이다. 작업장 평가는 평가가 이루어지는 장소가 작업 현장이라는 점에서 특징적이다. 즉, 학습을 위한 가공의 상황이 아니라 실제 작업 상황에서의 행동을 관찰하므로, 실질적인 업무수행 역량이 평가준거로 활용되며 평가결과의 피드백이 매우 적극적으로 이루어진다는 장점이 있다.

현장실습, S−OJT에서는 주로 작업장 평가를 중심으로 평가가 이루어진다. 단, 현실적으로 평가 장소가 현장으로 제한되어 있으므로, 교육훈련 상황에서는 작업장과 동일한 세팅에서의 실습 평가가 작업장 평가와 유사하게 활용될 수 있다. 대체적으로 훌륭한 품질의 증거자료는 실제 업무/실시간 작업에서 도출된다. 따라서 작업장 평가에서는 실제 업무 종사자의 작업의 압박, 문제, 요구 등을 고려하여 관련 역량을 적용하는 상황을 주고 이를 수행하는 과정을 평가한다.

나. 활용 및 예시

직업교육·훈련 현장에서는 작업장 평가를 모의 환경(실습실 등)에서의 실기시험 개념으로 이해할 수 있다. 작업장 평가는 주로 다음과 같은 상황에서 많이 활용된다.

• 주로 학습한 직무기술을 시연하는 것에 대해 관찰을 통해 즉각적으로

평가

• 작업 순서에 따라 제한된 시간이 중요한 경우

• 안전 등 작업자의 태도를 평가해야 하는 경우

또한, 작업장 평가 시에는 다음의 사항을 유의하여 평가하여야 한다.

• 소요 시간, 필요조건, 예측하지 못한 훈련생 행동, 실제 조건과 같이 만들 수 없는 상황을 고려

• 평가를 실시할 장소, 평가에 필요한 재료, 도구 등 사전 점검

• 과정과 결과, 상황 모두를 종합적으로 고려하여 평가

• 평가도구의 타당성, 신뢰성, 객관성, 실용성에 주의

• 수집 가능한 증거자료: 작업 결과물, 체크리스트 결과, 질문에 대한 답변, 동영상 파일 등

| 그림 10-8 | 작업장 평가 예시 |

① 피평가자의 학습수행과 행동을 관찰하여 공정이나, 일의 순서, 과정 등을 중시하는 과제를 평가 시

과정명	헤어디자인			교과목명	헤어미용실습
능력단위명	샴푸	능력단위 요소명	샴푸 준비하기 샴푸 시술하기	평가유형	작업장 평가
평가일	2020.4.1	평가시간	20분	평가자	○○○(인)
평가문항 (수행내용)	다음과 같은 수행 순서와 내용으로 샴푸를 시술하시오. 1. 조편성: 2인 1조 편성(고객, 헤어디자이너) 2. 서로의 목적별 샴푸(두피, 모발상태 파악 및 염색, 헤어 커트, 퍼머넌트 웨이브 전·후 등 시술 목적에 따른 샴푸)를 결정 3. 모발의 정돈과 이물질 제거를 위해 사전 브러시 실시 4. 혈액순환 개선과 신진대사 촉진을 위해 두피 매니플레이션 실시 5. 모발 보호제(헤어 컨디셔너, 헤어 트리트먼트 등)도 사용하여 시술 6. 두피·모발을 깨끗하게 세정 7. 샴푸 시술 중 고객의 불편사항이 없는지 점검 8. 타월 드라이 전 단계까지 시술				

05
평가자 체크리스트 / 피평가자 체크리스트

가. 개념

체크리스트는 학습과정이나 학습결과를 점검하기 위한 도구로, 교수 및 학습의 주체는 체크리스트를 활용하여 학습을 점검함으로써 보다 체계적으로 학습관리를 할 수 있으며, 이는 학습을 기록한 평가자료로 활용될 수 있다. 일반적으로 체크리스트는 관찰하려는 행동 단위를 미리 자세히 분류하고 이것을 기초로 그러한 행동이 나타났을 때 표시하는 방법이다(황정규, 1998).

평가자 체크리스트는 필요한 학습능력을 한눈에 알 수 있는 표를 만들어 평가 대상자의 학습과정이나 학습결과를 체크해 나가며 평가하는 것으로, 교육훈련 현장에서는 주로 교사가 평가자의 역할을 수행하게 된다.

피평가자 체크리스트는 특정 주제에 대하여 학습자 스스로 학습과정이나 작업결과에 대해 자세하게 평가하도록 하고 그 결과를 평가하는 것으로, 평가뿐만 아니라 학습에 대한 성찰을 지원하는 도구로 매우 유용하게 활용될 수 있다. 체크리스트가 학습전반에 대한 점검이 아닌 평가자료 수집의 도구로서 활용될 때에는 행동으로 관찰 가능한 영역 평가에서의 채점표 내지 집계표의 기능을 하게 된다. 그러나 NCS에서는 주로 학습의 전 프로세스를 점검하기 위한 도구로 체크리스트를 적극 활용하는 방법을 체크리스트 평가라 부른다.

이러한 체크리스트는 훈련생의 작업 결과물, 작업 수행절차, 작업수행 시 행동·태도 등 평가 시 유용하며, 체크할 유목이 명확하고 조작적으로 잘 정의 되었을 때 효율적으로 기록할 수 있다. 반면에 행위의 발생 정도나 빈도를 측정하는 평가의 경우 체크리스트 사용이 부적합하다.

나. 활용 및 예시

평가자 체크리스트 / 피평가자 체크리스트에서 사용되는 체크리스트는 일반적으로 다음과 같은 장단점이 있다. 먼저 체크리스트의 장점은 다음과 같다.

- 체크할 유목이 명확하고 조작적으로 잘 정의된다면 효율적으로 기록할 수 있음
- 결과에 대한 양적 분석이 용이
- 명확하게 정의되고 특수한 일련의 행위들로 나눌 수 있는 수행을 평가 하는 데 유용
- 특정한 학습 결과의 있고 없음에 대한 절대적 판단을 제공

반면에 체크리스트의 단점은 다음과 같다.

- 상호 작용, 계속적인 행동, 사건의 특성 등에 관한 정보를 얻기 어려움
- 사용하는 데 비교적 시간이 많이 걸림
- 행동 단위의 수가 너무 많으면 해당되는 항목을 찾아 체크하기가 불편
- 학습자가 얼마나 잘 수행하는지에 관한 정보를 알려주지 않음

(1) 평가자 체크리스트 예시

① 작품이나 과제물에 대한 학습결과를 평가항목별로 체크해 나가며 평가 시

그림 10-9 평가자 체크리스트 예시 1

과정명	콘텐츠 디자인			교과목명	그래픽제작
능력단위명	시안디자인 개발	능력단위 요소명	아트웍하기	평가유형	평가자 체크리스트
평가일	2020.4.1	평가시간	8시간	평가자	○○○(인)
평가문항 (수행내용)	다음과 같은 요구사항에 맞는 입장권을 디자인하여 제출하시오. 1. 주제: '공룡월드옐림허브파크(Dinosaur Would Elmherb Park)'의 심벌, 로고와 입장권 디자인 2. 과제요구사항 • 입장권 규격: 가로 150mm(접는부분 45mm 포함) × 세로 60mm • 블리드 값: 5mm • 색상: CMYK, 지정색 • QR코드: 25mm × 25mm, K100 • 이미지 해상도: 300DPI • 실벌과 로고를 디자인하고 3개의 지정색(3 spot color) 이내로 제작하여 입장권에 삽입 • 출력물은 인쇄에 적합한 레지스트레이션 마크, 크롭마크, 블리드, 접는선, 타발선 등을 표시하여 제출 • 주어진 이미지 사진과 텍스트를 모두 사용 디자인 할 것 3. 생략				
과제물제출 및 보관	제출물	컬러 출력한 최종 결과물(A3) 1장, 최종 데이터 파일 1개			
	평가자료 보관방법	1인당 파일 1개 보관			

평가구분	순번	평가내용	평가기준	평가결과	
				예	아니오
Sketch	1	스케치 시안 2개안(심볼 및 로고, 입장권)이 있다	심볼 및 로고, 입장권		
	2	Sketch와 컴퓨터 작업의 연관성이 있다	Y/N		
컴퓨터사용	3	이미지 해상도가 과제요구 사항과 같다	300dpi		
	4	이미지컬러와 색상모드가 과제 요구사항과 같다	CMYK, 지정색		
	5	과제가 요구한 지정색을 사용했다	심볼 및 로고: 3 spot 이내 일련번호: 1 spot, 오버프린트		
	6	규격이 과제에서 요구한 규격에 맞다	입장권: 가로 150mm(접는부분 45mm 포함), 세로 60mm		
	7	과제에서 요구한 모든 텍스트가 있다	Y/N		
	8	과제에서 요구한 모든 요소(이미지 등)가 있다	• A면: 입장권, 심볼로고(한글로고), 큐알코드, 공룡문양, 제시된 텍스트, 일련번호 • B면: 제시된 텍스트, 일련번호		
수공능력	9	과제에서 요구한 출력물이 모두 있다	Y/N		

② 작품이나 과제물에 대한 학습결과를 측정에 의해 체크해 나가며 평가 시

그림 10-10 평가자 체크리스트 예시 2

과정명	기계가공			교과목명	선반가공
능력단위명	홈·테이퍼 작업	능력단위 요소명	작업 준비하기 본가공 수행하기	평가유형	평가자 체크리스트
평가일	2020.4.1	평가시간	8시간	평가자	○○○(인)

평가문항 (수행내용)	지급된 재료를 이용하여 도면과 같이 정밀 테이퍼 축을 가공하시오. 1. 주제 일반 공차의 치수는 6mm 이하는 ±0.1mm, 6mm 초과 30mm 이하는 ±0.2mm, 30mm 초과 120mm 이하는 ±0.3mm로 하며 일반 모따기는 C0.2로 한다. 2. 도면 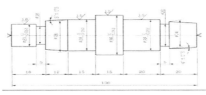

과제물제출 및 보관	제출물	정밀 테이퍼 축 가공 공작물 1개
	평가자료 보관방법	1인당 전체 훈련생 작품을 놓고 사진을 찍어 보관파일 1개 보관

평가구분	순번	도면치수(평가내용)	측정치수	평가결과	
				예	아니오
정밀치수	1	$\phi 20 \begin{smallmatrix} 0 \\ -0.052 \end{smallmatrix}$		✓	
	2	$\phi 23 \begin{smallmatrix} 0 \\ -0.052 \end{smallmatrix}$		✓	
	3	$\phi 36 \begin{smallmatrix} 0 \\ -0.052 \end{smallmatrix}$		✓	
	4	$\phi 28 \begin{smallmatrix} 0 \\ -0.052 \end{smallmatrix}$		✓	

(2) 피평가자 체크리스트 예시

① 학습자 스스로 학습과정이나 작업결과에 대해 자세하게 평가하도록 하고, 교수자가 그 결과를 피드백해주며 평가 시

그림 10-11 피평가자 체크리스트 예시

과정명	콘텐츠 디자인			교과목명	그래픽제작
능력단위명	시안디자인 개발	능력단위 요소명	아트웍하기	평가유형	평가자 체크리스트
평가일	2020.4.1	평가시간	8시간	평가자	○○○(인)
평가문항 (수행내용)	다음과 같은 요구사항에 맞는 입장권을 디자인하여 제출하시오. 1. 주제: '공룡월드엘림허브파크(Dinosaur Would Elmherb Park)'의 심벌, 로고와 입장권 디자인 2. 과제요구사항 　• 입장권 규격: 가로 150mm(접는부분 45mm 포함) × 세로 60mm 　• 블리드 값: 5mm 　• 색상: CMYK, 지정색 　• QR코드: 25mm × 25mm, K100 　• 이미지 해상도: 300DPI 　• 실벌과 로고를 디자인하고 3개의 지정색(3 spot color) 이내로 제작하여 입장권에 삽입 　• 출력물은 인쇄에 적합한 레지스트레이션 마크, 크롭마크, 블리드, 접는선, 타발선 등을 표시하여 제출 　• 주어진 이미지 사진과 텍스트를 모두 사용 디자인 할 것 3. 생략				
과제물제출 및 보관	제출물	컬러 출력한 최종 결과물(A3) 1장, 최종 데이터 파일 1개			
	평가자료 보관방법	1인당 파일 1개 보관			

평가 구분	순번	평가내용	평가기준	학습자평가		교수자평가	
				예	아니오	예	아니오
Sketch	1	스케치 시안 2개안(심볼 및 로고, 입장권)이 있다	심볼 및 로고, 입장권				
	2	Sketch와 컴퓨터 작업의 연관성이 있다	Y/N				
컴퓨터 사용	3	이미지 해상도가 과제요구 사항과 같다	300dpi				
	4	이미지컬러와 색상모드가 과제 요구사항과 같다	CMYK, 지정색				
	5	과제가 요구한 지정색을 사용했다	심볼 및 로고: 3 spot 이내 일련번호: 1 spot, 오버프린트				
	6	규격이 과제에서 요구한 규격에 맞다	입장권: 가로 150mm(접는부분 45mm 포함), 세로 60mm				
	7	과제에서 요구한 모든 텍스트가 있다	Y/N				
	8	과제에서 요구한 모든 요소(이미지 등)가 있다	• A면: 입장권, 심볼로고(한글로고), 큐알코드, 공룡문양, 제시된 텍스트, 일련번호 • B면: 제시된 텍스트, 일련번호				
수공 능력	9	과제에서 요구한 출력물이 모두 있다	Y/N				

 **학습활동: 개인수행과제**

작업장평가 문항 개발

화면에 제시된 영상을 시청한 후에 작업장평가 문항을 1개 개발하고 팀원들과 공유해 보세요.

06 활동지
역량평가 도구설계 및 개발2

학과:　　　　학번:　　　　조:　　이름:

1. 〈작업장평가〉 방법을 사용하여 역량평가 도구설계/개발을 작성해 보세요.

능력단위명		능력단위 요소명	
평가방법		평가시간	
평가문항			
요구사항			
피평가자 유의사항			

제**11**장

역량평가도구세트 및 평가기준

>> 학습목표

1. 역량평가도구세트의 개념 및 세부 구성에 대해 설명할 수 있다.

2. 평가기준 개념에 대해 설명할 수 있다.

3. 평가기준표 유형별 특징을 설명할 수 있다.

4 루브릭 개념, 구성요소, 설계 시 고려사항에 대해 설명할 수 있다.

5. 채점 방식 중 가점 방식과 감정 방식을 비교하여 설명할 수 있다.

01
역량평가도구세트

가. 역량평가도구세트의 개념

역량평가도구세트란 역량평가 실시를 위해 개발해야 하는 역량평가도구의 구성을 의미한다. 역량평가도구세트는 평가과제 개요서, 평가과제 안내서, 개인별 평가지(평가표), 총괄 평가결과표로 구성되어 있다. 각각의 도구의 개념은 다음과 같다.

- 평가과제 개요서: 개별 평가방법 실행계획서(평가자 안내서). 평가과제 및 지시사항, 평가문제별 점수, 모범답안, 평가기준 및 유의사항이 수록되어 있음
- 평가과제 안내서: 평가대상자 안내서. 평가자가 작성하여 배포함
- 개인별 평가지(평가표): 평가자가 사용하는 서식. 개별 평가대상자 평가결과 기입 시 사용
- 총괄 평가결과표: 평가대상자들의 평가결과를 종합한 서식

그림 11-1 역량평가도구의 구성

역량평가도구의 구성			
평가과제 개요서 **(교수자용)**	**평가과제 안내서** **(학습자용)**	**개인별 평가지** **(평가표)**	**종합 평가결과표**

• 기본정보
• 평가과제
  (수행과제 등)
• 평가환경
• 모범답안
• 평가기준
  (채점기준)
	• 기본정보
	• 평가과제
	  (수행과제 등)
	• 평가환경
	• 평가기준(필요 시)
		• 기본정보
		• 평가항목
		• 피드백 내용
			• 훈련생 개인별 결과
			• 능력단위별
			  결과(전체)
			• 교과목별 결과
			  (전체)
			• 훈련과정 결과
			  (전체)

나. 평가과제 개요서 구성 및 예시

평가과제 개요서란 평가과제에 대한 세부정보를 기록한 문서로, 체계적 평가 준비 및 객관적이고 공정한 평가를 지원하는 기능을 한다. 평가과제 개요서의 구성항목은 다음과 같다.

① 기본정보: 능력단위명, 능력단위요소명, 평가방법, 평가일시, 평가자
② 평가과제: 평가문제 혹은 수행과제, 훈련생을 위한 구체적인 안내 및 지시사항 등
③ 평가환경: 평가가 이루어지는 환경, 장비 등에 대한 정보
④ 모범답안: 평가문제에 대한 모범답안(평가방법에 따라 모범답안이 없을 수 있음)
⑤ 평가기준: 평가문제 혹은 수행과제에 대한 구체적인 평가기준 및 평가 유의사항

그림 11-2 평가과제 개요서 예시

과 정 명	00000000		교과목명	시안디자인개발	
능력단위명 /수준	시안 디자인 개발(0802010105_13v1) / 4수준		능력단위 요소명	- 아트웍하기 - 베리에이션하기	
평가방법	포트폴리오		평가자	홍 길 동 (인)	
채점일시	20XX.00.00	평가장소	본관 303호	평가기간	17.01.17.~17.01.19
수행내용 및 유의사항	주제	1. 수집된 이미지들을 주제에 맞게 보정하시오. 2. 콘셉트에 어울리는 타이포그래피를 디자인 하시오. 3. 이미지 편집과 콘텐츠를 적절하게 배치하시오. 4. 인쇄에 적합한 색상으로 배색 보정하시오.			
	제출형태	작업결과물을 PSD소스 파일의 형태로 담임교사 메일로 제출 담당교사 메일 : abc@hanmail.net			
	제출기한	20XX년 1월 19일 16시 30분까지 제작 완료하여 제출할 것			
	피평가자유의사항	제출기한 엄수, 제출기한을 지키지 않았을 경우 10시간단위로 점수의 -5%적용			
	평가배점	-시안디자인개발능력단위는 능력단위요소별로 평가방법을 2회로 나누어 포트폴리오(80점만점) + 문제해결시나리오(20점만점) 으로 합산하여 100점 만점 기준임. - 본평가 및 재평가에 관련한 사항은 각 평가방법별로 아래와 같다. 1차 평가 배점 : 평가 점수 × 100% 2차 재평가 배점 : 평가 점수 × 90% 3차 재평가 배점 : 평가 점수 × 80%			
	평가환경 및 장비	- 멀티미디어 개발도구가 설치되어 있는 PC			
평가기준 및 유의 사항 / 모범답안	-평가기준 기본사항 1) 수집된 이미지들을 효과적으로 보정할 수 있다. 2) 콘셉트에 맞는 디자인 개발할 수 있다. 3) 콘셉트에 맞는 타이포그래피를 개발할 수 있다. 4) 출력 인쇄에 맞게 색상 보정할 수 있다. 5) 이미지와 텍스트의 조화로운 디자인을 할 수 있다. 6) 콘텐츠의 다양한 레이아웃을 개발 할 수 있다. 7) 콘텐츠를 적절히 효과적으로 사용 할 수 있다. 8) 자료에 접근하기 쉽게 파일을 관리 할 수 있다.				

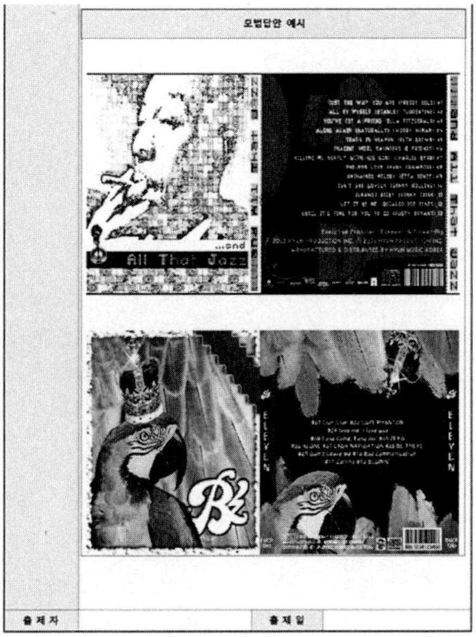

다. 평가과제 안내서 구성 및 예시

평가과제 안내서란 훈련생에게 수행할 평가과제에 대해 안내하기 위해 제공하는 문서로서, 훈련생이 평가과제에 대한 충분한 이해를 바탕으로 평가를 준비할 수 있도록 지원하는 기능을 한다. 평가과제 안내서의 구성항목은 다음과 같다.

① 기본정보: 능력단위명, 능력단위요소명, 평가방법, 평가일시, 평가자
② 평가과제: 평가문제 혹은 수행과제, 훈련생을 위한 구체적인 안내 및 지시사항 등
③ 평가환경: 평가가 이루어지는 환경, 장비 등에 대한 정보
④ 평가기준: 평가과제에 대한 구체적인 평가기준(필요 시)

그림 11-3　　평가과제 안내서 예시

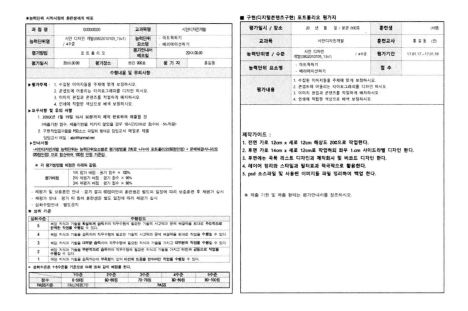

라. 개인별 평가지(평가표) 구성 및 예시

개인별 평가지(평가표)란 훈련생개개인의 과제수행 관찰 내용, 질문에 대한 응답, 훈련생이 제출한 결과물 검토 결과 등을 기록하기 위한 도구이다. 개인별 평가지(평가표)의 구성항목은 다음과 같다.

① 기본정보: 능력단위명, 능력단위요소명, 평가방법, 평가일시, 평가자

② 평가항목(예시):

- 관찰 체크리스트: 관찰 항목 및 관찰결과 기록란
- 질문 응답지: 질문항목 및 훈련생 응답내용 기록란
- 결과물 검토지: 결과물 검토항목 및 검토결과 기록란

③ 피드백 내용: 훈련생에 대한 피드백 내용 기록란

그림 11-4 개인별 평가지(평가표) 예시

과 정 명	00000000	교과목명	시안디자인개발
능력단위명/수준	시안 디자인 개발(0802010105_13v1) / 4수준	능력단위요소명	- 아트웍하기 - 베리에이션하기
평가방법	포 트 폴 리 오	평가자	홍 길 동 (인)
평가일시	20XX.00.00	훈련생	

평가항목	배점	채 점 기 준		교수자 평가 취득점수
아트웍하기	10	수집된 이미지들을 효과적으로 보정할 수 있다. 채점요소 : 이미지 밝기, 이미지 컬러링, 이미지 필터효과 (1개=4점, 2개=7점, 3개=10점)		
	10	콘셉트에 맞는 디자인 개발할 수 있다. 채점요소 : 이미지 필터, 콘텐츠 배열, 텍스트 스타일 활용 (1개=4점, 2개=7점, 3개=10점)		
	10	콘셉트에 맞는 타이포그래피를 개발할 수 있다. 채점요소 : 폰트 서체, 간격, 스타일 효과 (1개=4점, 2개=7점, 3개=10점)		
	10	출력 인쇄에 맞게 색상 보정할 수 있다. 채점요소 : 컬러모드변환, 소스파일저장, 출력색상적용 (1개=4점, 2개=7점, 3개=10점)		
베리에이션하기	10	이미지와 텍스트의 조화로운 디자인을 할 수 있다. 채점요소 : 기획 의도에 맞는 이미지, 텍스트, 썸네일 사용 (1개=4점, 2개=7점, 3개=10점)		
	10	콘텐츠의 다양한 레이아웃을 개발 할 수 있다. 채점요소 : 가로사이즈, 세로사이즈, 해상도 적용 가능여부 (1개=4점, 2개=7점, 3개=10점)		
	10	콘텐츠를 적절히 효과적으로 사용 할 수 있다. 채점요소 : 바코드 적용, 사이드 디자인, 제작정보표기 (1개=4점, 2개=7점, 3개=10점)		
	10	자료에 접근하기 쉽게 파일을 관리 할 수 있다. 채점요소 : 레이어 폴더정리, 소스파일 저장, 데이터 자료저장 (1개=4점, 2개=7점, 3개=10점)		
교수자 평가의견				

훈련생 답변(평가 증빙 자료)		교수자 평가	
		배점	점수
		아트웍하기 + 베리에이션	
		성취수준	
		수준	

마. 종합 평가결과표 구성 및 예시

종합 평가결과표란 훈련생 개인별, 능력단위별, 훈련과정별로 평가결과를 종합적으로 기록한 문서로 보관 및 보고를 위한 자료로 활용된다. 종합 평가결과표의 구성항목은 다음과 같다.

① 훈련생 개인별 평가표:
  - 기본정보: 훈련기관명, 훈련과정명, 훈련생명
  - 평가결과: 교과목명, 능력단위명, 평가방법, 평가장소, 평가날짜, 평가점수, 평가자
② 능력단위별 평가표:
  - 기본정보: 훈련기관명, 훈련과정명, 교과목명, 능력단위명
  - 평가결과: 훈련생 이름(전체), 평가방법, 평가날짜, 평가점수, 평가자
③ 훈련과정별 평가표:
  - 기본정보: 훈련기관명, 훈련과정명
  - 평가결과: 훈련생 이름(전체), 교과목명, 능력단위명, 평가방법, 평가날짜, 평가점수, 평가자

그림 11-5 종합 평가결과표 예시

과정명	00000000	교과목명	시안디자인개발
능력단위명/수준	시안 디자인 개발(0802010105_1 3v1)/ 4수준	능력단위 요소명	• 아트웍하기 • 베리에이션하기
평가방법	구두발표	평가자	홍길동 (인)
평가일시	20xx.00.00	평가인원	20명

NO.	평가대상자	결과(✓)		의견
		Pass	Fall	
1				
2				
3				
4				
5				
6				
7				
8				
9				
10				
11				
12				
13				
14				
15				
16				
17				
18				
19				
20				

02
평가기준

가. 평가기준 개념

평가기준이란 역량평가의 대상이 되는 수행과정이나 산출물의 질(quality)을 구별하기 위한 일련의 지침을 의미한다. 일반적으로 평가 과정에서는 평가자의 주관적인 판단이 개입되기 때문에, 채점의 일관성을 확보하기 위해서는 평가기준이 반드시 필요하다. 이러한 평가기준은 평가기준표를 활용하여 나타낼 수 있다. 평가기준에는 다음과 같은 요소를 반영하여야 한다.

- 역량평가과제 수행의 판단 준거인 지식, 기술, 태도의 구체적인 평가요소
- 성취수준의 준거를 평정하기 위한 평가요소별 척도(배점)
- 평가요소에 근거하여 피평가자의 수행 수준을 구별할 수 있는 세부적인 내용

나. 평가기준표

역량평가 시 평가의 기준이 되는 평가기준표는 체크리스트, 평가기준 점수표, 숫자 평정척도, 도식 평정척도 등이 있다.

(1) 체크리스트

체크리스트는 평가기준으로서 평가의 내용이 포함되어 있는지 아닌지를 확인하는 도구로, 내용이 포함되어 있는지 아닌지 만을 확인하므로 어떤 내용의 포함여부는 알 수 있으나, 평가자의 수행수준은 알 수 없다는 한계를 가지고 있다.

표 11-1   체크리스트 예시

순번	다음 내용이 포함되었나요?	확인(✓)
1	받는 사람	
2	첫인사	
3	전하고 싶은 내용	
4	전하고 싶은 까닭	
5	전하고자 하는 의도가 잘 드러나는 적절한 문장 사용	
6	문장의 종류에 따른 알맞은 문장 부호 사용	
7	읽는 이의 마음이나 상황을 고려한 쓰기	
8	끝인사	
9	쓴 날짜	
10	보내는 사람	

(2) 평가기준 점수표

평가기준 점수표는 각 항목별 평기기준에 대한 점수를 표로 정리한 양식이다. 평가기준 점수표를 피평가자 입장에서 보면 어떻게 해야 내가 최대점수를 받을 수 있는지, 내가 획득한 점수가 왜 그런지에 대한 피드백을 얻기는 어렵다.

표 11-2   평가기준 점수표 예시

순번	내용	최대점수	점수	
			자기평가	교사
1	받는 사람	10		
2	첫인사	10		
3	전하고 싶은 내용 및 까닭	20		
4	전하고자 하는 의도가 잘 드러나는 적절한 문장 사용	20		
5	문장의 종류에 따른 알맞은 문장 부호 사용	10		
6	끝인사	10		
7	쓴 날짜	10		
8	보내는 사람	10		

(3) 숫자 평정척도

숫자 평정척도란 각각의 척도에 일종의 점수에 해당하는 숫자를 배정하고, 이것을 통계적으로 분석할 수 있도록 하는 방법이다. 이러한 숫자 평정척도는 만들기 쉽고 적용하기 용이하며, 결과에 대한 직접 통계적 분석도 가능하다.

표 11-3　　숫자 평정척도 예시: 강의 만족도

순번	문항	전혀 아니다	아니다	보통 이다	그렇다	매우 그렇다
1	수업목표는 분명하고 이해하기 쉽게 진술되어 있다	1	2	3	4	5
2	수업내용은 원래 의도한 목표 달성에 도움이 되었다	1	2	3	4	5
3	수업에 사용된 수업방법은 수업내용의 학습에 도움이 되었다	1	2	3	4	5
4	수업에 사용된 수업방법은 수업목표달성에 도움이 되었다	1	2	3	4	5
5	수업은 단원별로 시간 배분이 적절하였다	1	2	3	4	5

(4) 도식 평정척도

도식 평정척도는 평가자의 판단 및 이해를 돕기 위해 행동의 연속성을 가정하여 기술적인 유목에 직선의 시각적 단서를 활용한 형태로 만들어진 척도이다.

그림 11-6   도식 평정척도 예시: 업무 만족도

○○ 회사 직원들의 업무 만족도

1. 동료와의 관계
동료들과 어울리지 않으며 혼
자 있는 것을 좋아한다

동료들과 어울리며 함께 있는
것을 좋아한다

2. 회의에의 참여
회의시간에 집중하지 못하며
소극적인 태도를 보인다

회의시간에 집중하며 적극적
으로 의견을 개진한다

3. 직무에의 적합성
현재의 직무가 자신의 적성에
맞지 않는다

현재의 직무가 자신의 적성에
맞다

03
루브릭(rubric)

가. 루브릭(rubric)의 개념

　　루브릭은 훈련생의 실기과제 수행과정 및 결과를 분석할 수 있도록 안내하고 작품의 질을 판단하기 위해, 훈련생이 이해하기 쉬운 언어로 평가척도와 척도에 따른 평가의 준거와 그 수행수준을 제시한 준거척도이다. 루브릭은 전통적인 평가에서 점수(score) 또는 등급(grade)에 상응하는 개념으로 훈련생의 수행 결과물이 어느 정도 수준에 있는지 확인하고 판단하기 위해 사용된다. 이러한 루브릭은 실기교육에서 평가의 객관성과 일관성을 유지하기 위하여 사용될 수 있는 유용한 방법이다.

나. 루브릭 구성요소

표 11-4 　루브릭 구성요소

구분	내용
수행차원 (Dimension)	• 과제가 어떤 구성 요소로 세분화 되어있는지 나타냄
척도 (Scale)	• 제시된 평가과제를 얼마나 잘 해결하는지 몇 가지 수준으로 구분 　- 정교한, 유능한, 부분적으로 유능한, 아직 유능하지 않은 　- 훌륭한, 능숙한, 낮은, 받아들이기 어려운 　- 진보한, 중간보다 높은, 중간의, 초심자 　- 특출한, 숙달된, 중간의, 초심자
수행기술 (Description)	• 각 수행차원에서 학습자의 수행이 가질 수 있는 수준을 척도로 규명하여 각 단계의 수준이 가져야 할 특징을 서술

루브릭은 수행차원(dimention), 척도(scale), 수행기술(description)으로 구성된다. 수행차원은 과제가 어떤 구성 요소로 세분화되어 있는지를 나타낸다. 척도는 제시된 평가과제를 얼마나 잘 해결하고 있는지를 몇 가지 수준으로 구분한 것이다. 수행기술은 각 수행차원에서 학습자의 수행이 가질 수 있는 수준을 척도로 규명하여 각 단계의 수준이 가져야 할 특징을 서술한 것이다.

다. 루브릭 예시

① 결과 위주 평가 _ 비빔밥 만들기

그림 11-7   루브릭 예시: 비빔밥 만들기

평가항목	수행수준		
	아주 잘함(10점)	보통(7점)	미흡(4점)
맛	간이 잘 맞고 고유의 맛을 가지고 있다	맛은 보통이고 고유의 맛이 부족하다	간이 맞지 않고 이질감이 있다
색	재료의 변색이 없고, 고유한 선명한 색을 띄고 있다	색의 선명함이 약간 부족하다	색이 선명하지 않고 익은 상태가 적당하지 못하다
단기	그릇과의 조화와 예술적인 아름다움을 잘 표현하였다	음식과 그릇과의 조화로움과 예술적인 표현이 약간 부족하다	음식과 그릇과의 조화가 좋지 않다

수행기술 (Description)

수행차원 (Dimension)

*자료: 윤관식(2013), 수업설계

② 과정+결과 평가 _ 용접하기

그림 11-8　루브릭 예시: 용접하기

지표		수행수준		
		아주잘함(10점)	보통(7점)	미흡(4점)
외관	비드폭과 높이	비드폭과 높이가 각각 20mm, 4mm 이내임	비드폭과 높이가 각각 25mm, 6mm 이내임	비드폭과 높이가 각각 25mm, 6mm 초과임
	비드파형·직선도	비드파형과 직선도가 매우 일정함	비드파형과 직선도가 다소 불규칙함	비드파형과 직선도가 매우 불규칙함
	비드겹침 상태	비드겹침 상태가 일정함	비드겹침 상태가 다소 불규칙함	아래 비드와 윗 비드 사이가 떨어짐
결함	각종 결함 유무	결함 없음	결함 한두 개 발생	결함 세 개 이상 발생
	비드이음 상태	매우 깔끔함	다소 미흡함	비드이음을 하지 않음
	시점·종점 처리	매우 깔끔함	시점·종점 처리를 하였으나 미흡함	시점·종점 처리를 하지 않음

* 자료: 윤관식(2013), 수업설계

라. 루브릭 설계 시 고려사항

　　루브릭을 설계할 때에는 우선 목표에 따른 타당한 항목들을 평가준거로 선정해야 한다. 이때 평가의 준거가 되는 목표는 피평가자와의 상호작용을 통한 공유된 목표이어야 한다. 또한, 가장 잘한 수준과 가장 못한 수준의 준거가 타당해야 한다.

　　루브릭은 평가항목 수가 적정해야 하고 수준별 등급의 격차가 타당해야 한다. 더불어 수행의 수준별 등급은 다양한 질적 특징이 묘사되어야 하며, 그것을 측정할 수 있는 지표가 마련되어야 한다. 그리고 가능하면 정량화할 수 있도록 명료하고 객관적으로 규정한다. 마지막으로 각 단계의 지표는 자기평가의 도구로 활용할 수 있도록 구체적이어야 한다.

04
채점방식

평가기준에 따라 다양한 방식으로 평가기준표를 작성한 이후에는 채점방식을 선정하여야 한다. 채점방식에는 총체적 방법과 분석적 방법이 있으며, 가점 방법과 감정 방법, 부분점수 인정 방법과 미인정 방법 등이 포함되어야 한다.

가. 총체적 방법과 분석적 방법

총체적(holistic) 방법이란 훈련생의 수행 과정 혹은 결과물에 대해 개별적인 평가요소에 초점을 맞추기보다는 전체적인 과정 또는 결과물에 초점을 맞추어 평가하는 방식이다. 총체적 방법은 피평가자의 성취도를 등급으로 분류하거나 순위를 구별할 때 유용하고, 채점이 짧은 시간에 이루어질 수 있다는 장점이 있다. 반면에 요소별 분석을 하지 않기 때문에 피평가자에게 세부적 피드백을 하기 어렵고, 채점자의 평가전문성에 더 많은 영향을 받을 개연성이 있다는 단점이 있다.

분석적(analytic) 방법이란 훈련생의 수행 과정 혹은 결과물에 대해 평가의 범주를 구분하고 각 범주별로 수행 능력을 기술한 후, 그 기준에 맞춰 평가하고 평가결과를 합산하여 훈련생의 수행 능력을 판단하는 방식이다. 분석적 방법은 훈련생의 강약점에 대한 평가자의 진단적 분석이 용이하고, 훈련생의 학습 활동을 점검, 개선할 수 있는 형성적 피드백을 제공할 수 있다는 장점이 있다. 반면에 채점자 간 일관된 채점이 가능하나, 채점 시간이 많이 소요된다는 단점이 있다.

표 11-5   총체적 방법과 분석적 방법의 비교

구분	총체적(holistic) 방법	분석적(analytic) 방법
개념	• 훈련생의 수행 과정 혹은 결과물에 대해 개별적인 평가요소에 초점을 맞추기보다는 전체적인 과정 또는 결과물에 초점을 맞추어 평가하는 방식	• 훈련생의 수행 과정 혹은 결과물에 대해 평가의 범주를 구분하고 각 범주별로 수행 능력을 기술한 후, 그 기준에 맞춰 평가하고 평가결과를 합산하여 훈련생의 수행 능력을 판단하는 방식
장점	• 피평가자의 성취도를 등급으로 분류하거나 순위를 구별할 때 유용 • 채점이 짧은 시간에 이루어질 수 있음	• 훈련생의 강약점에 대한 평가자의 진단적 분석이 용이 • 훈련생의 학습 활동을 점검, 개선할 수 있는 형성적 피드백 제공
단점	• 요소별 분석을 하지 않기 때문에 피평가자에게 세부적 피드백을 하기 어려움 • 채점자의 평가전문성에 더 많은 영향을 받을 개연성이 있음	• 채점자 간 일관된 채점이 가능하나, 채점 시간이 많이 소요

나. 가점 방법과 감점 방법

평가에 따른 채점 시에는 가점 방법과 감점 방법을 설정하여야 한다. 가점 방법이란 평가 문항에서 점수를 받을 수 있는 요소를 제시하고 그 요소에 가중점수를 더하는 방식이다. 가점 방법은 긍정적 채점방식으로 훈련생들의 적극적인 도전을 유도하는 채점유형이다. 반면에 감점 방법은 감점하고자 하는 평가요소를 제시하고 최고점에서 차감하는 방식이다. 감점 방법은 방어적 채점방식으로 실수를 줄이고 완벽을 기하도록 하는 데 유용한 방식으로 채점에 시시비비를 분명히 하며 이의제기를 미연에 방지하는 효과가 있다.

표 11-6 가점 방법과 감점 방법

가점 방법	감점 방법
• 평가 문항에서 점수를 받을 수 있는 요소를 제시하고 그 요소에 가중점수를 더하는 방식 • 긍정적 채점방식으로 훈련생들의 적극적인 도전을 유도하는 채점유형	• 감점하고자 하는 평가요소를 제시하고 최고점에서 차감하는 방식 • 방어적 채점방식으로 실수를 줄이고 완벽을 기하도록 하는 데 유용한 방식 • 채점에 시시비비를 분명히 하며 이의제기를 미연에 방지하는 효과가 있음

다. 부분점수 인정 방법과 미인정 방법

평가에 따른 채점 시에는 부분점수 인정 방법과 미인정 방법을 설정하여야 한다. 부분점수 인정 방법이란 부분점수를 받을 수 있는 가능한 모든 답안의 예를 구체적으로 제시하고 각각에 대한 점수를 명시하는 방법이다. 반면에 부분점수 미인정 방법이란 평가문항을 일괄적으로 채점하여 부분점수를 인정하지 않는 채점 방식이다.

표 11-7 부분점수 인정 방법과 미인정 방법

부분점수 인정 방법	부분점수 미인정 방법
• 부분점수를 받을 수 있는 가능한 모든 답안의 예를 구체적으로 제시하고 각각에 대한 점수를 명시하는 방법	• 평가문항을 일괄적으로 채점하여 부분점수를 인정하지 않는 채점 방식

✔ 학습활동: 개인수행과제

루브릭 개발

화면에 제시된 영상을 시청한 후에 루브릭을 개발하고 팀원들과 공유해 보세요.

05 활동지
평가기준

학과:　　　　　학번:　　　　　조:　　　이름:

1. 루브릭을 개발해 보세요.

평가항목	척도		
	숙달된	부분적으로 숙달된	발전하고 있는

제**12**장

역량평가의 실행 및 타당성 검토

>> 학습목표

1. 역량평가 실행준비 단계별 주요 활동을 설명할 수 있다.
2. 역량평가 실시 단계에서 단계별 역량평가 기술을 적용할 수 있다.
3. 역량평가 결과보고서 작성의 절차별 주요 활동을 설명할 수 있다.
4. 역량평가 결과 피드백의 방법에 대해 설명할 수 있다.
5. 역량평가 타당성 검토 개념 및 목적을 설명할 수 있다.

01
역량평가 실행의 절차

그림 12-1   역량평가 실행의 절차

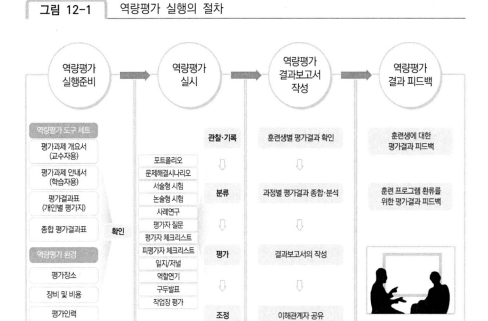

역량평가도구의 설계 및 개발이 끝나면 역량평가의 실행단계로 넘어간다. 역량평가의 실행은 피평가자의 역량을 실질적으로 평가하는 단계이기 때문에 평가자의 꼼꼼한 준비와 높은 집중력이 요구된다. 일반적으로 역량평가의 실행은 역량평가 실행준비, 역량평가 실시, 역량평가 결과보고서 작성, 역량평가 결과 피드백의 순서로 진행한다.

가. 역량평가 실행준비

(1) 개념

역량평가 실행준비란 역량평가계획의 구체적인 내용을 확인하고 실제 평가를 실행할 수 있도록 필요사항에 대한 목록을 작성하고 실제적인 점검을 통해 평가실행을 준비하는 과정을 말한다. 역량평가 실행준비는 <그림 12-2>와 같이 평가계획서 점검, 평가준비목록 작성, 평가준비 확인의 3단계 절차로 진행된다.

그림 12-2 역량평가 실행준비 절차

① 평가 계획서 점검	② 평가준비목록 작성	③ 평가준비 확인
• 기 작성한 「평가계획서」확인, 교과목별 평가내용, 평가방법, 평가시기 등을 점검	• 교과목별 평가도구 및 평가환경, 평가인력 등 필요목록을 작성	• 목록에 따라 평가환경, 도구 및 인력 등이 준비되었는지 점검

① 1단계: 평가계획서 점검

기 작성한 「평가계획서」 확인 - 교과목별 평가내용, 평가기준, 평가방법, 평가추진일정, 평가자료관리 및 평가결과 활용방안 점검하는 단계

그림 12-3 평가계획서 점검 예시

교과목명	능력단위명	능력단위요소 요소명	시간	교수학습방법 승인	교수학습방법 실시	평가방법 승인	평가방법 실시	평가시기	평가자 (훈련교사)	평가인원
편집디자인 소프트웨어 활용(180시간)	편집디자인 소프트웨어 활용(180시간)	편집소프트웨어활용하기	60	강의법	강의법	포트폴리오	포트폴리오	5/25	이영애	20
		이미지소프트웨어활용하기	50							
		전자책소프트웨어활용하기	50					6/12		
		주변기기활용하기	20							
편집디자인 자료조사 분석(45시간)	편집디자인 자료조사 분석(45시간)	편집디자인관련자료 수집하기	25	강의법	강의법	문제해결 시나리오 사례연구	문제해결 시나리오 사례연구	3/16	이영애	20
		편집디자인구성이미지 준비하기	15							
		편집디자인시장 조사하기	5					3/29		
편집디자인 인쇄감리 (45시간)	편집디자인 인쇄감리 (45시간)	인쇄상태 점검하기	25	강의법	강의법	평가자 체크리스트	평가자 체크리스트	6/15	이영애	20
		후 가공 상태 점검하기	15					6/20		
		제본상태 점검하기	5							
편집디자인 관련 저작권 적용(45시간)	편집디자인 관련 저작권 적용(45시간)	관련법률 적용하기	25	강의법	강의법	문제해결 시나리오 사례연구	문제해결 시나리오 사례연구	1/19	이영애	20
		이미지 저작권 적용하기	10							
		서체저작권 적용하기	10					2/13		
전자출판물 계획수립 (60시간)	전자출판물 계획수립 (60시간)	전자출판물 기획콘셉트 도출하기	10	강의법	강의법	문제해결 시나리오	문제해결 시나리오	2/21	이영애	20
		전자출판물 목표독자 분석하기	10							
		전자출판물 편집방안 마련하기	20			포트폴리오	포트폴리오	3/6		
		전자출판물 제작방안 마련하기	20							

② 2단계: 평가준비목록 작성

교과목별 평가방법 및 수집증거자료, 역량평가도구, 평가환경, 평가인력 등 필요목록 작성 단계

그림 12-4　평가준비목록 작성 단계 예시

평가방법별 수집증거자료	
평가방법	**수집 증거자료**
지필시험	C. 서술형 시험 D. 논술형 시험	• 평가답안지
실시시험	L. 작업장 평가 J. 역할연기	• 작업 결과물 • 녹음/녹화/서면자료
과제평가	E. 사례연구 B. 문제해결 시나리오	• 과제물
발표평가	K. 구두발표 F. 평가자 질문	• 발표자료 • 녹음/녹화/서면자료
포트폴리오 평가	A. 포트폴리오	• 포트폴리오
점검평가	G. 평가자 체크리스트 H. 피평가자 체크리스트 I. 일지/저널	• 일지/저널 • 녹음/녹화/서면자료

평가준비목록(예시)

E. 사례연구, B. 문제해결시나리오
- ☑ 과제제출 장소(on/off)
- ☐ 평가도구(평가과제개요서, 평가과제안내서, 개인평가 결과표, 종합평가결과표)

A. 포트폴리오
- ☑ 과제제출 장소
- ☐ 평가도구
- ☑ 촬영기기(수집한 증거기록용)

G. 평가자 체크리스트
- ☑ 점검평가장과 그 시설
- ☑ 평가도구
- ☐ 녹음, 녹화, 촬영기기

---

③ 3단계: 평가준비 확인

목록에 따라 평가환경, 도구 및 인력 등이 준비되었는지 점검하는 단계

그림 12-5　평가준비 확인 단계 예시

항목	내용	준비사항
평가환경	• 평가방법별 요구하는 평가환경 　(장소, 장비 등)을 점검 • 구체적 평가환경 목록 작성	• 장소 확정 • 점검사항: 자리배치(피평가자 　대기실, 평가실, 평가위원회실 등), 　비품(사무용품) 및 장비
평가도구 (관련 서식)	• 평가방법별 요구하는 평가서식을 　점검하여 사전에 준비함	• 평가과제 개요서 • 평가과제 안내서 • 평가결과표(개인, 종합) • 평가자 채점표, 체크리스트 등
기타 (평가인력, 기록장치 등)	• 평가에 참여할 인력 　(역량평가자, 평가운영자 등) • 평가 증거자료 수집용 기록장치 등 　(녹음, 녹화, 촬영기기 등)	• 역량평가자 • 평가운영자 • 녹음기·녹화기·사진기 등

나. 역량평가 실시

역량평가의 실시는 <그림 12-6>와 같은 역량평가 기술(assessment skills)을 기반으로 한다. 역량평가를 실시하는 기술은 역량에 대한 관찰 및 기록, 분류, 평가, 조정 등의 순환 단계를 거쳐 이루어진다.

그림 12-6 　역량평가 기술

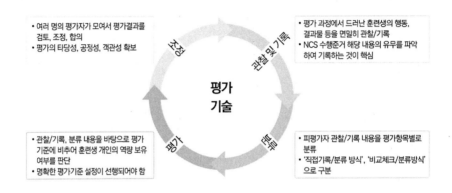

(1) 관찰 및 기록

관찰 및 기록은 평가과정에서 피평가자의 행동이나 결과물을 면밀히 관찰하고 평가와 관련된 내용을 기록하는 것이다. 특히 평가기준이 되는 NCS 능력단위요소별 수행준거에 해당하는 내용이 있는지를 파악하여 기록하는 것이 핵심이다.

실기시험, 발표평가의 경우는 피평가자의 행동(behavior)을 관찰하게 되는데, 실제로 말하거나 행동한 것, 관찰 및 검증이 가능한 것을 관찰해야 하며 판단적 결론, 감정·의견·추론, 모호한 일반화, 미래행동에 대한 진술은 행동에 포함되지 않으므로 기록하지 않는다.

- 평가자는 피평가자들이 과제수행 시 실제로 한 말과 행동을 녹음하거나 사진찍듯이 관찰하고 기록할 수 있어야 한다.
- 평가과제가 끝나면 재연할 수 없기 때문에 정확하고 신속하게 기록하는 것이 매우 중요하다.
- 기록은 평가과제에서 나타나는 행동에만 기초하여 기록한 것만이 유일한 증거가 될 수 있다.

(2) 분류

역량평가를 위한 행동근거 및 증거(evidence)를 관찰하고 기록한 내용을 평가항목별로 분류하는 기술이다. 분류 방식은 '직접 기록/분류 방식'과 '비교 체크/분류 방식'으로 구분된다.

직접 기록/분류 방식은 자유롭게 행동을 기록하는 방식이다. 이 방식에서는 역량별 긍정/부정 행동을 분류한다. 직접 기록/분류 방식은 관찰 가능한 다양한 행동들이 심도 깊게 평가에 반영되므로 소수 피평가자를 위한 심화평가에 유용하다. 그러나 비숙련 평가자의 경우 기록을 위해 중요한 행동을 놓칠 우려가 있으며, 역량별 행동 구분이 잘못될 가능성이 존재한다.

비교 체크/분류 방식은 관찰 시트(sheet)에 제시된 역량별 행동사례에 체크를 해 가면서 추가 행동을 메모하는 방식이다. 이 방식에서는 역량별 분류가 필요하며 추가 메모 사항만 분류하면 된다. 비교 체크/분류 방식은 기록이 빠르고 평가자의 부담이 감소하므로 다수의 피평가자 또는 많은 차수의 평가 상황에서 유용하다. 그러나 관찰 시트의 포괄성, 세밀함에 따라 평가의 질이 결정된다는 점, 관찰 시트가 모든 행동사례를 포괄하기는 곤란하다는 점 등이 단점이다.

항목	직접 기록/분류 방식	비교 체크/분류 방식
기록 방식	자유롭게 행동 기록	관찰시트(sheet)에 제시된 역량별 행동 사례에 체크 + 추가 행동 메모
분류 방식	역량별 긍정/부정행동으로 분류	분류 불필요(추가 메모 사항만 분류)
장점	관찰 가능한 다양한 행동들이 심도 깊게 평가에 반영 → 소수 피평가자와 심화평가에 유용	기록이 빠르고 평가자의 부담 감소 → 다수 피평가자, 많은 차수의 평가상황에 유용
단점	• 비숙련 평가자의 경우 기록을 위해 중요한 행동을 놓칠 수 있음 • 역량별 행동 구분이 잘못될 가능성 존재	• 관찰 시트의 포괄성, 세밀함에 따라 평가의 질 결정 • 관찰 시트가 모든 행동사례를 포괄하기 곤란

표 12-1   분류 방식의 비교

① 분류 방법 1: 직접 기록/분류 방법의 예시

1) 기록한 내용을 긍정행동과 부정행동으로 나누어 해당 역량으로 옮겨 적는다.

2) 기록한 내용이 역량의 행동지표에 나와 있지 않더라도 해당 역량과 관련 있다고 생각되는 것은 모두 긍정적 또는 부정적 행동으로 분류한다.

3) 하나의 관찰사항이 두 개 이상의 역량에 해당되는 경우에는 각각의 역량에 모두 옮겨 적는다.

4) 반대로, 기록한 내용이 어느 역량에 해당되는지 잘 모르는 경우에는 별도로 메모해 두었다가 진행되는 중간 중간에 또는 평가자 회의에서 다수의 의견을 듣고 평정에 반영한다.

5) 분류 시 관찰한 내용 그 자체를 기록한 것과 자신의 의견은 분명히 구분하여야 한다. 분류 도중 자신의 의견을 기술하고 싶은 경우는 반드시 '의견' 또는 ( )표시를 하고 의견을 제시한다.

그림 12-7 직접 기록/분류 방식 예시

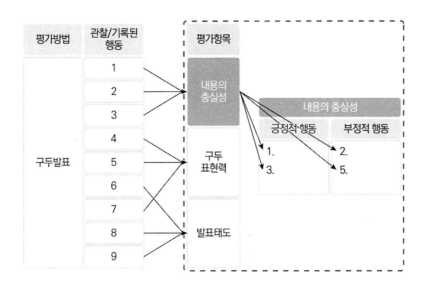

② 분류 방법 2: 비교 체크/분류 방법의 예시

1) '구두표현력'을 구두발표에서 평가하고자 하는 경우에는 구두발표 실습에서 나타날 수 있는 긍정적 행동(2개)과 부정적 행동(1개)를 미리 관찰시트에 제시하고, 실제 실습 과제에서 관찰되는 행동을 체크한다(예시는 긍정행동 1개, 부정행동 1개).

2) 여기에 추가적으로 관찰 시트에는 없지만 평가자가 메모 시트에 기록한 행동들을 분류한다(예시에는 긍정행동 2개, 부정행동 0개).

3) 각 분류 행동 수(긍정행동 총 3개, 부정행동 총 1개)와 강도(중요도, 질)를 종합 고려하여 '구두표현력' 역량의 점수를 리커트(Likert) 5점 척도로 기록한다.

그림 12-8   비교 체크/분류 방식 예시

실행과제	관찰시트				분류	
	평가항목	긍정/부정 행동지표	체크			
구두발표	내용의 충실성	• 도입 시 주의집중, 동기부여, 개요설명을 한다.	V		분류	
		• 전개에서 통계 및 사례를 인용한다.	V		긍정행동 수	1
		• 종결에서 요약을 제시하고 질문을 요청한다.			부정행동 수	1
	구두 표현력	• 적절한 성량과 속도로 구두 표현한다.	V		분류	
		• 내용의 중요성에 따라 강약의 변화를 둔다.			긍정/부정 분류 행동 수 및 강도를 고려해 5점 척도로 평정	
		• 불필요한 언어반복을 한다.(부정)	V			
	발표태도	• 발표시 바른 자세를 유지한다.			분류	
		• 표정, 아이컨텍, 제스처를 활용한다.	V		긍정행동 수	2
		• 적극적인 태도로 발표를 수행한다.	V		부정행동 수	0
	기타 기록된 행동					

(3) 평가(평정)

하나의 평가과제가 끝나면 수집한 행동(evidence)을 근거로 관련 역량에 대해 점수를 매기는 과정으로, 피평가자의 합격 또는 불합격을 결정하는 중요한 단계이다. 이미 평가 전에 합격/불합격에 대한 기준(cut-line)이 정해져 있어야 한다.

① 평정 순서

평정의 순서는 다음의 절차를 준용한다.

1) 수집한 행동들이 빠짐없이 모두 분류되었는지 주의 깊게 살핀다. 평가역량에 대해 개발된 '평가지표' 내의 행동지표와 평가자 자신이 관찰해서 분류한 행동사례의 일치 여부를 확인한다.

2) 척도를 참고해서 해당 역량을 평정한다. 이때 척도를 통상 5점 척도를 사용하지만 다른 척도를 사용할 수 있다(예: S−A−B−C−D 또는 '상위−중위−하위' 등).

3) 하나의 역량이 끝나면 동일 과정을 반복해서 대상 역량의 평가(등급부여)를 완료한다.

② 평가 시 유의점

1) 평가과제가 진행되는 도중에는 평가를 의식하지 말고 최대한 관찰하고 기록에만 전념하여야 하며, 평가과제가 끝날 때까지 기다려야 한다.

2) 평정을 할 때는 상대 평정이 아닌 절대 평정으로 해야 한다.

3) 3점에 대한 눈높이가 중요하다.

다음과 같은 평정 행위는 곤란하다.

• 애매할 때는 무조건 3점을 주는 경향
• 긍정적 지표가 많으면 기계적으로 5점을 주는 경향

아래 시소 모습을 연상하며 긍정적 지표와 부정적 지표를 잘 활용하도록 한다. 관찰된 행동사례의 양과 질을 종합적으로 고려하여 무게가 어느 정도 기울어지는가를 판단하여 점수를 부여한다.

그림 12-9 긍정지표와 부정지표의 활용

(4) 조정(평가자 회의)

여러 명의 평가자들이 모여서 본인이 맡은 피평가자의 역량과 행동 근거를 설명하고 평정 결과를 조정하는 회의를 말한다. 회의의 목적은 평가자 개인들이 각 평가과제에서 독립적으로 수집한 피평가자들의 행동근거들을 공정하고 객관적으로 검토하고, 개별 피평가자의 역량별 점수에 대한 평가자 간의 점수를 조정하고 평가결과에 대한 합의를 도출하는 것이다.

① 조정 순서
조정 순서는 다음의 절차를 준용한다.
1) 피평가자 1명에 대하여 평가대상 역량을 하나씩 행동 기록의 근거를 가지고 의견을 제시하고 토론을 통해 점수를 확정한다.
2) 피평가자 1명에 대해 여러 평가자가 제시한 점수의 차이가 클 경우에는 관찰행동기록을 근거로 주장을 펼침으로써 상호 조정의 기회를 제공한다.
3) 자기가 보고서를 작성하지 않는 피평가자에 대해서도 평가과제 중에 관찰한 내용을 적극적으로 개진해 주어야 보고서 작성자에게 도움이 된다.

다. 역량평가 결과보고서 작성

(1) 역량평가 결과보고란

역량평가 결과보고는 주요 이해관계자를 대상으로 평가의 과정과 결과를 기술하고, 결과분석을 통해 개선사항 등 필요한 후속조치에 대해 공유하고 논의하기 위한 목적으로 작성한다. 특히 역량평가 결과보고를 통해 평가의 효과성과 효율성 측면을 검토함으로써 지속적인 평가활동의 향상을 도모할 수 있다. 역량평가 결과보고의 프로세스는 다음과 같다.

그림 12-10   역량평가 결과보고 프로세스

① 결과보고의 형식 결정

평가담당자는 평가결과 보고의 대상, 보고 대상자가 요구하는 형태의 메시지, 평가결과 보고에 주어진 시간, 평가결과 보고를 통해 얻고자 하는 바 등을 전체적으로 고려하여 보고서 양식을 결정할 필요가 있다. 결과보고는 <그림 12-11>과 같이 서면 보고서 작성, 보고회(발표), 운영위원회(회의) 등 다양한 형태로 수행되며 혼합형으로도 가능하다.

그림 12-11   역량평가 결과보고 형식

| 결과보고서 | 구두 결과보고 | 운영위원회 |

② 평가결과 자료의 취합

평가결과 보고서 작성에 필요한 자료는 보고서의 양식에 따라 달라진다. 중요한 점은 보고 대상자들이 보고서에 제시된 내용자료들을 쉽게 이해할 수 있어야 한다는 점이다. 일반적으로 평가결과 보고서 내용 취합 시 다음과 같은 사항을 고려하여야 한다.

- 평가의 목적/목표에 부합하는 자료 제시
- 보고 대상자가 요구하는 내용 제시(또는 보고 대상자에게 필요한 내용)
- 분석 결과를 지지하는 증거자료 제시

③ 평가결과 보고서 작성

보고 대상자들이 보고서에 제시된 내용자료들을 쉽게 이해할 수 있도록 다음을 고려하여 작성하여야 한다.

- 평가결과를 왜곡하지 않음
- 간결하고 명확한 용어 사용
- 표, 그림, 차트 등을 이용하여 결과를 직관적으로 알아볼 수 있도록 제시
- 보고 대상자의 독해 수준을 고려하여 적절하고 흥미로운 용어 사용
- 필요시 동영상 등 시청각 자료 이용
- 적극적인 후속조치를 유도하는 설득적인 방식 이용
- 분석결과 및 권고사항에 비중을 두어 제시
- 상세하고 부가적인 내용은 부록이나 추가 자료로 제시
- 역량평가 결과보고서는 사전평가 결과보고서, 훈련생별 평가 결과보고서, 교과목별 평가 결과보고서 등으로 구분할 수 있다.

표 12-2 역량평가 결과보고서의 종류와 목적(예시)

종류	목적	포함되어야 할 내용

사전평가 결과보고서	• 훈련과정 실시 전
	  – 과정에 대한 사전지식 및 이해도 파악
	  – 훈련생의 수준 파악
		• 오리엔테이션 및 사전 평가 실시 근거 자료: 시간·장소 명시, 현장 사진 첨부
		• 훈련 대상자 평가 결과표 포함

훈련생별 평가 결과보고서	• 학습자에게 학습결과 피드백용 – 평가기준(60점) 미만의 점수를 획득한 경우 보충수업 후 재평가 실시	• 훈련생명(생년월일), 훈련과정명, 훈련기간 • 교과목(능력단위)별 세부성적표 • 평가결과 합계 점수(총점) 및 평가결과(평균점수) 순위 • 기타(교과목별 피드백 및 종합의견)
교과목별 평가 결과보고서	• 기관의 교육훈련 성과 보고용 – 해당 교육과정에 대해 교과목별 교육 성과 파악 및 보고에 활용	• 훈련과정명, 훈련기간, 평가 교과목(능력단위) • 훈련생 참여현황 • 평가결과(교과목명칭 및 평균점수) • 훈련생별 평가결과(pass/fail) • 능력단위별 평가결과 분석

그림 12-12 역량평가 결과보고서의 종류

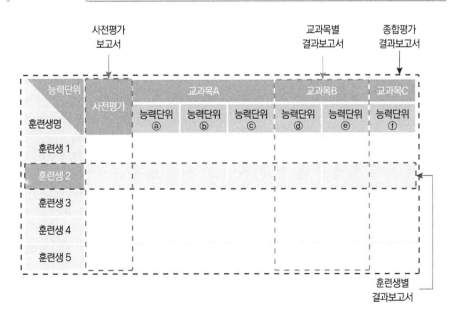

• 사전평가 결과보고서: 훈련과정 실시 전에 과정에 대한 사전지식 및 이해도를 파악하고 훈련생의 수준을 파악하기 위한 목적으로 실시한다. 오리엔테이션 및 사전 평가 실시 근거자료 및 훈련 대상자 평가 결과표를 포함하여 작성한다.

그림 12-13 사전평가 결과보고서 예시

자료: 한국기술대학교 능력개발교육원 NCS기반 훈련과정 평가실무과정 참고용 배포자료 '네일입직자 과정' 사전평가결과보고서

| 그림 12-14 | 훈련생별 평가 결과보고서 예시 |

- 훈련생별 평가 결과보고서: 학습자에게 학습결과 피드백용으로 작성하는 보고서이다. 일반적으로 평가기준(예: 60점) 미만의 점수를 획득한 경우 보충수업 후 재평가를 실시하도록 한다. 본 결과보고서에는 훈련생명(생년월일), 훈련과정명, 훈련기간, 그리고 교과목(능력단위)별 세부성적표, 평가결과 합계 점수(총점) 및 평가결과(평균점수) 순위, 기타 교과목별 피드백 및 종합의견이 들어가도록 작성한다.

학생별 종합평가서

|전문학교

훈련과정명	훈련기간	학습자명	생년월일
하이브리드웹콘텐츠제작	2016. 6. 1 ~ 2017. 3. 21		

■ 능력단위별 세부 성적표

교과목명	능력단위명	능력단위요소명	평가교사	평가일자	평가결과 능력단위점수	이수여부
직업기초능력	의사소통능력	문서이해, 문서작성, 경청, 의사표현, 기초외국어능력	이성옥	16.07.25	72	P
	문제해결능력	사고력, 문제처리능력	이성옥	16.09.19	70	P
	자기개발능력	자아인식능력, 자기관리능력, 경력개발능력	이성옥	16.10.24	87	P
	대인관계능력	팀웍, 리더십, 갈등관리, 협상, 고객서비스 능력	이성옥	16.12.26	86	P
	정보능력	컴퓨터활용능력, 정보처리능력	이성옥	17.03.06	72	P
NCS전공교과	문화콘텐츠기획	기획콘셉트정하기, 스토리텔링하기, 스토리보드 작성하기, 문화 콘텐츠기획서 작성하기	이성옥	16.12.23	88	P
	설계	리소스 설계하기, 플로우 설계하기, 시스템 설계하기	이성옥	17.01.16	92	P
	서비스운영	유지보수하기, 고객관리하기, 저작권관리하기	이성옥	17.03.15	90	P
	앱개발기획	개발 환경 설정하기, 앱 개발 방법론 선정, 앱 개발 계획수립	이성옥	16.12.08	90	P
	UI/UX디자인	디자인 리서치 하기, 디자인 콘셉트 수립하기, 디자인 제작하기	박정수	17.01.26	84	P
	앱개발	앱 프로그래밍하기, 디버깅/테스트하기, 멀티미디어 연동하기, 산출물 관리하기	성하천	17.03.15	89	P
	마케팅관리	앱등록하기, 마케팅기획하기, 마케팅실행하기, 마케팅 성과관리하기	이성옥	17.03.21	95	P
비NCS전공교과	2D그래픽	일러스트레이터, 포토샵, 인디자인	박정수	16.10.04	94	P
	웹사이트제작	html5, css3, 모바일 웹/앱개발	박정수	16.11.08	92	P
	Javascript+jQuery 실무	javascript, jQuery	김민수	17.02.24	90	P
	직업생활	직장생활5계명, 입학식/수료식	탁은희	16.12.02	87	P

총점	평균점수	비고
1378	86	

| 그림 12-15 | 교과목별 평가 결과보고서 예시 |

- 교과목별 평가보고서: 기관의 교육훈련 성과 보고용으로 해당 교육과정에 대해 교과목별 교육 성과 파악 및 보고에 활용한다. 주요 포함되어야 할 내용으로는 훈련과정명, 훈련기간, 평가 교과목(능력단위), 훈련생 참여현황, 평가결과, 훈련생별 평가결과, 능력단위별 평가결과 분석 등을 포함한다.

라. 역량평가 결과 피드백

(1) 훈련생에 대한 평가결과 피드백

평가 후에는 평가대상자(훈련생)들에게 명확한 근거와 함께 평가결과에 대한 피드백을 제공한다. 평가 시 제공되는 피드백은 공개적으로가 아닌 개별적으로 제공하여야 하는데, 평가대상자들에게 평가를 받는 것에 대해 느끼는 감정이 어떤지를 질문하는 것부터 시작하여야 한다.

피드백은 평가자의 평가결과에 대한 명확한 다음의 설명이 포함되어야 한다.

① 훈련생이 필요한 역량을 습득하였는지 아닌지에 대한 피드백을 제공해야 한다. 어떤 부분에서 역량이 부족한지, 평가자가 왜 그러한 판단을 내렸는지 설명하는 것이다.

② 훈련생이 역량재평가를 위해 해야 하는 훈련 등에 대한 윤곽을 제공해야 한다. 이때, 훈련생은 평가나 평가과정이 불공평하면 이의를 제기할 수 있다. 피드백은 서면피드백이나 구두피드백을 제공할 수 있는데 서면피드백은 평가대상자 개인, 다른 평가자, 혹은 다른 이해관계자에게 사후참고가 가능한 액션플랜이 포함될 수 있다.

서면 피드백 이외에 구두로 피드백을 제공하는 많은 방법에는 대표적으로 Feedback sandwich, AID for feedback, 4단계 피드백이 있다.

① Feedback sandwich는 피드백을 제공하는 데 가장 많이 사용되는 방법으로, 평가대상자(훈련생)가 훌륭하게 수행한 부분에 대한 언급으로 피드백을 시작한다. 그 후에 보완이 필요한 부분에 대한 피드백을 제공하고, 다시 잘한 부분에 대한 언급으로 피드백을 마무리한다. 이 모델은 매우 유용한 모델이지만, 부수효과가 있을 수 있다. 보완해야 할 점을 이야기 해주는 것이 피드백의 좀 더 주된 목적이긴 하지만, 성인학습자들은 제공되는 피드백의 처음과 마지막에 집중하는 경향이 있어, 칭찬만을 기억하고, 건설적인 비판을 제공했던 중간의 내용은 간과할 가능성이 있다.

② AID for feedback모델은 사용하기에 간단하고 효과적인 또 다른 피드백모델이다. 이것은 긍정적인 면에 대한 언급과 건설적이 피드백을 모두 제공하는 데 부담이 없는 모델이다. AID 모델은 Action, Impacts, Desired outcome을 뜻하는데, Action은 평가대상자(훈련생)가 잘하고 있는 점과 부족한 부분에 대해 피드백을 제공하는 것이다. Impacts는 평가대상자(훈련생)가 하는 행위들이 그들 자신과 다른 사람들에게 가져오는 효과가 무엇인지에 대한 피드백을 제공하는 것이고, Desired outcome은 차후에는 좀 더 효과적으로 산출물을 만들어 낼 수 있는 방법과 관련된 피드백을 제공하는 것이다.

③ 4단계 피드백은 1단계로 현재의 행동에 대한 피드백을 제공하는 것이다. 잘한 점을 칭찬하거나 보강되어야 할 행동역량에 대해 이야기 해

주는 것을 이야기한다. 2단계는 상황을 분석하는 것으로서, 평가자가 특정한 상황이나 문맥에 대해 분석하는 것이다. 3단계는 현재의 행동에 대한 효과와 결과를 묘사하는 것이다. 4단계는 대안행동을 제시해 주는 것으로서, 차후행동에 대안적으로 취할 수 있는 행동에 대한 피드백을 주는 것이다. 4단계 피드백 방법은 AID 모델과 매우 비슷하지만, 행동이 일어나는 문맥을 분석하는 것이 차이점이다. 이 피드백은 좁은 식견을 가지고 있는 사람에게 매우 유용한 피드백 방법이다.

(2) 훈련프로그램 환류를 위한 평가결과 피드백

훈련프로그램 환류를 위한 평가결과 피드백은 다음의 사항 등을 고려하여 훈련과정을 개정하거나 홍보에 활용한다.

- 평가결과 분석 및 피드백 시에는 훈련과정 및 훈련의 목표가 잘못 세워진 점은 없었는가?
- 앞으로 훈련목표는 어떻게 설정하면 좋겠는가?
- 목표를 달성하기 위한 훈련과정 기획에서 너무 무리한 점은 없었는가? 또는 너무 쉽게 또는 막연한 계획을 세우지는 않았는가?
- 훈련의 내용에서 개선되어야 할 것은 무엇인가?
- 꼭 새로 들어가야 할 내용은 무엇이며 빼도 좋은 내용은 무엇이겠는가? 훈련의 방법 면에서 어떤 점을 고쳐야 하겠는가?
- 보다 즐겁게 그리고 모두가 열성적으로 참여하고 스스로 그 훈련의 내용을 쉽게 터득하게 하는 방법은 없는가?
- 훈련에 대한 평가를 위해서는 어떤 방법이 좋겠는가?
- 앞으로 효율적인 훈련을 계속 실시하는 데 대한 좋은 방안은 무엇인가?

훈련프로그램의 평가는 1수준 훈련만족도 평가, 2수준 훈련성취도 평가, 3수준 훈련전이도 평가, 4수준 훈련성과 평가와 같은 4수준(단계)으로 구분할 수 있다. 1수준 훈련만족도 평가는 훈련 내용, 방법 운영, 환경상의 문제점을 확인하여, 훈련의 질을 개선하고, 훈련 결과의 잠재적 활용의도 및 효과를 측정하여 훈련의 성과를 증진시키고자 하는 평가 활동이다. 2수준 훈련성취도 평가는 훈련목표의 달성여부(바람직한 지식, 기술, 태도 등의 습득)를 확인하는 것으로 훈련목표 달성여부를 확인하여 훈련의 성패 여부를 판단하는 데 활용한다. 3수준 훈련전이도 평가는 훈련을 통해 습득한 지식, 기술, 태도를 현업에서 얼마나 활용하는가 하는 훈련의 학습전이 효과를 확인하고, 현업활용에 영향을 미치는 긍정적인 요인과 부정적 요인을 파악하여, 훈련의 학습전이를 증진시키기 위한 개선점을 파악하기 위한 평가 활동이다. 4수준 훈련성과 평가는 훈련을 통한 성과 정도를 확인하여 훈련의 정당성과 유용성을 증명하기 위한 총괄적 평가 활동이다.

도출된 평가결과는 다양한 방식으로 활용된다. 먼저 직업훈련적성검사 및 기초소양평가의 결과는 훈련생 수준을 분류하고, 취업알선 및 상담의 기초 자료로 활용된다. 모의고사 결과는 훈련생의 보충수업 여부를 결정하며, 수준을 파악할 수 있도록 한다. 또한 훈련생에게 피드백을 제공하고 차기 훈련과정 내용 및 난이도 조절 시 활용한다. 또한 최종 평가결과는 훈련생의 훈련 성취도를 확인할 수 있도록 하며, 이는 취업추천 및 상담 시 기초자료로 활용된다.

평가에 대해 평가대상자(훈련생)로부터 피드백을 받을 필요도 있다. 공정하고 발전적인 평가 과정을 위하여, 평가자들은 진행하고 있는 평가과정들을 비판적으로 바라보고 개선시켜나갈 필요가 있다. 또한, 평가과정의 모든 단계가 절차에 맞춰 잘 수행이 되고 있는지, 조직의 요구사항은 충족이 되고 있는지 모든 평가계획이 잘 지켜지고 있는지, 평가과정은 검토되고 있는지 확인해야 한다.

02
타당성 검토

가. 역량평가 프로세스 타당성 검토

(1) 역량평가 타당성 검토의 개념

역량평가 타당성 검토는 훈련기관의 역량평가 전반에 대한 품질을 검토하고 지속적으로 시스템을 개선하는 데 중요한 부분이다. 타당성 검토는 해당 기관 역량평가시스템(프로세스)의 효과성에 대한 정보를 제공하며, 평가자의 결정(평가결과)에 대한 타당성을 입증하는 절차이다. 또한, 역량평가 타당성 검토 과정에서 평가에 대한 다양한 정보를 수집·분석하여 개선사항을 도출하고 개선사항을 차기 계획에 반영할 수 있다. 역량평가 타당성 검토는 역량평가 프로세스 전반의 품질에 대한 검토 및 계획수립, 도구설계 및 개발, 역량평가 실시 결과를 확인하는 것을 포함하고 있다.

(2) 역량평가 타당성 검토 목적

역량평가의 타당성 검토는 다음과 같은 목적을 갖는다.

- 외부 또는 내부 감사를 위한 증거자료 제공
- 평가도구의 품질 평가
- 평가자에 대한 신뢰도 제고
  - 동일한 도구를 사용하는 다양한 평가자가 동일한 수준의 증거자료를 수집하는지 확인
  - 다양한 평가자가 동일한 증거자료를 유사하게 해석하고 동일한 평가 결과를 도출하는지 확인

- 역량평가 결정이 증거자료의 규칙을 반영했는지 여부를 확인
- 역량평가 실행 시 역량평가의 원칙을 충족했는지 여부를 확인
- 평가의 계획 및 준비, 훈련생과의 의사소통, 증거자료 수집, 피평가자로 부터의 피드백 획득 등 평가 실무 검토

나. 시기별 타당성 검토 및 타당성 검토 유형

(1) 역량평가 시기별 타당성 검토 내용

역량평가의 타당성 검토는 역량평가 이전, 역량평가 과정, 역량평가 이후 로 나누어 실시한다. <표 12-3>은 역량평가 시기별 타당성 검토 내용을 정 리한 것이다.

표 12-3   역량평가 시기별 타당성 검토 내용

구분	내용
평가 이전	• 평가도구의 설계와 평가할 능력단위의 해석에 집중 • NCS 능력단위 요구사항과 수집할 증거자료 확인 • 평가계획 수립 및 역량평가 프로세스 전반에 대한 준비사항 검토
평가 과정	• 평가 과정, 평가자의 평가활동 수행, 평가 준비, 평가도구 관리, 피평가자 및 증거자료 수집에 관계된 이해관계자와의 의사소통, 피평가자들의 특정 한 요구를 다루는 방식
평가 이후	• 평가가 얼마나 효과적으로 수행되었는지 검토 • 증거자료는 증거자료의 규칙을 충족하는지 검토 • 평가 판단은 정확하고 일관성 있는지 검토

(2) 역량평가 타당성 검토 유형

역량평가의 타당성 검토를 위해서 검증회의, 평가자 네트워크, 동료평가, 평가패널 등을 활용할 수 있다. 검증회의는 내부 구성원들로 구성하여 평가 전반을 자체적으로 점검하는 회의이다. 평가자 네트워크는 외부기관 평가자와 연계하여 평가결과에 대한 타당성을 검토하는 것이다. 동료평가는 동일기관, 동일직종 평가자가 평가결과에 대한 타당성을 검토하는 것이다. 평가패널은 패널토의를 통해 평가결과에 대한 타당성을 검토하는 것이다. 역량평가 타당

성 검토를 위해 평가자들은 상기의 방법 중 가장 적합한 검토 유형을 찾아 평가에 대한 타당성을 검토하는 것이 필요하다.

그림 12-16 역량평가 타당성 검토 유형

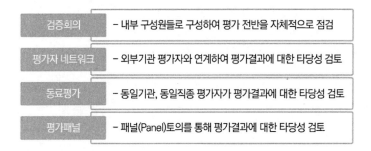

검증회의	– 내부 구성원들로 구성하여 평가 전반을 자체적으로 점검
평가자 네트워크	– 외부기관 평가자와 연계하여 평가결과에 대한 타당성 검토
동료평가	– 동일기관, 동일직종 평가자가 평가결과에 대한 타당성 검토
평가패널	– 패널(Panel)토의를 통해 평가결과에 대한 타당성 검토

학습활동: 개인수행과제

 구두발표 평가 수행

화면에 제시된 구두발표 영상을 시청한 후에 역량평가 기술의 순서대로 평가를 진행해 보세요.

03 활동지
역량평가의 실행 및 타당성 검토

학과:　　　　　　학번:　　　　　　조:　　　　이름:

1. 동영상의 발표장면을 보고 발표자의 행동특성을 구체적으로 관찰하고 관찰한 내용을 최대한 많이 기록해 보세요.

[평가항목]

① 주제의 명확성	② 전달내용의 체계성	③ 발표태도 및 전달력

2. 이전의 관찰기록 실습에서 기록지에 작성된 관찰/기록된 행동을 평가항목별로
   분류해 보세요.

평가항목	긍정행동근거	부정행동근거
주제의 명확성		
전달내용의 체계성		
발표태도 및 전달력		

3. 이전의 분류 실습에서 분류한 행동근거를 참고로 하여 다음의 평가표에 점수(등급)을 부여해 보세요.

평가항목	관찰행동	평가점수
주제의 명확성		①-②-③-④-⑤
전달내용의 체계성		①-②-③-④-⑤
발표태도 및 전달력		①-②-③-④-⑤

제13장

직업능력개발 훈련 평가자 역할과
해외 역량평가자 양성 사례

≫ 학습목표

1. 직업능력개발 훈련 평가자의 역할과 관련하여 평가자의
   윤리와 역량을 설명할 수 있다.

2. 해외 평가자 양성 사례를 설명할 수 있다.

01
직업능력개발 훈련 평가자의 역할

가. 직업능력개발 훈련 평가자 가이드

직업능력개발 훈련 평가자는 다음의 가이드에 따라 행동하여야 한다.

첫째, 평가자는 체계적으로 탐구(systematic inquiry)해야 한다. 평가를 수행함에 있어서 연구에서 산출되는 평가정보의 신뢰도와 정확성을 증가시키는 데 필요한 방법론적 기준에 충실해야 한다. 또한 효율적이고 생산적인 대답을 유도하는 다양한 평가적 질문과 이러한 질문에 대답하는 데 사용된 다양한 접근의 결점과 장점을 평가의뢰자에게 설명해야 한다. 평가방법과 평가적 접근을 다른 사람이 충분히 이해하고 해석하고, 비판하도록 정확하게 설명해야 한다. 또한 평가와 평가결과의 제한점을 명확히 해야 한다.

둘째, 평가자는 유능해야(competence) 한다. 평가자는 평가과제의 수행을 위한 교육, 능력, 기술, 그리고 경험을 소유해야 한다. 자신의 평가적 전문성과 유능함 내에서 평가를 실시해야 하며, 이러한 능력 밖의 평가를 수행하는 것은 거절해야 한다. 평가 요구에 대한 거절이 어렵거나 적절하지 않을 때 평가자는 평가 후 나온 결과에 대한 한계를 명확히 밝혀야 한다. 또한 평가 수행 시 질 높은 평가 수준을 제공하기 위하여 유능함을 유지하고 향상시키는 노력을 해야 한다.

셋째, 평가자는 정직하고 진실되어야(integrity/honesty)한다. 비용, 평가과제의 제한점과 방법론의 제한점, 평가결과의 범위 그리고 평가결과의 사용에 대하여 평가의뢰자, 평가핵심관련자와 정직하게 협의해야 한다. 만약 최초에 협의된 프로젝트 계획에서 변화가 있다면, 왜 변화되었는지에 대한 이유와 모든 변화내용을 기록해야 한다. 또한 평가의 수행과 결과와 관련된 평가의뢰자, 핵심관련자의 흥미를 결정하기 위한 노력을 해야 한다. 그리고 평가 대상 프로그램을 멈추게 하는 의의 있는 갈등에 관심을 가져야 하며, 또한 이런 갈등은 평가결과 보고에 언급해야 한다. 절차, 자료 혹은 연구결과를 정확하게 발표해야 한다. 또한 연구가 잘못 사용되는 것을 막거나 바로잡아야 한다. 잘못된 평가정보와 결론을 산출하는 것처럼 보이는 절차와 활동을 결정한다면 이러한 우려와 이유를 평가 의뢰자와 의논하여야 한다. 평가에 투입되는 재정적 지원의 모든 출처와 평가 요구 출처를 밝혀야 한다.

넷째, 평가자는 사람에 대한 존중(respect of people)이 필요하다. 프로그램 참여자 의뢰인, 상호작용하는 평가핵심 관련자의 존중과 품위 그리고 자기 가치를 존중해야 한다. 평가에서 발생하는 부담, 해로움, 위험에 관한 전문적 기준과 윤리를 지켜야 한다. 부정적인 평가결과나 혹은 중요한 결과 모두 정당화되기 때문에 평가자는 때때로 평가의뢰인과 평가핵심관련자의 관심 분야를 결과로 산출해야 한다. 이러한 상황에서 이익을 최대화하는 것을 탐색해야 하고 불필요한 손해를 감소시키는 노력을 해야 한다. 평가핵심관련자의 관심에 부정적인 영향을 줄 수 있기 때문에 평가자는 평가핵심관련자의 존엄과 자기 가치를 존중하는 방법으로 평가를 수행하고 그 결과를 대화하여야 한다. 평가의 사회적 공정성을 실현하기 위한 시도를 해야 한다. 문화, 종교, 성, 나이 등과 같은 참여자들 간의 차이를 규정하고, 이러한 차이를 존중하여 평가를 계획하고, 평가의 수행과 분석 시 이러한 차이를 염두에 두어야 한다.

다섯째, 평가자는 책임감(responsibilities for general and public welfare)을 가져야 한다. 즉, 보편적이고 공익과 관련된 흥미와 가치의 다양성을 설명해야 한다. 평가를 계획하고 보고할 때 평가대상에 대한 평가핵심관련자의 관심과 중요한 자각을 고려해야 한다. 조작과 평가된 결과뿐만 아니라 가정, 함축된 내용, 그리고 부수적인 효과까지도 고려해야 한다. 관련 평가핵심관련자에게 평가정보에 접근할 수 있도록 해야 하며, 허락된다면 평가핵심관련자에게 출처를 공개해야 한다. 의뢰자의 요구와 그 외 요구 간의 균형을 유지해야 한다. 또한 요구 간의 갈등이 있을 때 갈등을 해결하기 위하여 의뢰자와 관련된 평가핵심관련자와 함께 갈등에 대해 논의해야 한다. 만약 갈등이 해결되지 않는다면 평가결과의 제한점을 명백히 해야 한다. 평가 시 공익을 포함해야 하는 의무가 있다. 이런 의무는 특별히 평가자가 공적기금으로 지원받을 때 더욱 중요하다. 물론 어떤 평가에서도 공익을 간과해서는 안 된다.

나. 역량평가자의 역량

일반적으로 평가는 각각의 평가자가 평가대상의 행동을 관찰해 기록한 후 이를 분류해 평가하고, 평가자 간 조정의 과정을 거친다. 평가자는 사전에 이론 및 실습 훈련과정을 거치고, 개별평가 후 모든 평가자가 조정해 점수를 통합함으로써 편견(bias)에 의한 오류를 방지하게 된다(김태은, 2011). 이에 평가자들은 행동을 정확히 관찰할 수 있어야 하고, 관찰한 내용을 일정한 방법으로 기록하여야 하고, 기록된 행동들을 각 평가차원별로 분류해야 하고, 지원자들의 수행수준을 판단해야 하고, 다른 평가자들에게 자신의 관찰 내용을 전달할 수 있어야 하며, 행동관찰 내용들을 통합하여야 하고, 피드백을 제공할 수 있어야 한다. 이러한 역할을 수행함에 있어 평가자에게 어떤 역량이 필요한지에 대해 해외에서는 King(2001), Smith(2001), ibstpi(2006), ILAC(2006)를 포함하여, CES, AEA, AES와 같은 평가관련 협회를 중심으로 연구가 이루어져 왔다. 국내에서는 정부업무평가와 관련한 이혜영·이현영(2005)의 연구와 역량평가센터와 관련한 박소연·신범석(2014)의 연구 등이 이루어진 바 있다.

먼저, King(2001)은 평가자의 역량을 체계적 연구 역량, 평가실무 역량, 일반적인 기술역량, 평가전문가 자질역량 등으로 구분하여 제시하였다. 체계적 연구역량은 연구 및 평가 활동을 수행할 수 있는 전문적 지식 및 사고로, 연구 및 평가 프로세스에 따라 기획, 설계, 자료수집 및 분석, 해석과 보고서 기술 등 제반의 관련 활동을 수행하는 능력을 의미한다. 평가실무역량은 평가 활동을 수행하는 데 있어서 관리적이고 기능적인 측면의 능력으로, 적절한 정보를 제공하고 상황을 분석하며, 평가 프로젝트를 조직화하고 관리할 수 있는 능력을 포함한다. 일반적인 기술역량의 경우 실제 평가 실무를 원활히 수행하기 위한 기술적 측면의 능력으로, 논리적·비판적 사고, 의사소통 기술, 협상 및 갈등관리 기술, 팀워크·협력 기술, 집단과정·촉진기술 등을 의미한다. 평가전문가 자질역량은 평가자로서 지켜야 할 가치와 전문성으로, 평가자로서의 인식, 윤리적 행위, 전문적 표준에 대한 지식, 전문성 개발을 위한 노력 등을 의미한다.

한편, Smith(2001)는 평가의 미래에 대해 논의하면서 장래에 요구되는 평가기술을 언급하였다. 첫째는 정보혁명을 다루는 전략으로 즉, 정보지원, 실시간 데이터 수집 및 분석기술, 적기에 제공할 수 있는 기술, 둘째는 평가의 정치적 측면을 다룰 수 있는 능력이며, 셋째는 조직학습을 증진시키는 기술로 예를 들어, 협력, 개인 간 의사소통, 팀 발전, 집단과정, 컨설팅, 조직행태, 변화 등의 기술이 필요함을 강조하였다. 넷째로는 개인 간 또는 집단의 동적 기술 즉, 협력적 관계를 유지하여 일하는 기술, 이해관계자와 파트너십을 유지하는 기술 등을 제시하였으며, 이밖에도 문화적 민감성, 중재하고 협상하고 갈등을 해결하는 기술, 기술적 전문가로서의 능력, 조직 멤버들에게 훈련을 제공하는 기술 등이 평가자에게 요구되고 있음을 강조하였다.

훈련, 성과 및 교수 표준을 위한 국제위원회(The International Board of Standards for Training, Performance, and Instruction: 이하 ibstpi)는 인적자원개발에서의 평가자의 역량모델을 다음 <표 13-1>과 같이 제시하였다(Russ-Eft, 2013). 이 모델은 크게 전문가로서의 자질, 평가기획 및 설계, 평가계획의 실행, 그리고 평가관리 등의 4개의 역량군을 중심으로 총 14개의 구체적인 역량으로 구성된 평가자의 역량모델을 제시하고 있다. 그리고 각 역량은 구체적인 행동지표를 포함하여 평가 등에 활용할 수 있도록 하고 있다.

표 13-1 평가자의 역량모델

역량군	역량	행동지표
전문가로서의 자질 역량	1. 서면, 구두, 혹은 시각자료의 형태로 효과적 의사소통을 한다.	1) 대상과 맥락 그리고 문화에 적절한 언어적 그리고 비언어적 의사소통을 한다. 2) 적극적 경청의 기술을 사용한다. 3) 의사소통을 향상시키기 위한 적절한 기술을 선택한다. 4) 복잡한 정보를 단순화하고 요약한다. 5) 회의를 효과적으로 이끈다. 6) 효과적인 프레젠테이션 기술을 나타낸다. 7) 명확하고 간결하게 글을 쓴다.
	2. 전문가로서의 신뢰도를 형성하고 유지한다.	1) 전문가로서 모범적인 행동을 따라한다. 2) 적절한 조직관련, 사업관련, 그리고 산업관련 지식을 보여준다.

군		3) 평가 및 관련 분야의 새로운 아이디어와 접근방법을 익힌다. 4) 전문지식을 최신의 것으로 갱신한다. 5) 관련 테크놀로지에 대해 최신 상태를 유지한다. 6) 평가와 관련된 전문가 활동에 참여한다. 7) 다른 사람들의 평가와 관련된 기술을 개발하기 위해 지식과 경험을 공유한다. 8) 전문가로서의 프레젠테이션 혹은 공식화의 토대로서의 업무를 기록한다. 9) 전문가들과 네트워크를 구축하고 이를 유지한다.
	3. 효과적인 대인관계기술을 나타낸다.	1) 문화적 기준과 조직의 실제 업무에 민감하다. 2) 효과적인 업무관계를 형성하고 유지한다. 3) 문제를 명확하게 하기 위해 컨설팅 기술을 활용한다. 4) 협상 기술을 활용한다. 5) 갈등해소 기술을 활용한다. 6) 그룹과 팀 안에서의 다양한 상호작용을 관찰하고 대응한다.
	4. 윤리적, 법적 기준을 지킨다.	1) 조직이나 전문가집단의 윤리기준을 따른다. 2) 해당되는 법률이나 규칙을 따른다. 3) 비밀보호나 익명성 보장 등과 관련된 필요성을 존중한다. 4) 이해의 충돌이 발생하는 것을 명확히 하거나 또는 피한다. 5) 상표권을 포함한 지적재산권을 존중한다.
	5. 평가와 관련된 다양한 의도를 인식한다.	1) 각각의 평가에는 정치적인 함의점이 있을 수 있음을 명시한다. 2) 이해당사자의 가치를 명확화한다. 3) 정치적인 이슈가 등장할 때 주의한다.
평가 기획 및 설계 역량군	6. 효과적인 평가계획을 수립한다.	1) 평가의 대상이 되는 프로그램, 절차, 혹은 산출물을 정한다. 2) 이해관계자들을 확정한다. 3) 평가의 초점과 응답을 해야 할 질문을 확정한다. 4) 평가계획을 수립하기 위해 베스트프랙티스나 관련된 문헌을 사용한다. 5) 평가전략 및 기대되는 결과물을 규정한다. 6) 평가를 후원하기 위한 모델, 방법, 혹은 설계를 확정한다. 7) 선별된 접근방법이나 평가설계를 정하기 위해 이해관계자와 협업한다.

	7. 평가를 관리하기 위한 계획을 수립한다.	1) 평가 스케줄, 책임, 그리고 평가결과물을 계획한다. 2) 평가와 관련된 예산을 수립한다. 3) 내부적 그리고 외부적 인적자원과 관련된 필요수준을 확인한다. 4) 임직원의 교육훈련 필요를 결정한다. 5) 기술적 필요요건을 정한다. 6) 평가계획을 지원할 인적자원 및 기타자원을 할당한다. 7) 의사소통이나 평가결과를 보고할 계획을 수립한다. 8) 정보보안과 관련하여 필요한 허가를 획득한다. 9) 평가계획을 준비하고 이를 관철시킨다.
	8. 평가 문항이나 설계에 도움을 주는 데이터 수집 전략을 고안한다.	1) 데이터를 수집할 수 있는 출처를 확인한다. 2) 다양한 평가도구와 절차에 의지한다. 3) 현존하는 평가도구의 적절함을 분석한다. 4) 신뢰할 수 있고 타당한 도구를 구성한다. 5) 평가계획과 절차를 포함한 데이터 수집 계획을 수립한다. 6) 적절한 표집 절차를 설계한다. 7) 데이터의 타당성과 신뢰도에 악영향을 줄 수 있는 요인에 주의한다. 8) 데이터 분석 및 해석에 대한 계획을 수립한다. 9) 데이터의 저장, 보안, 그리고 폐기와 관련하여 계획을 수립한다.
	9. 데이터 수집과 관련된 도구와 절차에 대해 사전조사를 실시한다.	1) 사전조사를 설계한다. 2) 적절한 사전조사 샘플을 확정한다. 3) 피드백이나 결과에 따라서 수정한다.
평가계획의 실행 역량군	10. 데이터를 수집한다.	1) 데이터 수집 계획, 스케줄, 그리고 예산 등과 관련하여 실행에 옮긴다. 2) 평가관련 활동을 기록한다. 3) 효과적인 개인 혹은 집단 인터뷰를 수행한다. 4) 효과적인 관찰을 수행한다. 5) 현존하는 관련 데이터를 기록하고 요약한다. 6) 평가의 범위나 중점사항 등에서 발생하는 변화에 대응한다. 7) 데이터 수집에서 발생할 수 있는 혼란을 최소화한다.
	11. 데이터를 분석하고 해석한다.	1) 데이터의 신뢰도와 타당도를 평가한다. 2) 적절한 양적·질적 분석 절차를 활용한다. 3) 왜곡되지 않은 방법으로 데이터를 검토하고 해석한다.

		4) 결과에 대해서 판단을 내리고 결론을 도출한다.
		5) 추천할 사항을 결정한다.
	12. 평가결과와 제안사항을 퍼뜨리고 후속조치를 취한다.	1) 의사소통이나 결과보고를 위한 다양한 방법을 사용한다.
		2) 이해당사자와 함께 평가결과에 대해 논의하고 해석한다.
		3) 다양한 독자의 필요에 따라 평가결과를 제시한다.
		4) 추천사항에서 비롯된 변화를 촉진하거나 관찰한다.
평가관리 역량군	13. 관리계획을 모니터한다.	1) 변화하는 환경에 대응할 수 있는 계획을 수립한다.
		2) 필요하다면 예산을 재검토하거나 조정한다.
		3) 스케줄에 비추어서 평가진척 사항을 관리한다.
		4) 평가가 이루어지는 동안 발생하는 문제를 확인하고 해결한다.
		5) 평가 프로세스와 결과에 대해 살펴보고 대화하는 것을 촉진한다.
	14. 임직원 및 이해관계자들과 효과적으로 함께 일을 한다.	1) 팀원과 컨설턴트 그리고 전문가들을 잘 관리한다.
		2) 진척사항에 대해 이해관계자들에게 정보를 제공한다.
		3) 평가팀을 지속적으로 참여시키고 진척사항에 대해 정보를 제공한다.
		4) 평가팀과 이해당사자들에게 정보를 제공하고자 간략히 보고한다.
		5) 평가에 대한 이해당사자들의 만족도를 측정한다.

박용호·이진구(2015)는 국내 직업능력개발훈련교사를 대상으로 역량평가사로서 필요한 역량에 대해 훈련요구를 조사하였다. 전국의 직업능력개발훈련교사 234명을 대상으로 Russ－Eft의 평가자 역량모델을 기반으로 제작한 설문을 실시하여 분석한 연구결과에 따르면 전문가 신뢰도, 평가관리계획 수립, 관리계획, 그리고 효과적 협업 등의 역량이 국내 직업능력개발훈련교사에게 요구되는 시급한 역량평가사와 관련된 역량으로 나타났다.

이혜영·이현영(2005)은 정부 업무 평가자의 역량 도출을 위하여 미국 평가협회(AEA)와 호주평가협회(AES)에서 제시한 평가자 지침 및 역량을 검토하여 제시하였다. 먼저 미국평가협회(AEA)는 평가자들이 준수해야 할 원칙으로 다음과 같은 것들을 제시하고 있다.

첫째, 체계적인 연구를 수행하여야 한다는 것으로 평가자들에게 체계적이면서 자료기반(data-based)한 연구를 수행할 것을 요구하고 있다.

둘째, 평가자들은 이해관계자들에게 능력 있는 성과를 제공해야 하는데, 평가에서 수행하는 업무를 수행하기에 적절한 교육, 능력, 기술, 경험 등을 소유하여야 함을 의미한다.

셋째, 평가자들은 전 평가과정에 걸쳐 성실성과 정직성을 확보할 수 있도록 노력해야 하며,

넷째, 평가자들을 평가에 관련된 사람들(응답자, 프로그램 참여자, 다른 이해관계자 등)을 존중해야 하고, 마지막으로 공익에 대한 책임감이 중요한데, 평가자들은 평가와 관련한 공익적 가치를 만들고 고려해야 한다.

이러한 평가자의 가이드라인을 볼 때 평가자에게 있어서 무엇보다 중요한 것은 특정한 평가를 수행하는 데 있어서 필요한 것을 결정할 수 있는 기술과 지식을 지녀야 한다는 것과, 그들이 해당 평가를 수행할 것인가를 결정할 수 있기 위해 그들이 가진 지식과 기술에 대한 통찰력이 있어야 한다는 것이다. 한편 호주평가협회(AES)가 제시한 평가역량은 지식 및 인지적 역량(모형, 이론, 맥락, 연구방법, 사업관리, 커뮤니케이션, 조직과정 등 포함), 기능적 역량(포커스, 설계, 자료 수집, 기획, 보고 등과 관련된 능력), 개인적이고 행태적 역량(문제해결, 분석적 사고, 개념적 사고, 자아 통제, 자기확신, 전문성 개발, 인내, 주도권 등과 관련된 기술적 능력), 가치 및 윤리적 역량을 포함한다.

이혜영·이현영(2005)은 이러한 선행연구 분석을 기초로 정부업무 평가자의 역량을 평가지향적 활동역량, 체계적 연구역량, 평가 실무역량, 기술역량, 평가자 가치역량 등 5개의 역량군으로 구성하였다. 5개의 역량군에 해당하는 평가자 역량을 도식화하여 다음 <그림 13-1>과 같이 제시하였다.

| 그림 13-1 | 정부업무 평가자 역량의 구성 |

1. 평가지향적
활동 역량

5-1. 평가자로서 인식
5-2. 윤리성
5-3. 전문성 개발
5-4. 이해관계자 존중
5-5. 공익에 대한 책임감

1-1. 평가이론, 모형, 전제
1-2. 평가유형
1-3. 평가문제의 구성
1-4. 평가설계
1-5. 평가과정

5. 평가자
가치역량

2. 체계적
연구역량

평가자 역량

2-1. 조사설계
2-2. 도구(수단)구성
2-3. 자료수집
2-4. 자료분석
2-5. 자료해석
2-6. 결과보고

4-1. 의사소통기술
4-2. 협상기술
4-3. 중재기술
4-4. 촉진기술
4-5. 협력기술
4-6. 컴퓨터기술

3-1. 공식적 합의의
문서화 능력
3-2. 자원접근 능력
3-3. 감독능력
3-4. 생산적 평가수행 능력
3-5. 주어진 기간 내
수행 능력
3-6. 예산운영

4. 기술역량

3. 평가
실무역량

자료: 이혜영·이현영(2005), 정부업무평가교육 교육과정 설계에 관한 연구, p.65.

첫째, 평가지향적 활동역량은 평가자의 평가지향적 활동 능력을 제고하기 위한 것으로 기존 연구들이 공통적으로 강조하고 있는 요소이다.

둘째, 체계적 연구역량은 자료에 기반하는 체계적인 평가업무를 수행하는 데 필요한 역량이라 할 수 있다.

셋째, 평가 실무역량은 공식적 합의를 문서화하는 능력, 예산의 운영, 필요한 자원에의 접근, 감독능력, 훈련능력, 생산적으로 평가를 수행할 능력, 주어진 기한 내에 수행할 능력 등을 포괄하는 것으로서 실제 평가업무 수행에 필요한 기능을 습득하기 위한 것이다.

넷째, 기술역량의 개념은 평가업무에 있어서 일반적 기술역량으로 문서로 된 의사소통 기술, 구두로 된 의사소통 기술, 컴퓨터 적용 기술, 대인 기술로서 협상 기술, 갈등해결 기술, 집단과정 기술, 촉진 기술, 협력 기술 등이 요구된다.

마지막으로 평가자 가치역량은 성실하고 정직하게 평가를 하기 위해 필요한 능력으로, 평가자로서 인식, 윤리성, 이해관계자들에 대한 존중, 공공복지에의 책임감, 전문성 개발 등이 포함될 수 있다.

한편, 박소연·신범석(2014)은 공공부문 역량평가자의 역량모델을 개발하였으며, 구체적인 역량 및 행동특성은 다음 <표 13-2>와 같다. 역량모델은 총 10개 역량으로 구성되었으며, 각 역량의 행동특성이 3개씩 포착되어 총 30개의 행동특성을 포함하고 있다.

표 13-2 평가자의 역량모델

역량	정의	행동특성
1. 책임감	역량평가의 중요성을 인식하고 자신의 평가철학과 신념을 구축하여 평가자로서 제대로 된 평가를 하고자 하는 능력	1-1. 역량평가의 중요성을 인식하여 변별력 있게 판단 1-2. 평가자로서의 평가철학과 신념 구축 1-3. 피평가자에 대한 관심과 존중
2. 판단력	각 과제별로 주어진 역량에 대해 기준에 근거하여 독립적이고 일관성 있게 판단하는 능력	2-1. 주어진 시간 내에 피평가자의 행동을 순간적으로 포착하여 판단 2-2. 각 과제별로 주어진 역량에 대해서만 제한적·독립적으로 판단 2-3. 척도에 예측되지 않은 행동도 침착하게 분석하여 판단
3. 객관성	유연한 평가운영 속에서도 후광효과를 경계하여 원칙과 기준에 입각하여 객관적으로 평가하는 능력	3-1. 원칙과 객관적인 평가기준에 근거하여 객관적으로 평가 3-2. 후광효과를 경계하여 평가분위기와 관계없이 일관된 평가기준 유지 3-3. 유연한 평가운영 속에서도 온정주의적 태도를 배제하여 엄격하게 평가
4. 윤리성	이해관계에 얽히지 않고 독립적으로 순수하고 진정성 있게 평가하며 평가의 정치성을 경계하고 평가내용에 대해 철저하게 보안하는 능력	4-1. 이해관계에 얽히지 않고 독립적으로 순수하고 진정성 있게 평가 4-2. 평가의 영향력이 권력화되어 정치성을 가지지 않도록 경계 4-3. 과제, 평가기준 등에 대한 철저한 보안 의식

5. 역량 이해력	일반적인 역량에 대해 체계적·종합적으로 이해하고, 평가하고자 하는 특정 역량에 대해 구체적으로 이해하고 내재화하는 능력	5-1. 일반적인 역량의 개념에 대한 이해 5-2. 역량의 활용 및 역량평가센터에 대한 체계적·종합적 지식 5-3. 평가하고자 하는 특정 역량에 대한 구체적 이해 및 내재화
6. 평가 대상 이해력	평가대상인 공직과 공공조직에 대해 이해하고 공무원의 역량과 역량평가센터의 특성을 이해하는 능력	6-1. 공직과 공공조직, 피평가자 해당 부처의 업무에 대한 이해 6-2. 공무원의 수준과 인사제도적 특성 이해 6-3. 공공부문에서 역량이 갖는 의미 및 환경과의 연계성 인지
7. 평가 체계 이해력	역량평가 프레임을 내재화하고 평가척도 및 등간에 대한 명확한 자기기준을 설정하며 해당 과제의 구조 및 내용을 숙지하는 능력	7-1. 역량의 구조와 연계된 역량평가 프레임 내재화 7-2. 평가척도 및 등간에 대한 이해 및 명확한 기준 설정 7-3. 주어진 시간 내에 과제의 구조 및 내용에 대해 충분히 숙지
8. 평가 운영 능력	평가가 원활하게 진행될 수 있도록 진행 관리 및 퍼실리테이팅하며 관찰, 기록, 판단의 활동을 동시에 멀티태스킹하는 능력	8-1. 평가하고자 하는 주제 범위에서 벗어나지 않도록 진행 관리 8-2. 주어진 시간 내에 피평가자들의 행동을 끌어내도록 퍼실리테이팅 8-3. 평가진행, 관찰, 기록, 판단의 활동을 동시에 하는 멀티태스킹
9. 평가 기법 활용 능력	과제별 기준을 마련하고 평가기법별 평가자에게 요구되는 역할을 충실하게 수행하며 피평가자가 평가 상황에 몰입하도록 하는 능력	9-1. 과제별 시뮬레이션을 통해 가능한 행동을 예측할 수 있는 기준 마련 9-2. 평가기법별 평가자에게 요구되는 역할을 충실하게 수행 9-3. 피평가자가 정답 찾기가 아닌 평가 상황에 몰입할 수 있도록 유도
10. 의사 소통 능력	피평가자와 효과적으로 의사소통하고 관찰한 내용을 역량구조에 따라 체계적·효율적으로 기록하며 평가결과에 대해 협의 및 조정하는 능력	10-1. 질문, 경청, 이해, 교감 등 피평가자와 효과적으로 의사소통 10-2. 관찰한 내용을 역량구조에 따라 체계적·효율적으로 기록 10-3. 타 평가자와 평가결과에 대한 협의 및 조정

02
해외 역량평가사 양성교육 사례

가. 호주의 역량평가사 양성교육

호주의 경우, 평가자 양성을 위한 국가 수준의 프로그램은 운영하고 있는데, 이를 보다 구체적으로 살펴보면 다음과 같다(이진구, 2015).

호주에서는 역량평가사를 ① 호주의 National Skills Standards Council이나 관련기관으로부터 인정받은 평가에 필요한 훈련을 받고, ② 통용되고 있는 레벨에 맞는 직업훈련 숙련도를 갖고, ③ 수행할 교육과 평가가 현재의 산업에서 요구되고 있는 기술임을 입증할 수 있고, ④ 산업동향에 관해 잘 알고 교육자·평가자로서의 숙련도를 갖고 직업교육훈련 관련 지식과 기술의 발달을 계속하는 사람으로 정의한다(Chris, 2013).

호주에서 직업훈련 분야 Competency Assessor가 되기 위해서는 국가공인 자격이 필요한데, 호주직업능력품질원(ASQA: Australia Skill Quality Authority)에서 국가 차원으로 자격을 관리하고 있다. 호주에서는 모든 직업능력개발훈련교사가 Assessor 자격인 TAE40110 certificate Ⅳ in training and assessment나 이에 동등한 자격을 갖추도록 하고 있으며, 이 자격을 보유하지 않은 직업능력개발훈련교사는 고용을 2년으로 제한하고 있다.

TAE40110 certificate Ⅳ in training and assessment은 7개의 핵심과목(Core uint)과 3개의 선택과목(Elective unit)으로 이루어진 총 10개의 과목이 있는데, 7개의 핵심과목에 추가로 3개의 선택과목 중 2개 이상을 이수해야 한다. TAE40110 Certificate Ⅳ의 취득기간은 보통 5개월에서 2년이 걸린다. 취득기간은 관련 분야의 지식과 기술을 가지고 있는 전문가와 처음부터 배우는 초보자 사이에 차이가 있을 수 있고, 훈련에 대한 접근성, 학습자의 학습가능시간, 훈련을 받을 수 있는 환경에의 접근성 등에 따라서도 차이가 있다. 시수로 따지면 선택과목에 따라 다르겠지만 보통 255시간에서 315시간 정도 예상된다. 개인적인 공부시간, 연구·과제 해결시간과 기술수준을 향상시키기 위한 실습이나 이전에 관련 직장경험이 없는 학습자를 위한 프로그램을 제외하고 최소 41일이나 8 full-time teaching weeks가 소요된다.

표 13-3 호주 역량평가사 양성 프로그램

구분	코드번호		과목명
핵심 (필수) 과목	TAEASS401B		Plan assessment activities and processes (평가 활동 및 프로세스 계획)
	TAEASS402B		Assess competence(역량평가)
	TAEASS403B		Participate in assessment validation (평가검토 참여)
	TAEDEL401A		Plan, organise and deliver group-based learning (그룹기반 학습 계획·조직·전달)
	TAEDEL402A		Plan, organise and facilitate learning in the workplace(작업장에서 학습의 계획·조직·조력)
	TAEDES401A		Design and develop learning programs (학습 프로그램 디자인 및 개발)
	TAEDES402A		Use training package and accredited courses to meet client needs (학습자 요구에 맞는 훈련패키지 활용 및 코스승인)
선택 과목	평가	TAEASS301B	Contribute to assessment(효율적인 평가)
		TAEASS502B	Design and develop assessment tools (평가도구 설계 및 개발)
	전달 & 촉진	TAEDEL301A	Provide work skill instruction(작업 스킬 교수법)
		TAEDEL403A	Coordinate and facilitate distance-based learning (원거리학습 계획 및 촉진)
		TAEDEL404A	Mentor in the workplace(작업장에서의 멘토)
		TAEDEL501A	Facilitate e-learning(E러닝 교수법)
	언어, 문해, 산술능력	TAELLN401A	Address adult language, literacy and numeracy skills OR(성인언어, 문해, 산술 능력 OR)
		TAELLN411	Address adult language, literacy and numeracy skills(성인언어, 문해, 산술 능력)

Packaging Rules	TAETAS401A	Maintain training and assessment information (훈련·평가 정보 유지)
Imported unit	BSBAUD402B	Participate in a quality audit(질관리 참가)
	BSBCMM401A	Make a presentation(프레젠테이션 기법)
	BSBLED401A	Develop teams and individuals(팀 및 개인 개발)
	BSBMKG413A	Promote products and services (제품 및 서비스 증진)
	BSBREL402A	Build client relationships and business networks (학습자와의 관계형성 및 비즈니스 네트워크)
	BSBRES401A	Analyse and present research information (연구 정보 분석과 제시)

표 13-4

ELEMENT	PERFORMANCE CRITERIA
1. 평가방법 결정	1.1 법률적, 조직과 윤리적 요구조건에 따라 후보자를 확인하고 목적과 평가/RPL 방법을 결정하기 1.2 평가/RPL을 위한 기준, 평가 가이드라인을 확인하고 접근하기
2. 평가계획 준비	2.1 Rules of evidence에 따라 숙련도를 평가하기 위한 평가종류(types of evidence)를 결정하기 2.2 필요한 증거를 얻기 위한 평가방법을 선택하기 2.3 평가계획을 문서화하고 관계된 personnel을 확인하기
3. 평가도구 개발	3.1 목표그룹의 필요에 맞게 간단한 평가도구 개발하기 3.2 목적성과 요구에 의한 수정을 위해 이용 가능한 평가도구를 분석하기 3.3 Unit과 과정요구사항에 맞는 평가도구를 계획하기 3.4 평가도구 사용에 있어 명확한 사용법을 작성하기 3.5 콘텐츠, 적절성, 결과물 기록을 확인하기 위해 평가도구를 시연해보기

호주의 역량평가사는 Unit별 증거(evidence)를 기반으로 평가를 실시한다. 자격 평가는 AQTF 2007 Essential Standards for Registration의 기준에 따라 진행하는데(AQTF 2007, Standard 1.5), 관계된 Training package와 Accredited course의 요구조건을 만족하고, 평가의 원칙과 Evidence의 기준을 충족시키며, 작업장이나 규제력을 가진 기관의 요구사항을 만족시켜야 한다. 평가 가이드라인에는 Unit of competency나 VET 코스 모듈의 요구조건이 명시되어 있

고, 각 Unit별 요구되는 요구조건에 맞춰 제출하는 증거(evidence)를 가지고 평가한 후 결정한다. 자격을 평가하기 위하여 타당한 평가방법들과 증거기반 기법이 사용되어야 한다. 자격인정은 Unit별 요구되는 산출물과 일관된 성과(performance)가 입증되었을 때만 행해져야 한다. 평가에 정해진 형식의 평가도구나 과정은 없고, 관련 Training package를 지원하기 위해 개발된 평가도구나 평가자 스스로 만든 평가도구를 사용한다. 증거(evidence)는 평가자관찰, 구조화된 활동(시연, 팀 활동, case studies, 프로젝트, field work, 실용 강좌, electronic forums presentation 등), 구술 또는 서면 시험, 포트폴리오(work sample, journal, log book 등), review of products(reports, performance, exhibitions), 공식·비공식 시험 등이 있다.

나. 영국의 역량평가사 양성교육

영국에서의 역량평가사란, 훈련센터나 업무현장에서 자격을 가지고 사람들을 지원하고 평가하는 사람으로 보고 있다. 역량평가사의 역할은 학습자들이 자격을 취득하는 데 필요로 하는 직업의 기준을 충족시키는 것을 돕는 것이다. Assessor들은 건축, 요양, 요식업, 엔지니어링, 소매업, 헤어 분야 등 직업적인 자격이 존재하는 모든 분야에서 Assessor나 Verifier로 일을 할 수 있다. 훈련의 질 평가와 관련한 이해관계자들의 역할과 책임을 정리하면 <표 13-5>와 같다.

표 13-5 평가 이해관계자의 역할과 책임

이해관계자	정의	평가관련 책임
후보자 (학습자) (Candidate)	NOS기준에 따른 자격 획득을 바라는 개인	• 작업장에서 표준에 합당한 자신의 수행능력을 증명하고, 지식과 이해력에 대한 증거를 바탕으로 자신의 지속 가능한 역량을 입증해야 함 • 후보자는 평가과정계획과 제공할 역량증거의 품질에 대해서 적극적인 역할이 요구됨

어드바이저 (Adviser)	후보자에게 어드바이징 서비스를 제공하는 NOS 기준을 충족하는 개인	• 후보자가 자신이 평가받게 될 적합한 표준과 역량 레벨을 찾을 수 있도록 지원 • 평가과정에 대한 설명을 제공하고, 표준에서 정한 자격요건에 적합한 역량증거가 무엇인지 이해하도록 후보자를 지원
평가사 (Assessor)	인증센터로부터 배정을 받아, 후보자를 평가할 수 있는 능력을 갖춘 개인(NOS기준 충족)	• 후보자의 수행과 지식증거를 판정하며, 후보자가 선택한 기준에 적합한 역량을 입증하는지 결정하고, 후보자에게 명확하고 건설적인 피드백을 제공함 • 평가사 자신의 전문적 역량을 일정수준 이상으로 유지해야 함
내부 검증자 (Internal verifier)	인증센터로부터 배정을 받아, 평가의 일관성과 품질을 확인하는 개인 (NOS기준 충족)	• 인증센터로부터 권한을 위임 받아, 평가과정과 평가사의 품질을 확인함 • 어드바이저와 평가사의 선발, 훈련 및 지속적 개발; 역량증거 표본을 포함한 평가요소에 대한 감독, 평가문서 품질에 대한 유지와 개발, NVQ부여에 대한 요청을 승인, 모든 후보자에 대한 평가접근 동등성을 확인 • 자신의 전문적 역량을 일정수준 이상으로 유지해야 함
외부 검증자 (Externalver fier)	자격부여기관(AO)으로부터 임명을 받아, 평가의 일관성과 품질을 확인. 내부검증가로서의 자격을 갖추고 있어야 함. 평가사로서의 자격과 경험이 있는 경우를 선호함	• 인증센터의 평가 및 품질검증 과정에 대한 신뢰성과 타당성을 확인 • 인증센터의 내부 검증자를 통한 가이드와 지원제공 • 인증센터의 평가 및 검증관행에 대한 표본선택과 센터와 자격부여기관에 대한 피드백 제공 • 자신의 전문적 역량을 질정수준 이상으로 유지해야함
인증센터 (Approved centre)	자격부여기관으로부터 승인 받은 조직으로, 특정한 자격에 대한 후보자 평가 및 검증을 담당하는 기관	• 자격부여기관의 요건에 적합한 평가인력과 운영절차를 유지·관리함 • 직업훈련시장의 요구에 부합하도록 지속적 개선의 문화를 개발함
자격부여기관 (Awarding body)	QCA에 의해 승인받은 조직으로, NVQs와 관련 직업자격을 수여하는 기관	• 평가의 신뢰성과 타당성을 확인 • 인증센터의 운영을 위한 가이드와 기준을 제공 • 인증센터 운영의 승인과 감독

영국은 다른 국가들과 달리 자격을 정부가 아닌 Awarding Organizations에서 부여하고, Ofqual에서 자격의 질 관리를 하고 있다. Awarding Organizations는 비영리기관이거나 산업단체로 자격을 부여하는 사업을 운영하며, 학교, 대학, 직훈기관, 고용자 및 기타 대상자들에게 서비스를 제공하고, 이 훈련과정 이수를 통해 자격을 취득할 수 있다. 영국 자격체계는 레벨 1에서부터 레벨 8까지 있고, 직업능력개발훈련을 위한 자격체계로는 QCF(Qualification and Credit Framework)와 NQF(National Qualification Framework)가 있다. QCF의 자격증 레벨은 세 가지가 있는데, 이수학점 기준으로 'Award(1~12학점)', 'Certificate(13~36학점)', 'Diploma(37학점 이상)'로 나뉘어진다. 1학점은 10시간의 학습시간을 말한다.

'QCF(NVQ) Assessor'는 업무성격(업무현장, 대학 등)에 따라 필요한 자격이 달라지지만 Level 3 Award in Assessing Competence in the Work Environment, Level 3 Award in Assessing Vocationally Related Achievement, Level 3 Certificate in Assessing Vocational Achievement 중 한 가지의 자격이 필요하다. 즉, Assessor를 희망하는 사람은 원하는 분야에서 레벨 3 이상의 자격을 가지고 있어야 한다. 개정되기 이전의 자격증을 보유한 자는 개정된 패키지의 훈련이 필수는 아니지만, 직장 상사나 수여기관에게 기존의 자격증만으로 직무요구조건이 부합되는지 확인한다. 이 자격 취득을 위해서는 Level 3 Award in Understanding the Principles and Practices of Assessment 과정을 이수하여야 한다. Guided Learning Hours는 튜터나 트레이너, 퍼실리테이터가 프로그램의 목적에 맞게 특별지도를 하는 것을 포함한다. 강의나 튜토리얼, Supervised study(Open learning centre나 학습워크숍), 강사의 학습자 평가시간을 포함하고(강사와 학습자 모두 참여한 상태에서), 학습자가 없는 상태에서의 과제검사 등은 포함되지 않는다.

표 13-6　영국 역량평가사 양성 프로그램

구분	과목명	Unit Name	Unit Ref NO	Level	Credit	Guided Learning Hours
공통필수	Level 3 Award in Understanding the Principles and Practices of Assessment	Understanding the Principles and Practices of Assessment	D/601/5313	3	3	24
자격별 이수	Level 3 Award in Assessing Competence in the Work Environment (9학점)	Understanding the Principles and Practices of Assessment	D/601/5313	3	3	24
		Assess Occupational Competence in the Work Environment	H/601/5314	3	6	30
	Level 3 Award in Assessing Vocationally Related Achievement (9학점)	Understanding the Principles and Practices of Assessment	D/601/5313	3	3	24
		Assess Vocational Skills, Knowledge and Understanding	F/601/5319	3	6	30
	Level 3 Certificate in Assessing Vocational Achievement (15학점)	Understanding the Principles and Practices of Assessment	D/601/5313	3	3	24
		Assess Occupational Competence in the Work Environment	H/601/5314	3	6	30
		Assess Vocational Skills, Knowledge and Understanding	F/601/5319	3	6	30

　역량평가사 자격 취득을 위해서는 총 78~108시간을 수강해야 한다. 역량 평가사 자격 취득자 중 추가 교육 후 자격을 부여한다. 영국의 역량평가사는 Centre-devised 평가를 실시(internal assessment)한다. 각 과목별 제시된 학습

산출물과 평가 기준을 충족해야 한다. 교육기관은 학습자에게 과목별 요구되는 산출물, 기술 등을 안내해야 하고, 학습자의 산출물(assignment and evidence)은 과목별 평가요구사항 속의 모든 요구조건을 만족해야 한다. 산출물(Evidence, E)의 종류는 학습자의 수행(Performance, P) 관찰(Observation, O), 구술 또는 지면 평가결과(Q and A), 학습자 작업의 결과물(Product, P), 개인 수준 그리고(또는) Reflective account(RA), 평가기준상 허락받은 장소에서의 시연을 통한 결과물(S), 전문적인 논의(Professional discussion, PD), 과제, 사례연구(Assignment, A), 실제 Statements/증거 발견(Witness testimony, WT), 전문가 확인증거(Expert witness testimony, EPW), 사전학습(Recoginiion of Prior learninig, RPL) 등이 있다.

참고문헌

고용노동부(2019). 국가직무능력표준 기반 훈련기준 활용 훈련과정 편성 매뉴얼.

권대훈(2016). 『교육평가(3판)』. 서울: 학지사.

김경배, 김재건, 이홍숙(2006). 『교육과정과 교육평가』. 서울: 학지사.

김진모(2006). 「농촌지도직 공무원 역량진단 및 육성지원방안」, 최종보고서, 농촌진흥청.

김판욱, 이규욱, 김희필, 손주민, 임완성(2011). 『능력중심 교육과정의 이해와 개발』. 경기: 양서원.

김태은(2011). 「역량평가를 위한 평가센터모형개발 및 적용」, 숙명여자대학교 석사학위 논문.

김혜숙(2015). 『교육프로그램 평가의 이론과 실제』. 경기:교육과학사.

박도순(1995). 「연구의 최근동향과 수행평가의 문제」, 『교육진흥』, 통권 27호, pp.120－128.

박도순(2007). 『교육평가』. 서울: 교육과학사.

박소연, 신범석(2014). 「공공부문 역량평가센터(assessment center) 평가자의 역량모델 개발」, 『한국정책과학학회보』, 18(4), pp.203－227.

박용호, 조대연, 배현경, 이해정(2012), 「중등교사의 직무역량 요구분석」, 『한국교원교육연구』, 29(2), pp.299－320.

배을규(2012). 『HRD실무자를 위한 교육훈련프로그램 평가』. 서울: 학이시습.

배호순(2000). 『수행평가의 이론적 기초』. 서울: 학지사.

성태제(1999). 수행평가의 본질과 장단점, 우리나라에서의 문제점과 원인분석 그리고 해결방안. 한국교원대학교 (편). 수행평가 어떻게 할 것인가, 99, pp.3－34.

성태제(2019). 『교육평가의 기초(3판)』. 서울: 학지사.

신동로(2007). 『교육과정 및 교육평가』. 서울: 형설출판사.

오성삼, 구병두(2000). 『교육과정 및 평가의 이해』. 서울: 양서원.

오헌석(2007). 「역량중심 인적자원개발의 비판과 쟁점 분석」, 『경영교육논총』,

47(8), pp.191 − 213.

이무근, 원상봉(2001). 『직업교육과정과 평가』. 서울: 교육과학사.

이성흠(2005). 『학습자 만족도 확인을 위한 교육·훈련프로그램 반응평가』. 서울: 교육과학사.

이성흠(2005). 「교육, 훈련프로그램 반응평가를 위한 평가범주와 질문지 개발 준거」, 『교육공학연구』, 21(3), pp.187 − 214.

이진구, 김윤호, 박용호, 박소연, 김지영, 우혜정(2015). 『NCS에 기반한 교사용 역량평가 매뉴얼 개발 연구』. 한국기술교육대학교 HRD센터.

이진구, 김윤호, 신현봉, 정일찬, 최현숙, 김지영, 이효중, 박상훈(2016). 『직무능력평가사 양성 프로그램 연구』. 한국기술교육대학교 HRD센터.

이찬, 김진모, 전동원, 금은정, 최영준, 류현주(2009). 『교육프로그램 평가단계 분류기준 및 평가도구 개발』. 천안: 지식경제공무원교육원.

이홍민(2014). 『역량평가센터』. 서울: 중앙경제.

정재삼(2004). 『교육프로그램평가』. 서울: 교육과학사.

Boyatzis, A. R. (1982). The competent manager: A model for effective performance. New York: J. Wiley.

Carnes, B. (2010). Making learning stick: 20 easy and effective techniques for training transfer. Danvers: ASTD Press.

Garavan, T. N., & McGuire, D. (2001). Competencies and workplace learning: some reflections on the rhetoric and the reality. Journal of Workplace Learning, 13(4), 144 − 163.

Holton, E. F., III. (1996). The flawed four − level evaluation model. Human Resource Development Quarterly, 7, 5 − 21.

Holton, E. F., III. (2005). Holton's evaluation model: New evidence and construct elaborations. Advances in Developing Human Resources, 7(1), 37 − 54.

Holton, E. F., III, Bates, R. A., & Ruona, W. E. A. (2000). Development of a generalized learning transfer system inventory. Human Resource

Development Quarterly, 11, 333−360.

Kirkpatrick, D. L. (1959). Techniques for evaluating training programs. Journal of the American Society for Training and Development, 13(12), 21−26.

Kirkpatrick, D. L. (1998). Evaluating training programs: The four levels (2nd ed.). San Francisco: Berrett−Koehler.

Kirkpatrick, J. D., & Kirkpatrick, W. K. (2016). Kirkpatrick's four levels of training evaluation. Association for Talent Development.

Lee, J. G. (2010). An investigation of the relationship between transfer of learning factors and perceived organizational knowledge performance in selected Korean organizations. Unpublished doctoral dissertation, The Pennsylvania State University.

Lucia, A. D. & Lepsinger, R. (1999). Art and Science of Competency Models. San Francisco: Jossey−Bass.

McClelland, D. C. (1973). Testing for competence rather than for "intelligence". American psychologist, 28(1), 1−14.

Phillips, J. J. (1997). Handbook of training evaluation and measurement methods. Houston, TX: Gulf Publishing Company.

Spencer, L. & Spencer, S. (1993). Competency at work: Models for superior performance. New York: John Wiley and Sons, Inc.

저자약력

이진구

고려대학교 교육학과 졸업
펜실베니아 주립대학교 HRD/OD 전공 박사
前) 삼성카드 인력개발팀 근무
前) KT&G 인사혁신팀/인재개발원 근무
現) 한국기술교육대학교 테크노인력개발전문대학원 교수

직업능력개발 훈련 평가

초판발행	2020년 2월 5일
중판발행	2022년 2월 28일

지은이	이진구
펴낸이	노 현
편 집	조보나
기획/마케팅	이선경
표지디자인	박현정
제 작	고철민·조영환
펴낸곳	㈜ 피와이메이트
	서울특별시 금천구 가산디지털2로 53 한라시그마밸리 210호(가산동)
	등록 2014. 2. 12. 제2018-000080호
전 화	02)733-6771
f a x	02)736-4818
e-mail	pys@pybook.co.kr
homepage	www.pybook.co.kr
ISBN	979-11-6519-047-7 93370

정 가   19,000원

박영스토리는 박영사와 함께하는 브랜드입니다.